Südfrankreich

HUILE

Südfrankreich

Küche & Kultur

Rezepte Cornelia Schinharl
Reportagen Jörg Zipprick
Fotografie Joerg Lehmann
Foodstyling Frauke Koops

Inhalt

Tomate Grappe de Provence
2,90 € le kilo
Champignon de Paris
Courgette Fleurs
Pays
3,90

Von Menton bis Collioure

Die Zitronen von Menton gelten als die besten Frankreichs. Jedes Jahr werden sie mit einem Zitronenfest gefeiert.

Man nehme ein paar Schwimmkrabben, einen Drachenkopf und drei bis vier Felsfische, dann etwas Seeteufel und etwas Petersfisch…
So beginnt das bekannteste Rezept der französischen Küste: Die echte Bouillabaisse, wie sie heute noch in Marseille serviert wird.
Rund 541 Kilometer fährt man von den Zitronenbäumen in Menton zu den Anchovishändlern von Collioure. Vorbei an aromatischen Olivenölen, exzellenten Weinen, schmackhaften Würsten, frischen Austern aus Bouzigues und vielem mehr. Vorbei an idyllischen Auberges und luxuriösen Restaurants. Quer durch drei Regionen mit ihrer eigenen kulinarischen Identität.

Côte d'Azur

Da ist zum einen die Côte d'Azur, deren östlicher Teil erst im 19. Jahrhundert zu Frankreich kam. Den italienischen Einfluss schmeckt man heute noch bei Gnocchi, Socca (Kichererbsenfladen) oder Stoquefiche à la nissarde – Stockfisch, gekocht mit Tomaten, Knoblauch und Olivenöl sowie Kartoffeln und schwarzen Oliven. Fische und Krustentiere bestimmten seit jeher die traditionelle Küche. Ravioli à la niçoise (mit Rind- und Schweinefleisch, Mangold und Käse) oder Lou piëch (pochiertes Kalbfleisch mit Käse und Mangold) stehen für die rustikalen Leckereien der Region. Und natürlich darf der Mesclun nicht fehlen – eine Mischung verschiedener Blattsalate.

Provence

Dann die Provence mit ihren Meeren aus Sonnenblumen und Lavendel, den Melonen aus Cavaillon, den lauschigen Olivenhainen. Zarte Zucchiniblüten, gefüllte Gemüse, Olivenöle aus Les Baux und Nyons laden zum Marktbummel ein. Die Küche glänzt seit jeher durch die Vielfalt der Kräuter und Gemüse: Knoblauch, Tomaten, Fenchel, Zucchini, Artischocken, Thymian, Lorbeer, Bohnenkraut, Rosmarin, Basilikum, Salbei oder Petersilie. Mindestens zwei dieser Zutaten finden sich in jedem Gericht der Region. Nicht möglichst viele Aromabringer sollen dabei in den Kochtopf wandern. Wichtig ist es, die richtigen Kräuter zu kennen. Kein Fenchel zur Daube! Weder Thymian noch Lorbeer zu Pieds et Paquets! Kein Rosmarin in die Ratatouille und kein Bohnenkraut in die Soupe au Pistou!

Languedoc-Roussillon

Schließlich das Languedoc-Roussillon mit seiner rustikalen Landküche von Wildschweinragout zum Cassoulet de Carcassonne. Mit Gänseschmalz und Speck werden dafür nach bester Tradition weiße Bohnen sowie Hammel oder Rebhuhn geschmort. Im Gegensatz zum Cassoulet de Castelnaudary, wo statt Hammel und Rebhuhn Schweinefleisch in den Topf wandert. Das Roussillon wurde erst in den 1960er Jahren systematisch für Touristen erschlossen. Noch vor gar nicht so langer Zeit wollte man den schmalen Küstenstreifen Richtung Spanien möglichst schnell hinter sich bringen. Inzwischen kommen aus dem Roussillon nicht nur erstklassige Weine – mit ein bisschen Suchen findet man auch feinste Restaurants und herausragende regionale Produkte. Und im Süden der Region lebt der katalanische Einfluss auf, bereichern kreative Köche ihre Fischgerichte mit Chorizo (Paprikawurst) oder Piquillos.
Verglichen mit Provence und Côte d'Azur bietet das Languedoc-Roussillon auf den ersten Bissen freilich dennoch das »Arme-Leute-Repertoire« der Küche des Mittelmeers. Die typischen Gerichte sind deftig und sie werden langsam unauffindbar, verschwinden, mal abgesehen vom Cassoulet, von den Tischen der Familien und aus den Bistros. Kaum ein besserer Koch der Region bietet sorgsam verfeinerte Regionalgerichte – was nicht heißt, dass es in der Region nichts zu entdecken gäbe.

Die provenzalische Cuisine hingegen bestimmt im Moment die Welt der Küche zwischen Madrid, New York und Kopenhagen: Ursprüng-

Die französische Mittelmeerküste – eine Genießerreise über mehr als 500 Kilometer.

Sommer in Nizza: Die Promenade des Anglais gleich hinter dem Strand ist der Treffpunkt für Urlauber.

lich hatte Starkoch Alain Ducasse vom Louis XV in Monte Carlo mit seiner Version der naturnahen Cuisine mit Sonnenaroma ein Vorbild für eine ganze Generation von Köchen geschaffen. Die Anregungen für die raffiniertesten Haute-Cuisine-Kreationen stammen in den Restaurants des Südens auffallend oft aus dem Rezeptbuch der provenzalischen Mères (Mütter): Die gefüllten Zucchini-Blüten, die Variationen rund um die Bouillabaisse, die Schmorgerichte auf Basis von Milchschwein oder Rind – sie waren schon lange in der Region zu Hause, bevor die Haute-Cuisine sie entdeckte.

Trotzdem ist das kulinarische Leben auch im Süden Frankreichs nicht mehr so ursprünglich und intakt, wie man es sich wünschen könnte: Die letzten »echten« Familien-Auberges sterben langsam aus, in so manchem einladendem Landhaus kommen Gerichte aus der Tiefkühltruhe »frisch« auf den Tisch.

Und provenzalische Gerichte wie die gefüllten Zucchiniblüten trifft man heute in den Restaurants zwischen Bordeaux und Hamburg ebenso häufig wie das banale Carpaccio.

In Fontvieille zählte uns vor gut sechs Jahren ein Wirt stolz seine Lieferanten auf: Die Melonen etwa kamen von einer Bäuerin, die ihre Früchte zweimal täglich auf dem Feld wendete. »Damit jede Seite jeder Melone gleichmäßig von der Sonne bestrahlt wird.« Heute ist Madame in Rente und die Melonen stammen ebenso wie Gemüse, Früchte und Kräuter vom Großhändler, der sie wiederum aus Holland bezieht. Gute Küche, ob im Bistro, im Restaurant oder zu Hause braucht eben doch viel Sorgfalt, kann auch im sonnenverwöhnten Süden nicht günstig sein. Dennoch gibt es mehr als eine Hand voll Menschen, die die viel beschworene Lebensart der französischen Küste am Leben halten. Traditionelle kulinarische Handwerker sind darunter, aber auch junge Leute, die mit viel Enthusiasmus alte Bistros oder traditionelle Ölmühlen mit neuem Leben erfüllen.

Für dieses Buch haben wir den authentischen Adressen der Regionen Südfrankreichs einen Besuch abgestattet. Wir kosteten Olivenöl mit Eric Verdier, ließen uns von Gérard Vive in Forcalquier in die Geheimnisse der Gewürze einführen, suchten Trüffeln mit Monsieur Chabert vom Château de Rochegude, lernten von Joël Durand in Saint-Rémy die Geheimnisse der Schokolade und vieles mehr…

Wir wünschen Ihnen »bonne lecture«, stets guten Appetit – und, dass Sie beim Lesen so viel Spaß haben werden wie wir beim Reisen, Schreiben und Kochen.

Wechselspiel von grünem und weißem Stein: die Kuppeln der Kathedrale de la Major in Marseille.

Aussicht auf den Lac de Ste. Croix von Aiguines: Der Süden wie im Bilderbuch.

Die Austern von Bouzigues wachsen an Schnüren im Mittelmeer. Als besonderer Leckerbissen gilt die flache Sorte (Huîtres plates), die man vor Ort kosten sollte.

Côte d'Azur

Glanz, Glamour und gefüllter Kohl

Die Palmen stehen stramm wie zur Parade, der Strand erstreckt sich wie ein ockerfarbener Teppich, sanft kräuseln die Wellen dem Ufer entgegen: die Côte am frühen Morgen.

Côte d'Azur

Glanz, Glamour & gefüllter Kohl

Die Eleganz der Côte – sie spiegelt sich auch in der Werbung wieder.

Morgens um neun am Quai Jean Jaurès in Saint Tropez: Zwischen Lamborghini und Ferrari parkt ein einsamer Twingo. Die Sommersonne blitzt zaghaft durch die Wolkendecke, die Damen tragen dunkle Brillen, die das halbe Gesicht verbergen, die Herren blättern gelangweilt in der Lokalzeitung und greifen gelegentlich zum urfranzösischen Morgenmahl: ein Espresso, so dunkel und kräftig, dass ein Löffel darin stecken bleiben könnte. Ein neuer Tag in Saint-Tropez. Der Exprès hilft gegen die Exzesse des letzten Abends: Zu viel getanzt, zu viel geschlemmt, vielleicht ein Glas zu viel getrunken.

Denn Saint-Tropez, das berühmteste Fischerdorf der Welt, ist zumindest in der Hochsaison eine Riesenfete rund um die Uhr. Ein Ort, wo man auf Tuchfühlung mit der Prominenz an der immer noch malerischen Place des Lices Boule spielen kann, wo Millionäre in Spendierlaune manchmal auch Nobodys auf ihre Yachten einladen.

Boulevard der Eitelkeiten

Auf seine Art ist das kleine Saint-Tropez typisch für die Côte d'Azur, die Region von Glanz und Glamour, von Hotelpalästen und Betonburgen, von Stars und Sternchen. Filmfestspiele! Palmenbestandene Promenade! Prachtvolle Fassaden! Privatstrände! Nur hier schieben sich Horden von Besuchern etwa über Cannes' Strandstraße Croisette, um Luxushotels wie das Martinez oder das Carlton so ehrfürchtig zu bestaunen wie eine Reisegruppe voller Studienräte die Kathedrale von Notre-Dame. Schließlich könnte – rein theoretisch – an irgendeinem der Balkons eine Madonna, Prinz Aga Khan oder zumindest ein namenloses Model auftauchen.

Der Glitzer-Ruf stammt aus der großen Zeit der Côte, als englische Lords und russische Kurfürsten die Strände bevölkerten. Damals kamen die Herrschaften im Winter hierher, weil es in London oder St. Petersburg um diese Jahreszeit halt weit kälter ist als in Südfrankreich. 1823 spendierten urlaubende Engländer den Fischern von Nizza gar einen zwei Meter breiten Pfad, der später treffend »Promenade des Anglais« genannt wurde. Der »Spazierweg der Engländer« von einst wurde zur vier- bis sechsspurigen Strandmeile, doch die nahe Altstadt zaubert ein wenig südliches Farniente: Der Blumenmarkt, der Fischmarkt, die winzige Ölhandlung Alziari, von oben bis unten vollgestapelt mit Pistou, Tapenade und diversen Kanistern goldgelben Olivenöl.

Schriftsteller, Künstler, Kreative, kaum einer widerstand dem Charme der Côte: Ernest Hemingway, Gertrude Stein, Fernand Lèger, Henri Matisse oder Pablo Picasso fanden die Dörfer des Hinterlandes inspirierend.

Bleibt Monaco mit seinem weltbekannten Casino, frei nach Hollywood die Hauptstadt der Superreichen und Superschönen. Eine Steueroase mit Marmor im Übermaß, Juwelierläden mit prallvoller Auslage und der ortstypischen Rallye Monte-Carlo.

Bagna caouda und Trouchia

Und doch: Hinter all dem Prunk und Protz ist die Côte zumindest auf den Speisekarten volkstümlich geblieben. Schulfranzösisch hilft nicht weiter, wenn einem zum ersten Mal die Bagna caouda serviert wird: Eine warme Sauce aus Knoblauch, Olivenöl und Anchovispüree, in die Crudités, Sellerie und anderes Gemüse, gestippt werden. Die Bagna caouda hat ihren Ursprung im Piemont. In Nizzas Metzgereien wird Porchetta, gefülltes Milchschwein, serviert, der Traiteur bietet dazu Trouchia, ein Omelette aus Spinat und Mangold an. Klingt italienisch, schmeckt italienisch: Das Herzogtum Nizza gehört erst seit 1860 zu Frankreich, vorher waren die stolzen Niçois ganz offiziell Italiener.

Von hier kommt der herrliche Pistou, eine Würzpaste aus Knoblauch, Basilikum und Olivenöl, ohne den die Socca, eine Art Kichererb-

Sommer, Sonne, Palmen – nicht nur in Cannes spenden die Pflanzen Schatten, man findet sie an der gesamten Côte.

Henri Negresco, ursprünglich ein Kellner aus Rumänien, gründete das gleichnamige Grandhotel zusammen mit dem Automobilhersteller Darraq. Die Zuckerbäckerarchitektur stammt von Edouard Niermans.

Die Fischeridylle trügt: Hinter den Booten versteckt sich das mondäne Cannes, Heimat des bekannten Filmfestivals.

Saint-Jean-Cap-Ferrat ist heute noch ein mondäner Badeort mit Grandhotel und »Privatzug« zum Strand.

Der Name Promenade des Anglais stimmt: Englische Touristen gehörten neben russischen Großfürsten zu den ersten Touristen der Côte.

Der Nationalsport des Südens: Wer seine Kugeln möglichst nahe am Schweinchen, der kleinsten Kugel, platzieren möchte, braucht eine gute Portion Geschick und viel Fingerspitzengefühl.

Idylle in Nizza: Abseits vom Trubel gibt es besonders in der Altstadt noch viele romantische Ecken zu erkunden. Hier liegen auch die wichtigsten Märkte der Stadt.

Chef de Cuisine Dominique Le Stanc verzichtete auf Sterne, Hauben und Punkte, um das Bistro La Merenda zu retten. Seine Regionalküche ist an der Côte berühmt.

Auch wenn die Côte selbst arm an Käsen ist: In einer Crémerie oder beim Affineur (Käsereifer) findet man beste Rohmilchkäse der Grande Nation.

Qualität gibt es nicht als Massenware: Dieses Paar auf dem Markt von Menton hat die Gemüse im eigenen Garten geerntet.

senpizza kaum richtig schmecken würde. Keinesfalls sollte man den Sou fassum achtlos auf der Speisekarte übergehen: Der mit Reis, Speck, Fleisch und Zwiebeln gefüllte Kohl ist ein typisches Gericht der einfachen Leute der Region.

Vor allem Fisch

Im Gegensatz zur traditionellen Küche der »klassischen« Provence zwischen Orange, Arles und Aix dominiert an der Côte der Fisch: Weltbekannt ist die Bouillabaisse, die traditionelle Fischsuppe Südfrankreichs. Je nach Preis des Gerichts wandern unterschiedlich edle Sorten Mittelmeerfisch in den Suppentopf. Zur Suppe gibt es Rouille, die rote Knoblauchmayonnaise mit Paprika, Safran, Olivenöl. Eine rustikale Variante der Bouillabaisse, verstärkt durch ein wenig Aioli, ist der Fischeintopf Bourride. Die Brandade, ursprünglich ein Stockfischpüree mit Olivenöl, Kartoffelbrei und Knoblauch, wird heute statt mit Stockfisch meist mit Kabeljau zubereitet (der natürlich nichts anderes als ungetrockneter Stockfisch ist) und oft auch ohne Kartoffel. Stockfisch mit etwas Raite, Würzpaste aus Tomatencoulis, Knoblauch, Lorbeer, Fenchel und Petersilie, in Olivenöl gekocht, ist außerdem eines der traditionellen Weihnachtsgerichte der Region.

Aufpassen sollten unerfahrene Einkäufer bei den Rougets, den an der Küste äußerst populären Rotbarben. Eine Delikatesse sind die kleinen Exemplare (Rougets de Roche) aus dem Mittelmeer, nicht zu empfehlen sind hingegen ihre großen fetten Artgenossen: Diese Rougets de Dakar stammen von der nordafrikanischen Küste und schmecken eher strohig.

Den Fischern der guten alten Zeit scheinen jede Menge Anchovis, Sardellen, ins Netz gegangen zu sein. Kleine, blaue Fischchen, die heute noch in vielfältiger Form durch jede Speisekarte schwimmen. Da gibt es Pissalat, ein Anchovispüree mit Gewürznelken, Thymian, Lorbeer und Pfeffer, die Pissaladière, eine Art Pizza mit Zwiebeln, Anchovis und schwarzen Oliven und natürlich den Klassiker, den Salade niçoise, Nizza-Salat aus Tomaten, hart gekochten Eiern, Anchovis, grünem Paprika, Zwiebeln, Bohnen, Artischocken, Knoblauch, Basilikum. Heute wird er meist mit Tunfisch und gekochten Kartoffeln serviert.

Persönlichkeiten der (Küchen-) Geschichte

Stockfisch, Anchovis und Olivenöl, die frisch gepflückten Zucchiniblüten und die bunten Märkte haben Generationen von Köchen beeinflusst. Zwei davon haben Küchengeschichte geschrieben: Auguste Escoffier (1846–1935) war zu seiner Zeit gewissermaßen der Schöpfer einer Nouvelle Cuisine. Er entschlackte die komplizierten, saucenlastigen und monumental präsentierten Gerichte, die viele Köche im Gefolge des legendären Herdmeisters Carême entwickelt hatten. Er war u.a. Küchenchef im Londoner Savoy und natürlich im Pariser Ritz. Neben Rezepten wie Foie Gras mit Portwein, Rebhuhnsoufflé mit Trüffeln und Froschschenkeln in Weißweingelee mit Paprika, die Escoffier als »Nymphenschenkel im Morgengrauen« bezeichnete, verdankt die Welt dem Autor des »Guide Culinaire« auch den heutigen Eisdielenklassiker »Pfirsich Melba«. Escoffiers Geburtshaus steht in Villeneuve-Loubet und dient heute als Museum der kulinarischen Künste.

Den zweiten Held am Herd kann jeder Gast heute noch an der Côte in Aktion erleben. Alain Ducasse kocht in New York, in Paris und in Monaco. Sein Louis XV im Hotel de Paris ist schon rein optisch ein Ereignis. »Erstklassig kochen«, sagt Ducasse, »das sind 95 % Arbeit und vielleicht 5 % Genie.« Oder anders ausgedrückt: »Meine Küche sind 60 % gute Zutaten und 40 % Arbeit.« Für die guten Zutaten sorgen allein in Monaco 90 verschiedene Lieferanten. Die Arbeit, das ist zunächst das Erstellen neuer Rezepte, die »einfach wirken sollen, ohne wirklich simpel zu sein.«

Ducasse verdankt der Côte seinen verblüffenden Aufstieg: 1987, mit 31, wird der ehemalige Bauernjunge aus dem Südwesten Küchenchef des weltbekannten Hôtel de Paris in Monaco. Er hatte den Mut, mit regional inspirierten Gerichten wie Kaninchen mit Oliven, Rosmarin und Frühgemüsen, Gnocchi mit Zucchini und Schinken, Stockfisch mit Brandade und Petersilie oder Huhn mit Kräutern und Steinpilzen gegen fade, überfeinerte Hochküche aus den letzten Tagen der Nouvelle Cuisine anzukochen. Die intensiven Sonnenaromen der Provence brachten die Gaumen der Feinschmecker zum Schwingen: Endlich Neues auf dem Teller!

Saftig, prall, frisch und sogar voller Aroma – so ist eine Tomate, wenn sie nicht aus Nordeuropas Gewächshäusern stammt.

Käse

Vive la différence!

Ziegenkäse nach alter Art stellt Rodolphe Miquet her. Das beginnt mit der artgerechten Haltung der Ziegen: Tagsüber grasen sie auf Wiesen und Weiden, abends geht es in die Höhle.

»Et voilà la petite dernière« – »da haben wir die kleine Nachzüglerin.« Rodolphe gibt der Ziege einen freundschaftlichen Klaps auf die Seite und schließt den Stall. Draußen sinkt gerade die Sonne über den urigen Landschaften des Comtat Venaissin: Mittelalterlich anmutende Dörfer, versteckt auf Tafelbergen, Kiefern, die sich störrisch aus dem Boden recken und der glühenden Sommerhitze trotzen. Rodolphe geht irgendwo jenseits des Mont Ventoux seit über 20 Jahren dem Beruf des Ziegenhirten nach. Tagsüber weiden die Ziegen auf den Wiesen der Region. Rodolphe braucht keine Bio-Siegel und keine Werbung: Seine Tiere hält er genau so, wie es in der Region seit Jahrhunderten Tradition ist. Wen stört es da, dass der Stall eigentlich eine Höhle ist.

Mit Lebensgefährtin Marie-Hélène macht er einen der besten Ziegenkäse der Region. Bei jedem Bissen spielen Anklänge von Thymian,

Käserin Marie-Hélène Chambretet veredelt die Milch zu verschiedenen Fromages. Je nach Reifestadium wandelt sich der Geschmack. Die jungen Ziegenkäse sind fast weiß.

Bohnenkraut und den frischen Wildkräutern der Provence mit der Zunge, sein Käse wird von bekannten Restaurants geschätzt. Es ist ein Leben für den Fromage. Die Freizeit ist knapp, Wochenenden und Urlaub kennen Rodolphe und Marie-Hélène nicht. »Wer sollte sich denn da um die Ziegen kümmern?« Anderswo wären die beiden sympathische Aussteiger. In Frankreich arbeiten sie für den kulinarischen Ruhm der Grande Nation. »Wie wollen Sie ein Land mit 258 Käsesorten regieren?« soll schon General de Gaulle gefragt haben. Das Zitat ist nicht unumstritten, je nach Quelle werden dem General 365 oder 325 Käse in den Mund gelegt. Was zumindest zeigt, dass niemand die genaue Anzahl der französischen Käsesorten mit letzter Gewissheit zu beziffern weiß. Und wenn wir hier von Käse reden, meinen wir selbstverständlich Rohmilchkäse. Der verhält sich zu herkömmlichem Käse wie Trüffeln zu Kartoffeln der Handelsklasse B. Rohmilchkäse reift, altert, entwickelt sich. Er reagiert auf Temperaturschwankungen

Käseherstellung braucht viel Geduld: Manchmal müssen auch die Tiere warten – und lugen neugierig in den Stall.

Antreten zum Melken: Wenn es um die Milch geht, stehen Miquets Ziegen brav in Reih und Glied.

Hygiene muss sein: Auch in der Provence sind die Reifekeller mit ihren hölzernen Ablagen durch Regale aus Edelstahl ersetzt worden.

und ist empfänglich für menschliche Pflege. Die Fromagers, spezialisierte »Käsereifer« lassen es sich nicht nehmen, einige ihrer Käse zum Aromatisieren mit Schnaps, Eau de Vie zu waschen. Industriekäse hingegen schmeckt immer gleich. Fad und gummiartig, wie die Scheibe Cheddar, die beim Cheeseburger zwischen Bulette und Brötchen klemmt.

Le Banon

Kurz: Fromage gehört zu Frankreich wie der gallische Hahn und das Baguette. Um so härter trifft es die Provenzalen, dass nur wenige dieser nationalen Schmuckstücke aus ihrer Heimat kommen. Wer in Paris zum Fromager geht, wird dort mit großer Wahrscheinlichkeit nur einen Käse der Region finden: Le Banon. Ein runder, etwa 100 Gramm schwerer Käse, von Hand in Kastanienblätter gehüllt und mit Bast verschnürt. Echter Banon wird aus Ziegenmilch hergestellt, auch wenn es je nach Region andere Traditionen gibt: Schafmilch im Winter, Ziegenmilch im Sommer, Kuhmilch im Rest des Jahres, hieß eine alte Bauernregel, die Käsepapst Pierre Androuet in seinem »Livre d'Or du fromage« zitiert. Je nach Jahreszeit und Hersteller können Banons sehr unterschiedlich schmecken: mal eher fest, mal fast weich, mal riechen sie nussig, mal haben sie eine säuerliche Note.

Rollt man den Banon in Bohnenkraut, heißt er Pebre d'Ai (Eselspfeffer). Gemäß einem provenzalischen Festtagsbrauch wird junger Banon, natürlich ohne Kastanienblätter, auch heute noch mit Schnaps, Gewürznelken, Lorbeer, Pfeffer, Salz und Thymian in einem sorgfältig verschlossenen Gefäß eingelegt und den Gästen zu Weihnachten oder Neujahr aufgetischt.

Cachat – sehr aromatisch

Wesentlich seltener ist der Cachat, hergestellt aus Schaf- und/oder Ziegenmilch. Er trägt so viele Namen, wie es Herstellungsorte gibt: Cachaille, Broussin, Brous, Catcha, Toupina, Toupine-pétafine und viele andere.

Eigentlich ist Cachat kein Käse, sondern eine Käsezubereitung. Junge Kuhmilch- oder Schafmilchkäse werden gesalzen und reifen mindestens 14 Tage in einem Toupin, einem kleinen Topf. Während des Reifeprozesses »badet« der Käse regelmäßig in Fruchtschnaps oder anderem Alkohol, je nach eigenem Geschmack verwenden die Fromagers auch jungen Wein oder aromatisches Öl. Cachat schmeckt zusammen mit klein geschnittenen Lauchzwiebeln auf einem Stück Bauernbrot – und kann problemlos in einen Fromage fort du Mont Ventoux verwandelt werden. Für diesen »starken Käse« wird junger Cachat zermahlen, gesalzen, gepfeffert, zum Reifen in einen Topf gelegt und sorgfältig abgedeckt. Je länger die Reifezeit dauert, desto stärker und pikanter gerät der Fromage fort. Vor dem Servieren kommt zum Abrunden des Aromas etwas Weinessig oder Tresterbrand hinzu.

Seltene Originale

Der Bleu de Queyras ist ein Blauschimmelkäse aus 95 % Kuhmilch und 5 % Ziegenmilch – und gehört auf die Liste der bedrohten Arten. Zwar taucht der Käse schon 1840 in zeitgenössischen Dokumenten auf, als die Herren Bertrand und Gorlier sich entschlossen, in der Provence Fromage nach Art des Roquefort aus Schafmilch herzustellen. Heute jedoch produziert nur eine winzige Käserei in Arvieux (Hautes-Alpes) noch den Bleu. Wenn Sie ihn im Restaurant oder beim Fromager entdecken, sollten Sie zugreifen.

Nicht wesentlich besser steht es um den Brousse du Rove: Connaisseurs berichten von einem einzigen Hersteller in Ensuès-la-Redonne, der sich heute noch in allen Details an das traditionelle Rezept dieses Ziegenfrischkäses hält. Und das fängt bei den Ziegen an: Die Chèvre du Rove (Rove-Ziege) wird wegen ihres Fleisches geschätzt. Milch gibt sie natürlich auch – wenn auch sparsamer als andere Ziegenarten. Letztere wird bei 82 bis 85° kurz aufgekocht, anschließend wandert stark verdünnter Essig in den Topf. Jetzt wird die Mischung geschlagen, bis man den Frischkäse abschöpfen kann. Erstmals beschrieben wird das Rezept im 15. Jahrhundert. Der Brousse wurde früher gern mit Zucker und Orangenblütenwasser nach einem guten Essen gereicht. Heutige Brousses sind oft banale Kuhmilchfrischkäse.

Der Brousse du Var oder Brousse du Toulon hingegen ist ein Frischkäse aus Schafmilch. Er ist nicht gesalzen, schmeckt joghurtähnlich und wird gezuckert oder mit ein wenig Konfitüre serviert. Mit viel Glück findet man ihn noch in Barjols, Figanières und Fox-Amphoux.

Tommes – regionale Spezialitäten

Keine Rarität hingegen sind die diversen Tommes der Region: Flache grauweiße Zylinder von

Anleitung zum Genuss: Tipps für passende Weine und das richtige Brot gibt es beim Käser kostenlos.

25 bis 30 Zentimetern Durchmesser und sechs bis acht Zentimetern Höhe. Oft sind dies Kuhmilchkäse aus Eigenproduktion lokaler Bauern. Sechs bis zwölf Monate reift ein Tomme, besondere Tradition genießen diese Käse in Vigneaux in den Hochalpen: Dort reiften die Käse in ausgehöhlten Granit- oder Kalksteinen zusammen mit Weinblättern oder wilder Minze.
Ausnahme ist der Tomme d'Arles. Er wird allein aus Schafmilch hergestellt. Die kleinen Tommes d'Arles werden oft mit Lorbeerblättern abgedeckt, man isst sie frisch oder gut gereift. Historiker wollen den Käse im »Tableau du maximum«, veröffentlicht 1793 in Uzès, geortet haben. Die »kleinen, gesalzenen Käse aus Arles« trugen die Händler damals in Jutesäcken, befeuchteten sie, salzten und pfefferten, mischten sie mit Lorbeer und Eau de Vie.

Spezialitäten aus dem Languedoc

Auch das Languedoc-Roussillon ist relativ arm an schmackhaftem Fromage: Zwar reifen im Norden der Region exzellente aromatische Käse wie der Laguiole, der eigentlich typisch für die benachbarte Auvergne ist. Viele Käse werden direkt vom Bauernhof verkauft: Ziegenfrischkäse mit Salz, Pfeffer oder Honig, Tomme aus hauseigener Herstellung, der zwischen sechs Wochen und drei Monaten gelagert wird. Hier und da findet man den Pérail, einen Schafmilchkäse, der ursprünglich aus der Region Rouergue stammt.
An den Grenzen der Regionen Gard und Hérault wird der Blauschimmelkäse Bleu des Causses nach den strengen Bestimmungen der AOC (Appellation d'origine controlée) hergestellt. Die regionale Variante des Roquefort wird seit dem 19. Jahrhundert aus Kuhmilch (statt Schafmilch) erzeugt. In Höhlen, die genau wie in Roquefort durch die schmalen Felsspalten der Fleurines belüftet werden, kann sich der Schimmelpilz Penicillium roqueforti bestens entfalten. Um die »blauen Adern« in den Käse zu bringen, legte man früher Roggenbrote zum Schimmeln aus. Der Schimmelflaum wurde anschließend getrocknet und dem Käse zugegeben. Mindestens drei Monate reift der AOC-Käse, bevor er in metallischem Papier zum Verkauf angeboten wird. Kräftiger Duft, würziger, nicht zu salziger Geschmack gelten als Kennzeichen eines Bleu des Causses. Fehlerhaft sind hingegen Bleus von eher körniger Konsistenz. Besonders populär ist der Pélardon, ein Frischkäse aus Ziegenmilch. Seine Saison reicht vom Frühjahr bis zum Herbst. Er reift gerade mal zwei bis drei Wochen und schmeckt eher nussig. Natürlich mit den speziellen Aromanoten von Ziegenmilch.

Nicht aus der Provence, sondern aus der Auvergne stammen diese beiden Käse. Dennoch finden Sie sie auf allen guten Märkten der Region. Und wundern Sie sich nicht über Franc-Preise. Mit Euros rechnet der Provenzale nur in Notfällen.

Rund oder eckig, groß oder klein: Fromages gibt es in allen Formen und Farben.

Nur keine Angst, auch Käse-Genießer schneiden bei diesen gut gereiften Fromages die Kruste ab.

In ein Eichblatt gehüllt, mit Bast verschnürt: So präsentiert sich der provenzalische Banon.

Salade de tomates au fromage de chèvre

Salat aus Ofentomaten und gegrilltem Ziegenkäse

Zubereitungszeit: 30 Min.
Backzeit: 4 Std.
Pro Portion ca.: 340 kcal

Zutaten für 4 Personen:
8 Eiertomaten (ca. 800 g)
je 2 Zweige Lavendel, Thymian und Rosmarin
1 TL Anissamen
1 TL Salz, 1 TL Zucker, Pfeffer
6 EL Olivenöl
4 kleine runde Ziegenkäse (Crottin, je ca. 65 g)
1 TL Honig
1 EL Rotweinessig

Tomaten überbrühen, kalt abschrecken, häuten und längs halbieren. Mit der Schnittfläche nach oben nebeneinander in eine feuerfeste Form legen.

Die Kräuter waschen und trockenschütteln. Die Nadeln oder Blättchen abzupfen und kleiner zupfen. Mit den Anissamen mischen und über die Tomaten streuen. Salz, Zucker und Pfeffer mischen und ebenfalls über die Tomaten streuen. Tomaten mit 4 EL Olivenöl beträufeln.

Backofen auf 100° (Umluft eignet sich nicht so gut) schalten. Tomaten ca. 4 Std. darin backen. Abkühlen lassen.

Vor dem Servieren den Backofengrill anheizen. Die Ziegenkäse in eine feuerfeste Form legen und mit wenig Olivenöl bepinseln. Die Käse unter den heißen Grillschlangen (ca. 10 cm Abstand) 3–4 Min. grillen, bis sie leicht gebräunt sind.

Inzwischen Honig mit Essig und restlichem Olivenöl gut verrühren. Die Tomaten auf Teller verteilen und mit der Sauce beträufeln. Käse daneben anrichten und servieren.

Mesclun

Würziger Blattsalat

Zubereitungszeit: 15 Min.
Pro Portion ca.: 185 kcal

Zutaten für 4 Personen:
125 g gemischte Blattsalate und Kräuter (z. B. Brunnenkresse, Petersilie, Rucola, Portulak, junger Löwenzahn und Kerbel)
1 Knoblauchzehe
1 EL Walnuss- oder Pinienkerne
2 Scheiben Toastbrot
6 EL Olivenöl
2 EL Himbeer- oder Rotweinessig
Salz, Pfeffer
1 Prise Zucker

Die Salate und Kräuter putzen, grobe Stiele entfernen. Salate und Kräuter gründlich waschen und trockenschwenken, größere Blätter in mundgerechte Stücke zupfen.

Den Knoblauch halbieren, eine Salatschüssel mit den Schnittflächen ausreiben. Die Walnusskerne zerbröckeln, Pinienkerne ganz lassen. Toastbrot entrinden und in kleine Würfel schneiden.

In einer Pfanne 2 EL Olivenöl erhitzen. Die Brotwürfel darin bei mittlerer Hitze knusprig braten, herausnehmen.

Den Essig mit Salz, Pfeffer und dem Zucker verrühren, das übrige Öl unterschlagen, bis eine cremige Sauce entstanden ist. Salat mit Kernen, Brotwürfeln und Sauce locker mischen und servieren.

TIPP

In diesen Salat kommt alles, was der Markt gerade zu bieten hat. Außer mit Nüssen und Brotwürfeln können Sie ihn zusätzlich auch mit Himbeeren, Aprikosenstreifen, Pfirsich- oder Melonenstückchen bestreuen.

Den würzigen Salat können Sie als leichte Vorspeise, feine Beilage oder zusammen mit gratiniertem Ziegenkäse auch als kleinen Imbiss servieren.

Unzählige Rezepte gibt es für den berühmten Nizza-Salat. Immer dabei sind Salatblätter, grüne Bohnen und Tomaten, Sardellen, Eier und Oliven.

Für eine Anchoiade, *eine würzige Sardellenpaste, 100 g Sardellen in Salz ca. 1 Std. wässern, das Wasser dabei mehrmals wechseln. Abgetropfte Sardellen in kleine Stücke schneiden. 2–3 Knoblauchzehen schälen und mit den Sardellen im Mixer fein zerkleinern, dabei nach und nach 50 ml Olivenöl untermixen. Die Anchoiade mit 2 TL Rotweinessig abschmecken. Sie schmeckt zu Gemüsesticks und getoasteten Brotscheiben und gibt Saucen und Dips eine pikante Note.*

Salade niçoise

Nizza-Salat

Zubereitungszeit: 45 Min.
Pro Portion ca.: 545 kcal

Zutaten für 4 Personen:
4 kleine fest kochende Kartoffeln (ca. 250 g)
Salz, 2 Eier, 250 g zarte grüne Bohnen
2–3 Zweige Bohnenkraut
1 milde weiße oder rote Zwiebel
4 reife feste Tomaten, 1 grüne Paprikaschote
1 Stück Salatgurke (ca. 200 g)
3–4 EL schwarze Oliven
12 Sardellenfilets (Anchovis) in Öl
1 kleiner Romana- oder Burgundersalat
4 Stängel Basilikum
200 g frischer Tunfisch (ersatzweise 1 Dose Tunfisch in Olivenöl, 150 g), Pfeffer, 12 EL Olivenöl
5 EL Zitronensaft, 2 Knoblauchzehen

Die Kartoffeln in der Schale in Salzwasser weich, aber nicht zu weich kochen. Dann abkühlen lassen. Gleichzeitig die Eier in 8–10 Min. hart kochen, abschrecken und abkühlen lassen. Die Bohnen waschen und putzen. Bohnenkraut waschen und mit Wasser und Salz zum Kochen bringen. Bohnen darin in ca. 8 Min. bissfest kochen, in einem Sieb kalt abschrecken und abtropfen lassen.

Inzwischen die Zwiebel schälen, vierteln und in feine Streifen schneiden. Tomaten, Paprika und Gurke waschen und putzen. Tomaten achteln, Paprika halbieren und in feine Streifen schneiden, Gurke schälen, längs halbieren und quer in dünne Scheiben schneiden.

Oliven und Sardellen abtropfen lassen. Salat putzen, waschen und trockenschwenken, in mundgerechte Stücke schneiden. Basilikumblätter kleiner zupfen.

Den frischen Tunfisch in dünne Scheiben schneiden, leicht salzen und pfeffern, in 2 EL Olivenöl pro Seite ca. 1 Min. braten. Tunfisch aus der Dose abtropfen lassen, zerpfücken. Kartoffeln und Eier schälen und achteln.

Tunfisch mit Kartoffeln, grünen Bohnen, Zwiebel, Tomaten, Paprika, Gurke und Sardellen mischen und auf dem Salat anrichten. Oliven, Eier und Basilikum darauf verteilen. Den Zitronensaft mit dem übrigen Olivenöl verquirlen. Knoblauch schälen und dazudrücken. Die Sauce salzen, pfeffern und über die Zutaten träufeln.

Crudités

Gemüse mit heißer Sardellensauce

Zubereitungszeit: 1 Std. 10 Min.
Pro Portion ca.: 280 kcal

Zutaten für 4 Personen:
10 Sardellenfilets (Anchovis) in Salz
1/2 kleiner Blumenkohl (ca. 600 g)
4 Stangen Staudensellerie (noch besser schmeckt das zarte Herz der Staude)
1 rote Paprikaschote
4 Möhren
1 Zucchino
4 reife feste Tomaten oder 12 Cocktailtomaten
1 Salatherz (von Kopf-, Burgunder- oder Friséesalat)
6–8 Knoblauchzehen
3–4 Stängel Petersilie
100 ml Rotweinessig
125 ml Olivenöl
Pfeffer, Salz

Die Sardellenfilets kalt abspülen und ca. 1 Std. in kaltem Wasser wässern. Dabei das Wasser so oft wie möglich wechseln.

Inzwischen das Gemüse waschen oder schälen und putzen. Blumenkohl in Röschen teilen, Sellerie, Paprikaschote, Möhren und Zucchino in dicke Stifte schneiden. Die Tomaten und das Salatherz achteln. Das Gemüse auf einer Platte anrichten.

Knoblauch schälen und sehr fein hacken. Petersilie waschen. Blättchen ebenfalls fein hacken. Sardellen abtropfen lassen und eventuell von der Mittelgräte befreien. Dann hacken.

Essig mit Knoblauch erhitzen und auf etwa die Hälfte einkochen lassen. Hitze reduzieren. Die Sardellenstücke untermischen und mit einem Kochlöffel gut unterrühren, bis sie schmelzen. Das Öl kräftig unterschlagen und erwärmen, aber nicht kochen lassen. Petersilie untermischen und die Sauce pfeffern, falls nötig auch leicht salzen. Die Sauce in vier Schälchen gießen. Das Gemüse bei Tisch in die Sauce dippen. Mit Baguette servieren.

Socca

Kichererbsenfladen

Zubereitungszeit: 40 Min.
Pro Portion ca.: 205 kcal

Zutaten für 8 Personen:
400 g Kichererbsenmehl (aus dem italienischen Feinkostgeschäft, Asien- oder Naturkostladen)
Salz, 6 EL Olivenöl
je 2 Zweige Thymian und Rosmarin
1 TL Anis- oder Fenchelsamen
grobes Salz und grob gemahlener Pfeffer

Das Kichererbsenmehl mit 1 kräftigen Prise Salz mischen. Nach und nach 400 ml kaltes Wasser unterschlagen. Teig zugedeckt bei Zimmertemperatur ca. 4 Std. ruhen lassen.

Dann den Backofen auf 230° vorheizen. Die Fettpfanne des Backofens mit etwas Öl ausstreichen. Die Kräuter waschen und trockenschütteln. Von den Stielen zupfen.

Den Kichererbsenteig in die Fettpfanne gießen. Mit dem übrigen Öl beträufeln und mit den Kräutern und den Anis- oder Fenchelsamen bestreuen. Die Socca im heißen Ofen (Mitte, Umluft 210°) ca. 15-20 Min. backen, bis der Teig fest ist. Mit grobem Salz und Pfeffer bestreuen, in Stücke schneiden und servieren.

Olive à l'huile

Marinierte Oliven

Zubereitungszeit: 15 Min.
Marinierzeit: 12 Std.
Pro Portion ca.: 250 kcal

Zutaten für 4 Personen:
4 Knoblauchzehen
1 Stück unbehandelte Orangen- oder Zitronenschale
je 4 Zweige Thymian, Basilikum und Rosmarin
2 Lorbeerblätter (am besten frisch)
1 rote Chilischote
je 150 g schwarze und grüne Oliven in Salzlake
100 ml Olivenöl

Knoblauch schälen und sehr fein hacken. Orangenschale sehr fein schneiden. Kräuter waschen und trockenschütteln. Von den Stielen zupfen und mit dem Lorbeer fein zerkleinern. Chilischote waschen, putzen und in feine Ringe schneiden.

Oliven gut abtropfen lassen. Knoblauch, Kräuter und Chiliringe mit dem Öl verrühren. Oliven untermischen und zugedeckt mindestens 12 Std. marinieren. Vor dem Servieren noch einmal durchrühren.

Olives au four

Gebackene Oliven

Zubereitungszeit: 10 Min.
Backzeit: 30 Min.
Pro Portion ca.: 205 kcal

Zutaten für 4 Personen:
300 g große schwarze Oliven
1 Zweig Salbei, 2 TL Fenchelsamen
4 EL Olivenöl
grobes Salz nach Belieben

Backofen auf 220° vorheizen. Oliven in eine flache Form geben, sie sollen möglichst nebeneinander liegen. Salbei waschen und trockenschütteln. Blättchen abzupfen und sehr fein hacken. Mit Fenchelsamen und Öl zu den Oliven geben und gut untermischen.

Oliven im heißen Ofen (Mitte) 30 Min. backen, bis sie schrumpelig werden. Eventuell mit grobem Salz würzen und warm oder abgekühlt servieren.

TIPP

Einfach unentbehrlich in der südfranzösischen Küche sind Oliven. Zum Aperitif kann man sie besonders gut mit Nüssen, Brot oder dem feinen Kichererbsenfladen kombinieren.

Sardines tièdes aux tomates

Lauwarme Sardinen mit Tomaten

Zubereitungszeit: 45 Min.
Pro Portion ca.: 320 kcal

Zutaten für 4 Personen:
600 g frische, nicht zu große Sardinen
Salz, Pfeffer
300 g Tomaten, 2 Knoblauchzehen
4 Zweige Thymian
6 EL Olivenöl
1 Lorbeerblatt (am besten frisch)
2 TL Fenchelsamen
2 EL Weißweinessig

Sardinen waschen, Köpfe abschneiden. Sardinen am Bauch aufschneiden und vorsichtig aufklappen. Die Mittelgräte mit einem Löffelstiel herauslösen. Sardinen noch einmal waschen und dabei – falls nötig – schuppen, trockentupfen und mit Salz und Pfeffer würzen.

Tomaten überbrühen, kalt abschrecken, häuten und in kleine Würfel schneiden. Knoblauch schälen und erst in Scheiben, dann in feine Stifte schneiden. Thymian waschen und trockenschütteln, Blättchen abstreifen.

Sardinen in 3 EL Öl bei mittlerer Hitze pro Seite ca. 2 Min. braten, auf eine längliche Platte heben. Pfanne mit Küchenpapier auswischen, das übrige Öl darin erhitzen. Lorbeer und Fenchelsamen darin anbraten, dann Thymian und Knoblauch kurz mitbraten. Tomaten untermischen und erhitzen. Mit Essig, Salz und Pfeffer abschmecken. Sardinen mit der Tomatenmischung bedecken und mit frischem Weißbrot servieren.

Beignets de fleurs de courgettes

Gebackene Zucchiniblüten

Zubereitungszeit: 25 Min.
Ruhezeit: 1 Std.
Pro Portion ca.: 370 kcal

Zutaten für 4 Personen:
Für die Zucchiniblüten:
2 Eier, 125 g Mehl, Salz, Pfeffer
200 ml Mineralwasser
12 Zucchiniblüten
1/2 l Olivenöl zum Ausbacken
Für die Vinaigrette:
1 feste Tomate, 4 Stängel Basilikum
2 Sardellenfilets (Anchovis) in Öl
2 TL Kapern, 2 EL Weißweinessig
Salz, Pfeffer, 4 EL Olivenöl

Für den Teig die Eier trennen, die Eiweiße kühl stellen. Mehl mit Eigelben, Salz, Pfeffer und dem Mineralwasser mit einem Schneebesen zu einem glatten Teig verrühren. Zugedeckt ca. 1 Std. quellen lassen.

Die Zucchiniblüten vorsichtig öffnen und den Blütenstempel mit einem Messer herausschneiden. Die Zucchiniblüten eventuell mit einem Pinsel reinigen, nicht waschen.

Für die Vinaigrette die Tomate waschen und sehr klein würfeln. Die Basilikumblättchen kleiner zupfen. Die Sardellen und die Kapern abtropfen lassen und hacken. Den Essig mit Salz, Pfeffer und 1 EL Wasser verrühren. Das Öl cremig unterschlagen.

Das Öl zum Ausbacken erhitzen. Die Eiweiße steif schlagen. Den Teig durchrühren, den Eischnee unterheben. Blüten einzeln durch den Teig ziehen und portionsweise im heißen Fett in 3–4 Min. goldgelb frittieren. Jeweils herausheben und auf einer dicken Lage Küchenpapier abfetten lassen.

Tomate, Basilikum, Kapern und Sardellen unter die Vinaigrette mischen. Die Zucchiniblüten damit garniert warm servieren.

Zucchiniblüten gibt's manchmal auch mit Mini-Zucchini daran. Die kleinen Früchte ganz oder teilweise abschneiden und in Scheibchen geschnitten mitfrittieren.

Omelettes liebt man in ganz Südfrankreich – ob mit Zucchini, Tomaten, Spinat oder anderem Gemüse zubereitet. In der Nähe von Nizza bevorzugt man Mangold und nennt das Ganze dann Trouchia.

Die Auberginen- und Olivenküche

Südfrankreichs halten manche für eine Arme-Leute-Küche ohne Phantasie und Raffinesse. Doch genau das Gegenteil ist der Fall: Wer es versteht, aus wenigen und einfachen Zutaten köstliche Gerichte zu zaubern wie beispielsweise diesen Auberginen-Kaviar, ist schließlich ein viel größerer Künstler als der, der aus dem Überfluss schöpfen kann.

Caviar d'aubergines

Auberginen-Kaviar

Zubereitungszeit: 45 Min.
Kühlzeit: mindestens 4 Std.
Pro Portion ca.: 75 kcal

Zutaten für 4 Personen:
1 Aubergine (ca. 350 g)
1 Tomate
4 Knoblauchzehen
Salz, 4 EL Olivenöl
Pfeffer

Den Backofen auf 230° (Umluft 210°) vorheizen. Die Aubergine waschen, mit einer Gabel mehrmals einstechen. Auf dem Backblech im heißen Ofen insgesamt ca. 30 Min. backen, bis sie weich ist.

Nach ca. 15 Min. die Tomate waschen und den Stielansatz herausschneiden. Die Tomate neben die Aubergine legen und mitbacken.

Aubergine und Tomate aus dem Ofen nehmen, etwas abkühlen lassen, dann halbieren und das Fruchtfleisch mit einem Löffel aus den Schalen lösen und mit einem Messer fein hacken.

Knoblauch schälen und sehr fein hacken oder im Mörser mit etwas Salz fein zerstoßen. Knoblauch unter die Auberginenmasse rühren und nach und nach das Öl unterschlagen. Die Mischung mit Salz und Pfeffer abschmecken und vor dem Servieren mindestens 4 Std. kühl stellen. Der Auberginen-Kaviar schmeckt am besten auf getoastetem Brot oder frischem Baguette.

Trouchia

Mangoldomelette

Zubereitungszeit: 45 Min.
Pro Portion ca.: 300 kcal

Zutaten für 4 Personen:
500 g Mangold (möglichst mehr Blätter als Stiele)
1 Zwiebel
2 Knoblauchzehen
1 Bund Petersilie
4 EL Olivenöl
Salz, Pfeffer
6 Eier
80 g frisch geriebener Käse (Schaf- oder Ziegenkäse oder anderer würziger Hartkäse)
1 EL Crème fraîche

Den Mangold waschen und trockenschütteln. Blätter abschneiden und sehr fein hacken. Stiele – falls nötig – schälen und in sehr kleine Würfel schneiden. Die Zwiebel und den Knoblauch schälen und sehr fein hacken. Die Petersilie waschen und trockenschütteln, Blättchen ebenfalls fein hacken.

Die Hälfte des Öls in einer großen Pfanne erhitzen. Mangoldstiele, Zwiebel und Knoblauch darin unter Rühren 4–5 Min. braten. Mangoldblätter und Petersilie weitere 3 Min. mitbraten.

Das Gemüse aus der Pfanne nehmen und etwas abkühlen lassen. Mit Salz und Pfeffer abschmecken. Die Eier mit dem Käse und der Crème fraîche gründlich verrühren. Mangold untermischen.

Das übrige Öl in der Pfanne erhitzen, die Mangoldmischung einrühren und unter Rühren bei mittlerer Hitze 2–3 Min. braten, bis die Eier anfangen zu stocken. Dann glatt streichen und bei schwacher Hitze ca. 6 Min. garen.

Omelette auf einen Teller gleiten lassen und umgedreht wieder in die Pfanne geben. Weitere 5–8 Min. garen, bis die Masse fest ist. Omelette erneut auf einen Teller gleiten lassen, in Tortenstücke schneiden und servieren. Dazu schmeckt Tomatensalat, eventuell mit Orangenschale aromatisiert.

Pissaladière

Zwiebel-Sardellen-Kuchen

Zubereitungszeit: 1 Std.
Ruhezeit: 1 Std.
Backzeit: 20 Min.
Pro Portion ca.: 620 kcal

Zutaten für 4 Personen:
Für den Teig:
350 g Mehl
1/2 Würfel frische Hefe (21 g), Salz
2 EL Olivenöl + Öl für das Blech
Für den Belag:
1,2 kg Zwiebeln
5–6 Zweige Thymian
2–3 Zweige Bohnenkraut
6 EL Olivenöl, Salz, Pfeffer
20 Sardellenfilets (Anchovis) in Öl
50 g kleine schwarze Oliven

Für den Teig das Mehl in eine Schüssel geben. Hefe zerkrümeln und mit 180 ml lauwarmem Wasser verrühren. Hefe mit Salz und Olivenöl zum Mehl geben und alles kräftig durchkneten, bis ein glatter, geschmeidiger Teig entstanden ist. Den Teig in der Schüssel zugedeckt an einem warmen Ort ca. 1 Std. gehen lassen, bis sich sein Volumen verdoppelt hat.

Inzwischen für den Belag Zwiebeln schälen, halbieren und in Streifen schneiden. Die Kräuter waschen. Blättchen von den Stielen streifen. Zwiebeln im Öl kurz andünsten. Kräuter untermischen. Zwiebeln bei schwacher Hitze ca. 30 Min. garen, bis sie weich sind. Dabei immer mal wieder durchrühren.

Backofen auf 220° vorheizen. Ein Back- oder großes Pizzablech fetten. Den Teig durchkneten, dann auf dem Blech ausrollen. Rundherum einen Rand formen. Zwiebeln leicht salzen, pfeffern und auf dem Teig verteilen. Sardellenfilets abtropfen lassen und mit Oliven dekorativ auf dem Zwiebelbelag anordnen.

Die Pissaladière im heißen Ofen (Mitte, Umluft 200°) in ca. 20 Min. knusprig backen. Schmeckt warm oder lauwarm.

Pan bagnat

Gefülltes Brötchen

Zubereitungszeit: 25 Min.
Ruhezeit: 30 Min.
Pro Portionca.: 490 kcal

Zutaten für 4 Personen:
1 Ei, 1 Dose Tunfisch in Olivenöl (150 g)
2 reife feste Tomaten
1 grüne Paprikaschote
1 weiße oder rote Zwiebel
8 zarte Blätter Romanasalat
2 Knoblauchzehen
4 Sardellenfilets (Anchovis) in Öl
4 Stängel Basilikum, 1 EL schwarze Oliven
1 TL scharfer Senf, 1 1/2 EL Weinessig
Salz, Pfeffer, 6 EL Olivenöl
1 Baguette

Das Ei in 8–10 Min. hart kochen, abschrecken und schälen. Inzwischen den Tunfisch abtropfen lassen und zerpflücken. Die Tomaten waschen und in Achtel schneiden. Die Paprikaschote waschen, vierteln, putzen und in feine Streifen schneiden. Die Zwiebel schälen, vierteln und ebenfalls in Streifen schneiden. Die Salatblätter putzen, gründlich waschen, trockenschwenken und kleiner schneiden.

Ei in Würfel schneiden. Den Knoblauch schälen, 1 Zehe sehr fein hacken. Die Sardellenfilets abtropfen lassen und in Stücke schneiden. Basilikumblättchen abzupfen und kleiner zupfen. Die Oliven entsteinen.

Den Senf mit dem Essig, Salz und Pfeffer verrühren, 4 EL Olivenöl unterschlagen, bis eine cremige Sauce entstanden ist. Übrige Knoblauchzehe durch die Presse drücken und mit dem restlichen Öl verrühren.

Baguette in 4 Stücke teilen und jeweils längs aufschneiden. Die unteren Hälften mit dem Knoblauchöl bestreichen. Alle Salatzutaten mit der Sauce mischen und auf den unteren Baguettehälften verteilen. Mit den oberen Hälften bedecken. Baguettestücke vor dem Servieren ca. 30 Min. durchziehen lassen.

Pan bagnat ist genau der richtige Imbiss im Sommer, wenn man den Tag im Freien verbringt. Das saftige Brötchen schmeckt am Strand ebenso gut wie bei einem Picknick auf dem Land.

Je bunter die Mischung, desto feiner die Suppe. Für den südfranzösischen Gemüsetopf dürfen Sie nehmen, was gerade im Angebot ist. Bohnen sollten aber immer dabei sein.

Wasser, Knoblauch und Kräuter – *das sind die einfachen Zutaten der aromatischen Aigo boulido. Dass es sich dabei um ein Rezept aus dem Küchenschatz wenig betuchter Menschen handelt, ist sonnenklar. Wer das gekochte Wasser noch etwas aufpeppen will: Statt Käse können Sie auf jede Brotscheibe auch 1 pochiertes Ei legen. Heiße Suppe vorsichtig darüber gießen.*

Soupe au pistou

Gemüsesuppe mit Basilikumpüree

Einweichzeit: über Nacht
Zubereitungszeit: 1 Std.
Garzeit: 1–1 1/2 Std.
Pro Portion ca.: 240 kcal

Zutaten für 6 Personen:
Für die Suppe:
50 g getrocknete weiße Bohnen (oder 200 g enthülste frische dicke Bohnen)
50 g getrocknete rote Bohnen
200 g grüne Bohnen, 200 g junge Zucchini
2 Stangen Staudensellerie
1 Stange Lauch, 2 Tomaten
1 Kartoffel (ca. 120 g)
je 2–3 Zweige Rosmarin, Thymian und Bohnenkraut
2 Lorbeerblätter, 2–3 TL Tomatenmark
Salz, Pfeffer, 100 g dünne Makkaroni
Für den Pistou:
1 größere Tomate (ca. 200 g)
2 Knoblauchzehen, 1 Bund Basilikum
4 EL Olivenöl
50 g frisch geriebener Käse (Schaf- oder Ziegenkäse oder anderer würziger Hartkäse)
Salz, Pfeffer

Die weißen und die roten Bohnen getrennt über Nacht in Wasser einweichen. Am nächsten Tag Bohnen jeweils mit frischem Wasser bedeckt zum Kochen bringen, zugedeckt bei schwacher Hitze in 1–1 1/2 Std. weich garen.

Für den Pistou den Backofengrill anheizen. Die Tomate waschen und halbieren. Mit den Schnittflächen nach oben in eine feuerfeste Form legen und ca. 10 Min. unter den heißen Grillschlangen grillen. Abkühlen lassen.

Für die Suppe die grünen Bohnen waschen, putzen und halbieren. Zucchini waschen und putzen. Längs vierteln, quer in ca. 1 cm dicke Scheiben schneiden. Sellerie waschen und putzen, in feine Scheiben schneiden, das zarte Grün hacken. Lauch putzen, längs aufschlitzen und gründlich waschen. In feine Streifen schneiden. Tomaten häuten und klein würfeln. Kartoffel schälen, waschen und würfeln.

Kräuter waschen und mit dem Lorbeer zusammenbinden. 1 1/2 l Wasser mit dem Gemüse und dem Kräutersträußchen zum Kochen bringen. Mit Salz, Pfeffer und dem Tomatenmark abschmecken. Gemüse bei halb aufgelegtem Deckel in ca. 20 Min. knapp bissfest garen. Die gegarten Bohnen abtropfen lassen und untermischen. Die Nudeln in Stücke brechen, in der Suppe bissfest garen.

Inzwischen für den Pistou das Fruchtfleisch aus der Tomate lösen. Den Knoblauch schälen und grob hacken, die Basilikumblättchen abzupfen. Tomatenfleisch, Knoblauch und Basilikum mit dem Öl fein pürieren. Den Käse untermischen und den Pistou mit Salz und Pfeffer abschmecken. Die Hälfte des Pistou unter die Suppe mischen und abschmecken. Den Rest dazu servieren.

Aigo boulido

Knoblauchsuppe

Zubereitungszeit: 30 Min.
Pro Portion ca.: 200 kcal

Zutaten für 4 Personen:
8 Knoblauchzehen
1 Zweig Salbei, 2 Zweige Thymian
Salz, Pfeffer
2 Lorbeerblätter (am besten frisch)
4 EL Olivenöl, 4 Scheiben Weißbrot
4 EL frisch geriebener Käse (Schaf- oder Ziegenkäse oder anderer würziger Hartkäse)

Knoblauch schälen und fein hacken. Mit der Klinge eines breiten Messers fein zerdrücken oder im Mörser zerstoßen. Kräuter waschen.

1 l Wasser mit Salz, Pfeffer, Lorbeerblättern, Salbei, Thymian und 2 EL Olivenöl zum Kochen bringen. Knoblauch dazugeben und alles ca. 15 Min. leise kochen lassen.

Die Brotscheiben toasten, in Teller geben, mit dem übrigen Öl beträufeln und mit dem Käse bestreuen. Die Kräuter aus der Suppe fischen, die Suppe mit Salz und Pfeffer abschmecken und vorsichtig über die Brotscheiben gießen. Heiß servieren.

Wie Socca, Pissaladière und Pistou *lassen auch die Ravioli den Einfluss der italienischen Küche ahnen. In der südfranzösischen Version werden die Nudeltäschchen mit den aromatischen Oliven der Côte und dem zarten Ziegenfrischkäse zubereitet und mit einer leichten Tomatensauce serviert.*

Ravioli aux olives

Olivenravioli

Zubereitungszeit: 1 1/2 Std.
Pro Portion ca.: 425 kcal

Zutaten für 6 Personen:
Für den Teig:
300 g Mehl
2 Eier
1 EL Olivenöl
1 gestrichener TL Salz
Für die Füllung:
2 EL Pinienkerne
1 EL Olivenöl
180 g grüne Oliven ohne Stein
1/2 Bund Basilikum
2 Knoblauchzehen
1 Stück unbehandelte Zitronenschale
150 g Ziegenfrischkäse
Salz, Pfeffer
1 Messerspitze Honig
Für die Sauce:
300 g reife Tomaten
1–2 EL frische kleine Salbeiblätter
4 EL Olivenöl
Salz, Pfeffer

Das Mehl mit den Eiern, Öl und Salz zu einem glatten geschmeidigen Teig verkneten. Eventuell etwas Wasser hinzufügen. Den Teig in ein Tuch wickeln und bei Zimmertemperatur ca. 30 Min. ruhen lassen.

Inzwischen für die Füllung die Pinienkerne im Öl rundherum goldbraun rösten, herausnehmen, etwas abkühlen lassen und fein hacken. Die Oliven mit einem großen schweren Messer fast musig hacken. Die Basilikumblättchen abzupfen, den Knoblauch schälen. Beides mit dem Zitronenschalenstück sehr fein hacken. Oliven, Basilikummischung, Ziegenfrischkäse und Pinienkerne gründlich verrühren und mit Salz, Pfeffer und dem Honig kräftig abschmecken.

Teig noch einmal durchkneten und in Portionen teilen. Mit dem Nudelholz oder der Nudelmaschine zu dünnen Platten ausrollen. Die Hälfte davon im Abstand von 4 cm mit 1 TL Füllung belegen. Die übrigen Platten darüber klappen und zwischen der Füllung andrücken. Mit einem Teigrädchen Ravioli ausschneiden. Auf Küchentücher legen und eventuell etwas trocknen lassen.

Die Stielansätze aus den Tomaten herausschneiden. Tomaten überbrühen, kalt abschrecken, häuten, halbieren, entkernen und in kleine Würfel schneiden. Salbeiblättchen waschen und trockentupfen.

Für die Ravioli reichlich Wasser zum Kochen bringen und salzen.

Das Öl in einer Pfanne erhitzen, die Salbeiblättchen darin knusprig braten. Die Tomaten dazugeben und nur erhitzen. Salzen und pfeffern.

Gleichzeitig die Ravioli ins Wasser geben und in 3–4 Min. bissfest kochen. Die Ravioli abgießen, auf vorgewärmte Teller verteilen und mit Salbeitomaten bedecken. Olivenravioli heiß servieren.

Traditionelle Gerichte *werden in den meisten Rezepten auch auf traditionelle Art zubereitet. Bei Gemüse bedeutet das meist lange Garzeiten. Wir haben die Rezepte modernisiert, um die Nährwerte zu schonen.*

Ratatouille

Gemüsetopf

Zubereitungszeit: 50 Min.
Pro Portion ca.: 185 kcal

Zutaten für 4 Personen:
2–3 Zucchini (ca. 350 g)
1 Aubergine (ca. 300 g)
je 1 rote und gelbe Paprikaschote
400 g Tomaten
1 größere rote Zwiebel
4 Knoblauchzehen
2–3 Zweige Thymian
6 EL Olivenöl, Salz, Pfeffer
1/2 Bund Basilikum

Die Zucchini waschen und putzen. Die Aubergine mit dem Sparschäler schälen und putzen. Die Paprikaschoten waschen, halbieren und putzen. Das Gemüse getrennt voneinander in ca. 1 cm große Würfel schneiden.

Die Stielansätze aus den Tomaten herausschneiden. Tomaten überbrühen, kalt abschrecken, häuten und in kleine Würfel schneiden. Die Zwiebel und den Knoblauch schälen und fein hacken. Den Thymian waschen.

In einem Topf 4 EL Öl erhitzen, die Auberginenwürfel darin bei mittlerer Hitze unter Rühren ca. 5 Min. anbraten. Zucchini, Paprika, Zwiebel, Knoblauch und Thymian mit dem übrigen Öl untermischen und ebenfalls kurz braten.

Die Tomaten untermischen, das Gemüse mit Salz und Pfeffer abschmecken und zugedeckt bei schwacher Hitze ca. 15 Min. schmoren, bis es bissfest ist. Dabei ab und zu durchrühren. Das Basilikum von den Stielen ablösen, in kleine Stücke zupfen und untermischen.

Das würzige Fenchelgemüse schmeckt warm oder abgekühlt als Beilage oder Vorspeise.

Haricots verts à la niçoise

Grüne Bohnen mit Sardellen

Zeit zum Wässern: 1 Std.
Zubereitungszeit: 40 Min.
Pro Portion ca.: 145 kcal

Zutaten für 4 Personen:
6 Sardellenfilets (Anchovis) in Salz
400 g grüne Bohnen, Salz
250 g Tomaten
2 milde weiße Zwiebeln
2 Knoblauchzehen
je 3–4 Zweige Thymian und Bohnenkraut
4 EL Olivenöl
2 Lorbeerblätter, Pfeffer

Die Sardellenfilets kalt abspülen und ca. 1 Std. in kaltem Wasser wässern. Dabei das Wasser so oft wie möglich wechseln.

Dann die Bohnen waschen und putzen. Reichlich Wasser mit Salz zum Kochen bringen, die Bohnen darin zugedeckt ca. 5 Min. vorgaren. In einem Sieb kalt abschrecken und sehr gut abtropfen lassen.

Tomaten häuten und klein würfeln. Die Zwiebeln und den Knoblauch schälen und in sehr feine Streifen bzw. Scheiben schneiden. Die Kräuter waschen, abzupfen.

Die Bohnen mit den Kräutern, den Zwiebeln und dem Knoblauch unter Rühren im Öl 2–3 Min. braten. Tomaten und Lorbeerblätter dazugeben und alles vorsichtig mit Salz (die Sardellen salzen auch) und Pfeffer abschmecken. Die Bohnen zugedeckt bei schwacher Hitze in 3–4 Min. bissfest schmoren.

Sardellen abspülen und in kleine Stücke schneiden, dabei eventuell von der Mittelgräte befreien. Sardellen unter die Bohnen mischen, alles nochmals abschmecken und servieren.

Fenouil braisé

Geschmorter Fenchel

Zubereitungszeit: 45 Min.
Pro Portion ca.: 165 kcal

Zutaten für 4 Personen:
3 Fenchelknollen
300 g Tomaten
4 Knoblauchzehen
1 milde Zwiebel
4 EL Olivenöl
2 TL Fenchelsamen
80 ml Weißwein
2 EL Pastis nach Belieben
2 EL schwarze Oliven
Salz, Pfeffer
1 Messerspitze Honig oder 1 Prise Zucker
2 Stängel Basilikum

Den Fenchel putzen, das Fenchelgrün abzupfen und beiseite legen. Den Fenchel waschen, der Länge nach achteln, den Strunk jeweils herausschneiden.

Tomaten häuten und achteln. Knoblauch schälen und vierteln. Die Zwiebel schälen, halbieren oder vierteln und in 1/2 cm dicke Streifen schneiden.

Das Öl in einem Schmortopf erhitzen. Den Fenchel darin mit den Fenchelsamen unter Rühren 2–3 Min. anbraten. Knoblauch und Zwiebel kurz mitbraten.

Die Tomaten untermischen, den Weißwein und eventuell den Pastis untermischen. Die Oliven dazugeben, das Gemüse mit Salz, Pfeffer und dem Honig oder Zucker abschmecken und zugedeckt bei schwacher Hitze ca. 20 Min. schmoren.

Die Basilikumblättchen abzupfen und mit dem Fenchelgrün fein schneiden. Kräuter untermischen. Gemüse abschmecken und servieren.

TIPP

Traditionalisten schälen die Aubergine nicht, schneiden das Gemüse in gröbere Stücke, garen es ca. 1 Std. und genießen es am liebsten aufgewärmt.

Außer Zwiebeln, *Tomaten, Zucchini und Auberginen lassen sich auch junge Kartoffeln oder kleinere Paprikaschoten gut füllen. Da die Zubereitung Zeit kostet, hat man die Petits farcis früher immer gleich in größerer Menge auf dem Backblech zubereitet. Dazu gibt es Baguette oder Reis.*

Petits farcis

Gefüllte junge Gemüse

Zubereitungszeit: 1 Std. 40 Min.
Bei 6 Personen pro Portion ca.: 480 kcal

Zutaten für 4–6 Personen:
Für das Gemüse:
4 milde Zwiebeln (am besten flache)
Salz, 8 kleine Tomaten
2 dickere Zucchini
1 schlanke längliche Aubergine
100 g altbackenes Weißbrot
1/4 l Milch, 300 g rohe Bratwurst
100 g durchwachsener Räucherspeck
2 Knoblauchzehen
4 Zweige Thymian, 1/2 Bund Basilikum
2 EL Olivenöl, 2 Eier
2–3 EL frisch geriebener Käse (Schaf- oder Ziegenkäse oder anderer würziger Hartkäse)
2 EL Semmelbrösel
Pfeffer, Chilipulver
Für die Tomatensauce:
800 g Tomaten
1 unbehandelte Orange
2 Schalotten, 2 Knoblauchzehen
je 2 Zweige Thymian und Rosmarin
1 Zweig Salbei, 1 Lorbeerblatt
2 EL Olivenöl
Salz, Pfeffer, 1 Prise Zucker
1/2 Bund Basilikum

Zwiebeln schälen. In reichlich kochendem Salzwasser zugedeckt bei mittlerer Hitze ca. 5 Min. vorgaren. Kalt abschrecken und abtropfen lassen. Jeweils einen Deckel abschneiden und die Zwiebeln bis auf zwei Schichten aushöhlen. Das ausgehöhlte Zwiebelfleisch fein würfeln.

Tomaten waschen und einen Deckel abschneiden. Fruchtfleisch mit einem Löffel herauslösen und klein schneiden. Zucchini waschen und putzen. In ca. 5 cm lange Stücke schneiden und mit einem Löffel aushöhlen. Aubergine waschen, in ca. 5 cm lange Stücke schneiden und ebenfalls aushöhlen. Das ausgehöhlte Gemüsefleisch fein hacken.

Brot in der Milch einweichen. Bratwurstmasse aus der Haut drücken. Speck ohne Schwarte und Knorpel würfeln. Knoblauch schälen und hacken. Kräuter waschen, Thymian von den Stielen streifen, Basilikum hacken.

Backofen auf 180° vorheizen. Eine große Form mit Olivenöl ausstreichen. Speck, Zwiebelfleisch und Knoblauch im restlichen Öl anbraten. Jeweils 1 EL vom ausgehöhlten gewürfelten Gemüse sowie die Kräuter dazugeben und kurz mitbraten.

Brot ausdrücken und zerpflücken. Speckmischung mit Bratwurst, Brot, Eiern, Käse und Semmelbröseln mischen und mit Salz, Pfeffer und Chili würzen.

Gemüse mit der Masse füllen und nebeneinander in die Form setzen. Das übrige Gemüse mit 1/8 l Wasser, Salz und Pfeffer verrühren und neben die gefüllten Gemüse in die Form geben. Gemüse im heißen Ofen (Mitte, Umluft 160°) ca. 40 Min. backen, bis es schön gebräunt ist.

Inzwischen für die Sauce Tomaten häuten und klein würfeln. Orangenschale dünn abschneiden und fein hacken. Orange auspressen. Schalotten und Knoblauch schälen und fein hacken. Kräuter waschen und mit dem Lorbeer zusammenbinden.

Schalotten und Knoblauch im Öl anbraten. Kräutersträußchen, Tomaten, Orangenschale und -saft dazugeben. Die Sauce mit Salz, Pfeffer und dem Zucker abschmecken und offen bei schwacher bis mittlerer Hitze ca. 15 Min. leise kochen lassen, bis sie dickflüssig wird.

Basilikumblättchen kleiner zupfen. Kräutersträußchen aus der Sauce fischen, das Basilikum untermischen und die Sauce zum gefüllten Gemüse servieren.

Ein Essen ohne Gemüse? *In Südfrankreich unmöglich! Und die feinen Gerichte mit Artischocken, Auberginen, Zucchini & Co. werden nicht nur als Beilage zu Fleisch oder Fisch serviert, sondern auch als Vorspeise oder kleiner Zwischengang.*

Tian de légumes

Gemüsegratin

Zubereitungszeit: 40 Min.
Backzeit: 1 Std.
Pro Portion ca.: 150 kcal

Zutaten für 6 Personen:
500 g Mangold, Salz
4 junge Zucchini (ca. 400 g)
800 g Tomaten, 2 Zwiebeln
6 Knoblauchzehen
je 4 Zweige Thymian, Oregano und Petersilie
je 2 Zweige Salbei und Rosmarin oder nur Bohnenkraut
8 EL Olivenöl, Pfeffer
1 TL Fenchelsamen, 4 EL Pastis

Mangold waschen und trockenschütteln. Blätter abschneiden und grob hacken. Stiele in Streifen schneiden und in reichlich kochendem Salzwasser 2 Min. kochen.

Dann die Blätter dazugeben und weitere 1–2 Min. garen, bis die Blätter zusammenfallen. Mangold in einem Sieb kalt abschrecken und sehr gut abtropfen lassen.

Zucchini waschen, putzen und in dünne Scheiben schneiden. Tomaten waschen und ebenfalls in dünne Scheiben schneiden. Zwiebeln und Knoblauch schälen und in feine Scheiben schneiden. Kräuter waschen, abzupfen oder abstreifen und fein hacken.

Backofen auf 180° vorheizen. Eine feuerfeste Form mit etwas Öl ausstreichen. In einem Topf 2 EL Olivenöl erhitzen, die Zwiebeln mit den Kräutern darin 2–3 Min. braten. Den Knoblauch kurz mitbraten, dann vom Herd ziehen.

Die geschmorten Tomaten schmecken zu Fisch, Fleisch und Geflügel.

Den Mangold, die Tomaten und die Zucchini lagenweise in die geölte Form schichten. Dabei jede Lage mit Salz und Pfeffer würzen und mit etwas Zwiebelmischung und Fenchelsamen bestreuen. Den Pastis mit dem übrigen Öl verrühren und über das Gemüse gießen.

Gemüse im heißen Ofen (Mitte, Umluft 160°) ca. 1 Std. backen, bis es weich ist.

Artichauts à la barigoule

Gefüllte Artischocken

Zubereitungszeit: 30 Min.
Garzeit: 30 Min.
Pro Portion ca.: 405 kcal

Zutaten für 4 Personen:
12 kleine violette Artischocken
Saft von 1 Zitrone, Salz
2 Möhren, 1 Zwiebel
2 Knoblauchzehen, 1/2 Bund Petersilie
4 Zweige Thymian
150 g durchwachsener Räucherspeck
200 g Pilze (Steinpilze, Champignons oder Egerlinge)
4 EL Olivenöl, Pfeffer
200 ml Gemüsebrühe

Artischocken waschen, äußere Blätter großzügig entfernen. Stiele spitz zuschneiden, Blattspitzen kürzen. Wasser mit Zitronensaft und Salz zum Kochen bringen. Artischocken zugedeckt ca. 2 Min. vorgaren.

Artischocken kalt abschrecken und längs halbieren. Die inneren kleinen Blätter und das darunter liegende Heu herauszupfen. Möhren, Zwiebel und Knoblauch schälen und fein schneiden. Die Kräuter waschen. Petersilienblättchen fein hacken. Thymianblättchen abstreifen. Speck würfeln. Pilze putzen und ebenfalls fein würfeln.

2 EL Öl in einer Pfanne erhitzen, Speck darin auslassen. Möhren, Zwiebel, Knoblauch und Pilze dazugeben und unter Rühren 3–5 Min. braten. Mit den Kräutern mischen, mit Salz und Pfeffer abschmecken und in die Artischockenhälften füllen.

Das übrige Öl in einem Schmortopf erhitzen. Die gefüllten Artischocken hineinsetzen und kurz anbraten. Restliche Füllung daneben verteilen. Mit Brühe ablöschen. Zugedeckt bei schwacher Hitze ca. 30 Min. schmoren, bis die Artischocken weich sind.

Estouffade de tomates

Geschmorte Tomaten

Zubereitungszeit: 15 Min.
Garzeit: insgesamt 1 Std.
Pro Portion ca.: 150 kcal

Zutaten für 4 Personen:
800 g fleischige Tomaten
6 EL Olivenöl
6 Knoblauchzehen
1 Bund Petersilie
Salz, Pfeffer

Die Tomaten waschen und quer halbieren, die Stielansätze dabei entfernen.

Das Öl in einer großen Pfanne erhitzen. Die Tomaten mit den Schnittflächen nach unten in die Pfanne setzen und bei schwacher Hitze ca. 30 Min. garen.

Inzwischen den Knoblauch schälen und sehr fein hacken. Die Petersilie waschen. Blättchen sehr fein hacken.

Die Tomaten vorsichtig wenden, mit der Petersilie und dem Knoblauch bestreuen und mit Salz und Pfeffer würzen. Noch einmal ca. 30 Min. garen. Die Tomaten schmecken warm oder abgekühlt, als Beilage zu gebratenem oder gegrilltem Fisch wie Tunfisch oder Schwertfisch, aber auch zu Fleisch und Geflügel.

Lotte au fenouil

Seeteufel mit Fenchel

Zubereitungszeit: 35 Min.
Pro Portion ca.: 260 kcal

Zutaten für 4 Personen:
4 kleinere Fenchelknollen
8 Zweige Thymian
1–2 EL Zitronensaft
3 TL Fenchelsamen, Salz
4 Seeteufelkoteletts (je ca. 170 g)
Pfeffer, 4 EL Olivenöl
2 EL Pastis
2 EL schwarze Oliven

Den Fenchel putzen, das Fenchelgrün abzupfen und beiseite legen. Den Fenchel waschen, längs halbieren und ohne Strunk in knapp 1 cm dicke Scheiben schneiden.

Den Thymian waschen und mit Zitronensaft und der Hälfte der Fenchelsamen in einen weiten Topf geben. Ca. 3 cm hoch Wasser angießen und leicht salzen. Die Flüssigkeit zum Kochen bringen.

Die Fenchelscheiben einlegen und bei mittlerer Hitze zugedeckt ca. 3 Min. garen. Mit dem Schaumlöffel herausheben und abtropfen lassen. Den Fenchelsud bei starker Hitze offen auf etwa die Hälfte einkochen lassen.

Die Seeteufelkoteletts trockentupfen, falls nötig, die Haut entfernen. Den Fisch mit Salz und Pfeffer würzen.

Olivenöl in einer großen Pfanne erhitzen. Fenchel darin leicht braun braten, zur Seite schieben. Seeteufelkoteletts in der Pfanne pro Seite ca. 1 1/2 Min. braten. Mit dem Fenchel auf einer vorgewärmten Platte anrichten.

100 ml vom Fenchelsud in die Pfanne schütten und den Bratsatz damit loskochen. Die übrigen Fenchelsamen dazugeben, mit dem Pastis und den Oliven mischen. Die Sauce kräftig aufkochen lassen, mit Salz und Pfeffer würzen und über Fisch und Fenchel verteilen. Mit Fenchelgrün garniert servieren.

Rougets en papillotes

Rotbarben im Papier

Zubereitungszeit: 40 Min.
Pro Portion ca.: 385 kcal

Zutaten für 4 Personen:
4 Zweige Thymian
2 Stängel Petersilie
4 Knoblauchzehen
4 Sardellenfilets (Anchovis) in Öl
4 EL Olivenöl + Öl fürs Papier
4–8 Rotbarben (je nach Größe, die kleinen sollten ca. 150 g wiegen, die großen knapp doppelt so viel)
Salz, Pfeffer
1 unbehandelte Zitrone
4–8 Blätter Butterbrot- oder Backpapier

Backofen auf 200° (Umluft 180°) vorheizen. Kräuter waschen und etwas kleiner schneiden. Den Knoblauch schälen und in dünne Scheiben schneiden. Die Sardellenfilets abtropfen lassen und vierteln. Mit den Kräutern, dem Knoblauch und 2 EL Olivenöl mischen.

Die Rotbarben innen und außen waschen und gut trockentupfen. Mit der Kräutermischung füllen, außen mit dem übrigen Öl einpinseln und mit Salz und Pfeffer würzen.

Papier mit Öl einpinseln und jeweils 1 Rotbarbe darauf legen. Die Zitrone heiß waschen und abtrocknen, in hauchdünne Scheiben schneiden. Die Zitronenscheiben auf den Fischen verteilen. Die Rotbarben jeweils in das Papier einschlagen und gut verschließen. Nebeneinander in eine feuerfeste Form oder auf das Backblech legen.

Die Fische in den heißen Ofen (Mitte) schieben und ca. 20 Min. backen. Im Papier servieren. Dazu schmeckt Ratatouille (Seite 40) oder Escalivada (Seite 159) oder Mesclun (Seite 25) und Baguette.

Die Papierhülle schützt die Fische und bewahrt ihren Geschmack optimal.

Van Gogh steht nicht nur im Namen: Der geniale Maler verewigte dieses Café in der Altstadt von Arles auch auf einem berühmten Bild.

Gelebte Tradition: Ein echter Provenzale besteht auf seinem Glas Pastis in der lauschigen Bar um die Ecke.

Der Pastis
Aperitif mit Tradition

Einen Pastis auf einer Caféterrasse schlürfen, unter südlicher Sonne den Boule-Spielern zuschauen. Noch einen Pastis bestellen. Zumindest in etlichen Romanen besteht das Leben der Provenzalen aus diesen drei Gesten.

Provence ohne Pastis? Mais non, Monsieur. Dabei ist der Pastis ein Neuankömmling in der Region: 1938 wurde der Anis-Alkohol erstmals ausgeschenkt. Immerhin hat der Pastis einen bedeutenden Vorfahren: Den Absinth, eine Art Anisschnaps, der mit 72 % Alkohol hart am Rande des Trinkbaren lag.

Der Zungenbrenner avancierte unter den Malern und Schriftstellern des 19. Jahrhunderts zur »grünen Muse«. Leider nur hat der Absinth-Konsum Nebenwirkungen: Aufgrund seines hohen Thujon-Gehaltes kann er Halluzinationen und Hirnschädigungen verursachen. Am 16. Mai 1915 wurden deshalb Herstellung und Konsum von Absinth per Gesetz verboten, von der Sanktion betroffen waren auch alle anderen anishaltigen Liköre. Nicht ganz zu Recht, denn – wie man heute weiß – enthielt nur die »grüne Muse« das giftige Thujon. Und sehr zum Missfallen der Provenzalen, denn die einfache Landbevölkerung schrieb dem Anis magische Kräfte zu: Anis oder Fenchel unter dem Kopfkissen schützen nach altem Volksglauben vor Alpträumen, ein Korn im Schlüsselloch hält böse Geister vom Eintreten ab oder vermag Schlangenbisse zu heilen.

Erst 1938 wurde wieder ein anishaltiger Alkohol zum Verbrauch zugelassen: Der Pastis! Als offizieller Erfinder gilt Paul Ricard aus Marseille. Der damals 23-jährige lanciert den Slogan »Ricard, der echte Pastis aus Marseille«. Das neue Wort, dem man den Mittelmeerakzent anhört, wird von den Provenzalen sofort akzeptiert. »Pastis« heißt auf provenzalisch nämlich so etwas wie »undurchsichtige Situation«, »Unordnung« oder »Durcheinander«. Ein Teil Pastis auf vier Teile Wasser, lautet das Standardrezept – möglicherweise hat Ricard sich vom Durcheinander im Glas zum Namen Pastis inspirieren lassen. Neben Pernod und Ricard gibt es heute etliche Pastis-Varianten. Eine ist besonders interessant: Bei Henri Bardouin – Distillerie et Domaines de Provence in Forcalquier – kommen neben Anis auch Muskat, Lakritz, Zimt und neun weitere Zutaten in die Flasche.

Ein Hauch von Anisaroma veredelt die Meeresfrüchte. Dank sparsam dosiertem Pastis.

Crevettes au pastis

Garnelen mit Pastis

Nicht nur als Aperitif, sondern auch zum Aromatisieren von Fisch und Gemüse lässt sich Pastis wunderbar verwenden, besonders gut in Verbindung mit Fenchel- oder Anissamen.

Zubereitungszeit: 40 Min.
Pro Portion ca.: 370 kcal

Zutaten für 4 Personen:
700 g rohe Garnelen in der Schale
3 EL Olivenöl
100 ml trockener Weißwein
1 Schalotte
2 Knoblauchzehen
1/2 Bund Petersilie
1/2 Bund Dill oder etwas Fenchelgrün
3 EL Butter
1 TL Fenchelsamen
5 EL Pastis
Salz, Pfeffer
2 TL Zitronensaft
Zitronenschnitze zum Servieren

Die Garnelen waschen und aus den Schalen brechen. Am Rücken leicht einschneiden und den schwarzen Darm entfernen.

In einem Topf 1 EL Öl erhitzen, die Garnelenschalen darin kräftig anrösten. Mit dem Wein ablöschen und bei starker Hitze auf die Hälfte einkochen lassen. Den Sud sieben.

Die Schalotte und den Knoblauch schälen und sehr fein hacken. Die Kräuter waschen, trockenschütteln und ohne die groben Stiele fein hacken.

Das übrige Öl mit der Hälfte der Butter in einer Pfanne erhitzen. Die Garnelen mit der Schalotte, dem Knoblauch und den Fenchelsamen hineingeben und bei mittlerer Hitze 1–2 Min. unter Rühren braten, bis sie sich rot färben.

Sud und den Pastis mit den Kräutern untermischen. Die restliche Butter in kleinen Stücken unterrühren. Garnelen mit Salz, Pfeffer und dem Zitronensaft abschmecken und heiß mit Zitronenschnitzen servieren. Dazu passt Baguette und ein Salat.

Dorade à l'orange

Brasse mit Orangen

Zubereitungszeit: 40 Min.
Pro Portion ca.: 460 kcal

Zutaten für 4 Personen:
2 Gold- oder Meerbrassen (Dorade Royale, küchenfertig, je ca. 650 g)
Salz, Pfeffer
je 4 Zweige Thymian und Rosmarin
4 Knoblauchzehen
3 unbehandelte Orangen
1 unbehandelte Zitrone, 1 rote Chilischote
6 EL Olivenöl, 1/8 l trockener Weißwein
100 ml Fischfond, 1/2 TL Anissamen
150 g Romana- oder Endiviensalat
2 EL schwarze Oliven, 1 Prise Zucker

Die Fische kalt abspülen, trockentupfen und innen und außen mit Salz und Pfeffer würzen. Kräuter waschen. Knoblauch schälen und in feine Scheiben schneiden, die Hälfte davon mit den Kräutern in die Fische füllen.

1 Orange und die Zitrone heiß abwaschen, Schalen in dünnen Streifen ablösen. Die Orange und 1/2 Zitrone auspressen. Die übrigen Orangen großzügig schälen. Orangenfilets herauslösen, den Saft auffangen. Chilischote waschen, entkernen und fein schneiden.

4 EL Olivenöl in einer großen Pfanne erhitzen. Fische darin pro Seite bei mittlerer Hitze ca. 5 Min. braten. Wein, Fischfond, Orangen- und Zitronensaft mit den Anissamen dazugeben. Die Brassen zugedeckt 5–7 Min. in der Sauce garen, herausheben, warm stellen.

Salat putzen, waschen, trockenschwenken und in Streifen schneiden. Die Sauce aus der Pfanne in einen Topf gießen. Salatstreifen mit dem restlichen Knoblauch im Öl kurz braten. Chili dazugeben. Alles mit der Sauce ablöschen, Oliven, Orangenfilets und Zitrusschalen untermischen und heiß werden lassen. Die Sauce mit Salz, Pfeffer und dem Zucker abschmecken und mit den Brassen servieren.

Civet d'espadon

Schwertfischtopf

Zubereitungszeit: 45 Min.
Pro Portion ca.: 330 kcal

Zutaten für 4 Personen:
400 g Tomaten, 150 g kleine Schalotten
4 Knoblauchzehen
250 g Champignons oder frische Steinpilze
1/2 unbehandelte Zitrone
4 Zweige Thymian, 2 Stängel Estragon
700 g Schwertfisch ohne Haut
4 EL Olivenöl, 1/8 l trockener Rotwein
Salz, Pfeffer
1 TL Anchoiade (Seite 26, ersatzweise 2 Sardellenfilets, fein geschnitten)
1/2 Bund Petersilie

Tomaten überbrühen, häuten und in kleine Würfel schneiden. Schalotten und den Knoblauch schälen und halbieren. Pilze putzen. Champignons vierteln, Steinpilze in Scheiben schneiden. Zitronenhälfte in dünne Scheiben schneiden, diese vierteln. Thymian und Estragon waschen. Blättchen abstreifen oder abzupfen und fein hacken.

Den Fisch kalt abspülen, trockentupfen und in ca. 2 cm große Würfel schneiden. Schalotten, Knoblauch und Pilze in 2 EL heißem Öl unter Rühren ca. 3 Min. braten. Kräuter und Zitronenscheibchen kurz mitbraten. Mit dem Wein ablöschen, Tomaten untermischen und alles mit Salz und Pfeffer abschmecken. Die Mischung bei mittlerer Hitze ca. 15 Min. etwas einkochen lassen.

Schwertfischwürfel im übrigen Öl bei mittlerer Hitze unter Rühren 3–4 Min. braten. Leicht salzen und pfeffern und mit der Anchoiade unter das Tomaten-Pilz-Ragout mischen. Fisch darin bei schwacher Hitze zugedeckt 5 Min. ziehen lassen. Inzwischen Petersilie waschen, Blättchen hacken. Den Eintopf abschmecken und mit der Petersilie bestreut servieren.

Schwertfisch ist wunderbar aromatisch mit festem Fleisch, das nicht zu lange garen darf.

Vor allem im Frühjahr gibt es an der Küste vor Nizza viele Sardinen. Mit Spinat gefüllt schmecken die preiswerten Fische besonders gut.

Mit dem Schiff *wurden im 19. Jahrhundert Salz und Olivenöl aus Südfrankreich in die skandinavischen Länder gebracht und dort verkauft. Im hohen Norden lernten die Seeleute aus dem Süden den Stockfisch kennen und nahmen ihn mit zurück in die Heimat, obwohl das Angebot an frischen Fischen zu Hause groß gewesen sein muss. Bis heute erfreuen sich in Frankreichs Süden die zahlreichen Zubereitungsarten für den haltbaren Fisch großer Beliebtheit.*

Stoquefiche à la nissarde

Stockfischtopf

Quellzeit: 1–2 Tage
Zubereitungszeit: 1 Std.
Pro Portion ca.: 820 kcal

Zutaten für 4 Personen:
700 g Stockfisch, 400 g Tomaten
500 g vorwiegend fest kochende Kartoffeln
2 Zwiebeln, 6 Knoblauchzehen
je 4 Zweige Thymian und Petersilie
zartes Grün von 2 Fenchelknollen
5 EL Olivenöl
2 EL schwarze Oliven
2 Lorbeerblätter
1/8 l trockener Weißwein
Salz, Pfeffer

Den Stockfisch in kaltes Wasser legen und 1–2 Tage ruhen lassen, bis er weich ist. Das Wasser dabei immer wieder wechseln.

Tomaten überbrühen, kalt abschrecken, häuten und in kleine Würfel schneiden. Die Kartoffeln nach Belieben schälen oder gründlich abbürsten, waschen und in ca. 1 cm dicke Scheiben schneiden. Die Zwiebeln und den Knoblauch schälen und klein würfeln. Die Kräuter und das Fenchelgrün waschen und ohne die groben Stiele klein schneiden.

Den Fisch aus dem Wasser heben, häuten und in ca. 8 Stücke teilen. Das Öl in einem Schmortopf erhitzen. Die Kartoffeln darin unter Rühren 3–4 Min. braten. Zwiebeln und Knoblauch mit den Kräutern dazugeben und kurz mitbraten. Die Tomaten untermischen und anbraten, die Oliven mit Lorbeerblättern und Wein unterrühren.

Alles mit Salz und Pfeffer abschmecken, den Fisch einlegen und alles zugedeckt bei schwacher Hitze ca. 30 Min. garen, bis die Kartoffeln weich sind. Dabei immer mal wieder vorsichtig durchrühren. Bei Bedarf etwas Wasser angießen. Der Eintopf soll zum Schluss dickflüssig sein. Den Stockfischtopf abschmecken und servieren.

Sardines farcies aux épinards

Sardinen mit Spinatfüllung

Zubereitungszeit: 1 Std. 10 Min.
Pro Portion ca.: 390 kcal

Zutaten für 4 Personen:
800 g frische Sardinen
500 g Spinat, Salz
1 Zwiebel
3 Knoblauchzehen
3 EL Walnusskerne
je 2 Zweige Thymian, Rosmarin und Bohnenkraut
5 EL Olivenöl, Pfeffer
4 reife feste Tomaten

Die Sardinen waschen und eventuell schuppen. Die Köpfe abschneiden, die Sardinen am Bauch aufschneiden und auseinander klappen. Die Gräte jeweils mit einem Löffelstiel herauslösen. Die Sardinen nochmals kurz kalt abspülen und trockentupfen.

Spinat verlesen, grobe Stiele entfernen. Spinat gründlich waschen. Bei starker Hitze in wenig kochendem Salzwasser zusammenfallen lassen, kalt abschrecken und gut ausdrücken. Dann fein hacken.

Zwiebel und Knoblauch schälen und fein hacken. Die Walnusskerne kleiner hacken. Die Kräuter waschen. Von den Stielen abstreifen oder abzupfen und hacken.

In einer kleinen Pfanne 1 EL Olivenöl erhitzen. Zwiebel mit Knoblauch und Kräutern darin unter Rühren 2–3 Min. andünsten. Dann mit dem Spinat und den Walnüssen mischen und mit Salz und Pfeffer abschmecken.

Den Backofen auf 200° (Umluft 180°) vorheizen. Eine feuerfeste Form mit etwas Öl ausstreichen. Die Tomaten waschen und in dünne Scheiben schneiden. Tomatenscheiben in die Form legen und salzen. Spinatmasse auf den Sardinen verteilen. Sardinen zusammenklappen und nebeneinander auf die Tomaten in die Form legen. Salzen und pfeffern und mit dem übrigen Olivenöl beträufeln. Die Sardinen in den heißen Ofen (Mitte) schieben und je nach Größe 15–18 Min. backen. Dazu schmeckt Baguette und Salat.

Thon grillé

Gegrillter Tunfisch

Zubereitungszeit: 20 Min.
Marinierzeit: 2–4 Std.
Pro Portion ca.: 495 kcal

Zutaten für 4 Personen:
6 Zweige Thymian
3 Zweige Rosmarin
2 Zweige Bohnenkraut
2 TL Fenchelsamen
1 TL Pfefferkörner
1 Stück unbehandelte Zitronenschale
4 EL Olivenöl
4 Tunfischsteaks (je ca. 1,5 cm dick und 180 g schwer)
Salz

Die Kräuter waschen und trockenschütteln, von den Stielen abstreifen oder abzupfen und fein hacken. Die Fenchelsamen mit den Pfefferkörnern im Mörser grob zerstoßen. Die Zitronenschale fein hacken.

Die Kräuter mit der Fenchelmischung, der Zitronenschale und der Hälfte des Olivenöls verrühren.

Die Tunfischsteaks trockentupfen und mit der Kräutermischung einreiben. Abgedeckt 2–4 Std. kühl stellen.

Dann den Holzkohlen- oder Backofengrill anheizen. Die Steaks salzen und auf dem heißen Grillrost oder unter den Grillschlangen (ca. 10 cm Abstand) pro Seite ca. 4 Min. grillen. Steaks vor dem Servieren mit dem übrigen Olivenöl beträufeln. Dazu schmecken Ratatouille (Seite 40) oder Escalivada (Seite 159), Aioli (Seite 92) und Baguette.

Dorade au sel

Brasse in der Salzkruste

Zubereitungszeit: 20 Min.
Backzeit: 30 Min.
Pro Portion ca.: 210 kcal

Zutaten für 4 Personen:
2 Gold- oder Meerbrassen (je ca. 650 g, vom Fischhändler ausnehmen lassen)
1/2 unbehandelte Zitrone
je 4 Zweige Thymian, Petersilie und Basilikum
2,5 kg Salz (am besten mittelgrobes Meersalz)
2 Eiweiße
Pfeffer
Zitronenschnitze zum Servieren

Den Backofen auf 250° (Umluft 220°) vorheizen. Die Fische innen und außen kalt waschen und abtrocknen. Schuppen muss man sie nicht, da man die Haut, die in der Kruste sehr salzig wird, nicht isst. Die Zitronenhälfte in dünne Scheiben schneiden. Die Kräuter waschen und trockenschütteln. Mit den Zitronenscheiben in die Fische füllen.

Das Salz mit den Eiweißen und 200 ml kaltem Wasser in eine Schüssel geben und gut vermischen. Die Hälfte der Masse auf dem Backblech verteilen, so dass beide Fische darauf Platz haben. Die Fische pfeffern und auf das Salzbett legen. Mit dem übrigen Salz bedecken und gut darin einhüllen.

Den Fisch im heißen Ofen (Mitte) ca. 30 Min. backen. Die Kruste vorsichtig mit einem Hammer aufschlagen, die Fische filetieren und mit den Zitronenschnitzen garniert servieren. Dazu schmeckt Baguette sowie ein würziger Blattsalat wie Mesclun (Seite 25), Gemüse und natürlich Aioli (Seite 92), Rouille (Seite 92) oder auch Tapenade (Seite 95).

Die Salzkruste schützt den Fisch vor dem Austrocknen, bewahrt das Aroma und gibt ihm durch die Haut genau die richtige Menge an Salz. Welches Salz man nimmt, spielt deshalb schon eine Rolle: Meersalz ist gut, aber keineswegs muss es das teure Fleur de sel sein, sonst hat man im Handumdrehen für die Kruste mehr bezahlt als für den schmackhaften Inhalt.

Ein traditionelles Gericht *mit viel Gemüse und Fleisch, das auch für eine größere Runde gut geeignet ist. Statt Weißkohl schmeckt auch Wirsing oder Spitzkohl sehr gut. Am besten in Form bleibt jedoch Weißkohl.*

Sou fassum

Gefüllter Kohl

Zubereitungszeit: 1 Std. 30 Min.
Garzeit: 40 Min.
Pro Portion ca.: 330 kcal

Zutaten für 6 Personen:
50 g Langkornreis
Salz
1 mittelgroßer Weißkohlkopf oder 1 Wirsing (ca. 1,2 kg)
250 g Spinat
1 dünne Stange Lauch
1 kleine Möhre
1 Zwiebel
2 Knoblauchzehen
je 4 Zweige Thymian und Oregano
100 g durchwachsener Räucherspeck
200 g Tomaten
250 g rohe Bratwurst
1 Ei, Pfeffer
1 TL scharfer Senf
1/2 l Fleisch- oder Gemüsebrühe

Den Reis mit der doppelten Menge Wasser und Salz zum Kochen bringen. Zugedeckt bei sehr schwacher Hitze in ca. 20 Min. körnig ausquellen lassen. Etwas abkühlen lassen.

Inzwischen Kohlkopf putzen, den Strunk abschneiden. In einem großen Topf reichlich Salzwasser zum Kochen bringen. Den Kohlkopf darin zugedeckt ca. 15 Min. kochen, kalt abschrecken und abtropfen lassen.

Spinat verlesen, grobe Stiele entfernen. Spinat gründlich kalt waschen und in wenig kochendem Salzwasser zugedeckt in 1–2 Min. zusammenfallen lassen. Spinat kalt abschrecken, abtropfen lassen, etwas ausdrücken und fein hacken.

Kohlkopf auf die Arbeitsfläche setzen. Die Blätter auseinander teilen. Das Herz aus der Mitte herausschneiden und fein hacken. Lauch und Möhre waschen oder schälen, putzen und in kleine Würfel schneiden. Zwiebel und Knoblauch schälen und fein hacken. Die Kräuter waschen und trockenschütteln. Blättchen abzupfen oder abstreifen und fein hacken.

Den Speck ohne Schwarte und Knorpel in feine Würfel schneiden. In einer Pfanne bei mittlerer Hitze unter Rühren 5–10 Min. knusprig braten. Zwiebel, Knoblauch, Lauch und Möhre dazugeben und 3–4 Min. mitbraten. Die Kräuter untermischen.

Die Stielansätze aus den Tomaten herausschneiden. Tomaten überbrühen, kalt abschrecken, häuten, entkernen und in kleine Würfel schneiden. Bratwurstmasse aus den Häuten drücken und mit der Speckmischung, dem gehackten Kohl, dem Spinat, dem Reis, den Tomaten und dem Ei gut verkneten. Füllung mit Salz, Pfeffer und dem Senf pikant abschmecken.

Kohlkopf mit der Wurstmischung füllen, äußere Kohlblätter mit Zahnstochern oder Holzspießchen feststecken. Den Kohl in den Topf setzen. Die Brühe angießen und zum Kochen bringen. Kohl zugedeckt bei schwacher Hitze ca. 40 Min. garen, bis die Blätter weich sind. Falls nötig, noch etwas Wasser oder Brühe angießen. Den Kohl vorsichtig aus der Brühe heben und in Spalten schneiden. Mit der Brühe servieren. Dazu schmecken Kartoffeln oder auch Brot.

Den grünen Reis können Sie auch mit anderen Kräutern zubereiten, z. B. mit Minze und Petersilie.

Im Land der Gemüseküche *spielt Fleisch, speziell Schweinefleisch, keine übermäßig große Rolle. Allerdings gab es im Süden früher in vielen Dörfern die Tradition des Schweineschlachtens. Und nach einem Schlachttag kam alles, was man nicht zu Wurst, Pasteten oder Speck verarbeitet hatte, als Braten oder Ragout auf den Tisch. In manchen Dörfern wird auch heute noch Schlachttag gefeiert.*

Agneau au riz vert

Lammscheiben mit Kräuterreis

Zubereitungszeit: 1 Std. 10 Min.
Pro Portion ca.: 775 kcal

Zutaten für 4 Personen:
4 Scheiben Lammkeule ohne Knochen (je ca. 180 g)
Salz, Pfeffer
6 Zweige Rosmarin
4 Knoblauchzehen
4 EL Olivenöl
400 ml Kalbs- oder Lammfond (aus dem Glas)
1/8 l trockener Weißwein
2 Schalotten
200 g Reis (Langkorn- oder Risottoreis)
je 1/2 Bund Petersilie und Basilikum
einige Zweige Fenchelgrün (ersatzweise Dill)
abgeriebene Schale von 1/2 unbehandelten Zitrone

Das Lammfleisch von Sehnen und größeren Fettstücken befreien, trockentupfen und mit Salz und Pfeffer würzen. Den Rosmarin waschen, Nadeln abzupfen. Den Knoblauch schälen und in feine Scheiben schneiden.

In einer großen Pfanne mit Deckel 3 EL Öl erhitzen. Die Fleischscheiben darin von beiden Seiten kräftig anbraten. Den Rosmarin und den Knoblauch dazugeben. 100 ml Fond mit dem Wein mischen und angießen. Das Fleisch zugedeckt bei schwacher Hitze ca. 1 Std. schmoren.

Nach gut der Hälfte der Zeit die Schalotten schälen und fein hacken. Das übrige Öl in einem Topf erhitzen und die Schalotten darin anbraten. Den Reis untermischen und kurz mitbraten. Mit dem restlichen Fond und gut 200 ml Wasser aufgießen, zugedeckt bei sehr schwacher Hitze ca. 15 Min. garen. Dabei ab und zu durchrühren.

Kräuter und Fenchelgrün waschen, von den Stielen zupfen und sehr fein hacken. Mit der Zitronenschale unter den Reis mischen.Reis mit Salz und Pfeffer abschmecken und zugedeckt noch ca. 5 Min. ziehen lassen. Mit den Lammscheiben und dem Schmorfond servieren.

Porc rôti

Schweinebraten mit Olivensauce

Zubereitungszeit: 35 Min.
Garzeit: 2 Std.
Pro Portion ca.: 610 kcal

Zutaten für 4 Personen:
je 1/2 Bund Thymian und Petersilie
1 kleine Fenchelknolle, 1 kleine Zwiebel
4 EL Olivenöl, 1 TL Fenchelsamen, Salz, Pfeffer
1 kg Schweinebraten ohne Knochen und Schwarte
(vom Metzger eine Tasche einschneiden lassen)
je 2 Zweige Rosmarin und Salbei
300 ml trockener Weißwein, 4 EL Pastis
Für die Sauce:
je 50 g schwarze und grüne Oliven ohne Stein
1 kleine rote Paprikaschote
1 Stück Zucchino (ca. 50 g)
4 Knoblauchzehen, 4 Zweige Thymian
4 EL Olivenöl, 2 TL Tomatenmark
Salz, Pfeffer, 1 EL Zitronensaft

Für die Füllung Thymian und Petersilie waschen und fein hacken. Fenchel putzen, waschen und fein würfeln. Zwiebel schälen und ebenfalls fein hacken.

Backofen auf 190° vorheizen. Zwiebel und Fenchel in 2 EL Öl bei mittlerer Hitze ca. 5 Min. braten. Fenchelsamen und Kräuter kurz mitbraten. Alles salzen und pfeffern, in die Tasche des Schweinebratens füllen. Öffnung mit Zahnstochern zustecken, Braten salzen und pfeffern.

Den Braten im restlichen Öl rundherum anbraten, dann im heißen Ofen (Mitte, Umluft 170°) 45 Min. garen. Rosmarin und Salbei dazulegen, Wein mit dem Pastis angießen. Den Braten weitere 1 1/4 Std. braten, dabei häufig begießen und ab und zu umdrehen.

Inzwischen für die Sauce Oliven fein hacken. Paprika und Zucchino waschen, putzen und würfeln. Knoblauch schälen und fein hacken. Thymian waschen, Blättchen abstreifen. Gemüse mit dem Thymian und dem Knoblauch im Öl bei schwacher Hitze ca. 10 Min. braten. Oliven und Tomatenmark dazugeben, Sauce mit Salz, Pfeffer und Zitronensaft abschmecken, abkühlen lassen.

Fertigen Braten kurz ruhen lassen. Braten in Scheiben schneiden und mit dem Bratfond und der Sauce servieren. Dazu schmecken Gemüsegratin (Seite 44) und Baguette.

Pommes d'Amour, *Liebesäpfel, heißen Tomaten in Frankreich auch. Und die Liebe zu den roten Früchten ist an der Côte besonders groß. Kaum ein Gericht kommt ohne Tomaten aus, seit sie vor ein paar Jahrhunderten im Mittelmeerraum heimisch wurden.*

Lapin roulé aux tomates

Kaninchenrollen in Tomatensauce

Zubereitungszeit: 1 Std. 20 Min.
Pro Portion ca.: 650 kcal

Zutaten für 4 Personen:
1 Bund Suppengrün
1 Zwiebel
4 Knoblauchzehen
4 Zweige Rosmarin
2 Kaninchenrücken mit Knochen (je ca. 450 g; vom Händler die 4 Filets mit den Bauchlappen auslösen lassen, die Knochen in Stücke hacken lassen und mitnehmen)
7 EL Olivenöl
1 Lorbeerblatt
1/4 l trockener Weißwein
1 großes Bund Basilikum
50 g Pinienkerne
1/2 unbehandelte Zitrone
Salz, Pfeffer
300 g Tomaten
4 getrocknete Tomaten in Öl
4 Zweige Thymian
2 TL Lavendelhonig

Das Suppengrün waschen oder schälen, putzen und in Stücke schneiden. Die Zwiebel und Knoblauchzehen schälen und grob würfeln. Den Rosmarin waschen und trockenschütteln.

Die Kaninchenknochen in 1 EL heißen Öl bei starker Hitze anbraten. Suppengemüse, Zwiebel und die Hälfte des Knoblauchs kurz mitbraten. Rosmarin und Lorbeer dazugeben. Alles mit dem Wein und gut 1/4 l Wasser aufgießen. Zugedeckt bei mittlerer Hitze ca. 45 Min. leise kochen lassen. Fond dann durch ein Sieb gießen und – falls nötig – bei mittlerer Hitze offen auf ca. 1/4 l Flüssigkeit einkochen lassen.

Inzwischen Basilikumblättchen abzupfen. Mit der Hälfte der Pinienkerne, restlichem Knoblauch und 4 EL Olivenöl fein pürieren. Zitronenschale abreiben und unter das Basilikumpüree mischen. Püree mit Salz und Pfeffer abschmecken.

Tomaten überbrühen, häuten, entkernen und in kleine Würfel schneiden. Die getrockneten Tomaten abtropfen lassen und fein schneiden. Thymian waschen, die Blättchen abstreifen.

Die Kaninchenrückenfilets längs einschneiden, aber nicht ganz durchschneiden, so dass man die Filets aufklappen kann. Filets mit den Bauchlappen flach auf ein Brett legen, salzen, pfeffern und mit der Basilikumpaste bestreichen, dann aufrollen. Rollen mit Küchengarn binden oder mit Rouladennadeln zustecken und außen mit Salz und Pfeffer würzen.

Das übrige Öl in einer Pfanne erhitzen, die restlichen Pinienkerne darin goldgelb rösten und wieder herausnehmen. Kaninchenrollen in der Pfanne rundherum gut anbraten, dann herausnehmen und den Thymian mit den getrockneten Tomaten kurz in der Pfanne schwenken.

Bratansatz mit dem Fond ablöschen, dann die Tomatenwürfel und die Kaninchenrollen dazugeben. Alles bei schwacher Hitze zugedeckt 12–14 Min. leise kochen lassen. Kaninchenrollen herausnehmen und warm stellen. Sauce – falls nötig – noch etwas einkochen lassen und mit Salz, Pfeffer und dem Honig abschmecken.

Küchengarn von den Kaninchenrollen entfernen und Fleisch in dickere Scheiben schneiden. Mit der Sauce und den gerösteten Pinienkernen bestreut servieren. Dazu schmecken Reis und Baguette.

Die kleinen, üppigen Schokoladenkuchen am besten nach einem leichten Menü servieren – in jedem Fall aber ganz frisch aus dem Ofen.

Statt der Pfirsiche *schmecken auch Aprikosen oder Feigen fein gratiniert. Neben dem Weinbau spielt Obst in der südfranzösischen Landwirtschaft eine bedeutende Rolle. Aus Pfirsichen, Aprikosen, Kirschen und Melonen, aber auch aus Äpfeln und Birnen werden nicht nur raffinierte Speisen oder Marmeladen gemacht. Südfranzösische Köche servieren die sonnenverwöhnten Früchte auch ganz einfach pur zum Dessert.*

Gâteaux au chocolat chaud

Warme Schokoladenkuchen mit Aprikosenkompott

Zubereitungszeit: 45 Min.
Pro Portion ca.: 450 kcal

Zutaten für 4 Personen:
Für das Kompott:
400 g süße, ausgereifte Aprikosen
1 Vanilleschote, 4 EL Zitronensaft
3 EL heller Honig
Lavendelblüten zum Garnieren
Für die Kuchen:
100 g Zartbitter-Schokolade
60 g Butter, 2 Eier
50 g feiner Zucker, 3 EL Mehl
Butter und Mehl für die Förmchen

Für das Kompott Aprikosen nach Belieben überbrühen und häuten oder waschen, halbieren und entsteinen. Vanilleschote der Länge nach aufschneiden, Mark herauskratzen.

Zitronensaft mit Vanillemark und Honig erhitzen. Aprikosen darin ca. 5 Min. bei schwacher Hitze garen. Abkühlen lassen.

Für die Kuchen vier feuerfeste Förmchen gut mit Butter ausstreichen und mit Mehl ausstäuben. Den Backofen auf 220° (Umluft 200°) vorheizen.

Die Schokolade in Stücken mit der Butter im heißen Wasserbad schmelzen lassen, leicht abkühlen. Die Eier mit dem Zucker über dem heißen Wasserbad zu einer schaumigen hellen Creme aufschlagen. Schokoladenmasse nach und nach untermischen, Mehl unterheben.

Die Masse gleichmäßig in die Förmchen füllen und im heißen Backofen (Mitte) ca. 10 Min. backen, die Kuchen haben dann innen noch einen flüssigen Kern. Die warmen Kuchen aus den Förmchen stürzen oder in den Förmchen mit den abgekühlten Aprikosen servieren.

Pêches gratinées

Gratinierte Pfirsiche

Zubereitungszeit: 40 Min.
Pro Portion ca.: 470 kcal

Zutaten für 4 Personen:
Für die Pfirsiche:
4 große reife Pfirsiche
2 EL abgezogene Mandeln oder Pinienkerne
50 g Zartbitter-Schokolade
50 g Kekse (z. B. Pignolats, Seite 69, oder Mandelmakronen)
2 EL Puderzucker
1 kleines Ei
Für die Vanillesauce:
1 Vanilleschote
1/8 l Milch
125 g Sahne
4 sehr frische Eigelbe
4 EL Zucker

Die Pfirsiche kurz mit kochendem Wasser überbrühen, kalt abschrecken und häuten. Die Pfirsiche halbieren und vom Stein befreien. Mit den Schnittflächen nach oben nebeneinander in eine feuerfeste Form geben. Den Backofen auf 200° (Umluft 180°) vorheizen.

Die Mandeln, die Schokolade und die Kekse im Blitzhacker zerkleinern oder fein hacken. Mit dem Puderzucker und dem Ei mischen, auf den Pfirsichhälften verteilen.

Die Pfirsiche im heißen Ofen (Mitte) ca. 20 Min. backen. Dann ca. 10 Min. abkühlen lassen.

Schon während die Pfirsiche backen, für die Vanillesauce die Vanilleschote der Länge nach aufschlitzen und das Mark mit dem Messerrücken herauskratzen. Mark und Schote mit der Milch und der Sahne in einem Topf bei mittlerer Hitze erwärmen.

Die Eigelbe mit dem Zucker in eine Metallschüssel geben und über einem heißen Wasserbad zu einer hellen Creme aufschlagen. Die Milchmischung ohne die Schote nach und nach unterrühren. Die Creme weiterschlagen, bis sie dickflüssig ist.

Die Vanillesauce in einer Schüssel mit Eiswasser kalt rühren. Dann zu den lauwarmen Pfirsichen servieren.

Figues au chèvre

Geschmorte Feigen mit Ziegenfrischkäse

Zubereitungszeit: 15 Min.
Abkühlzeit: 1 Std.
Pro Portion ca.: 440 kcal

Zutaten für 4 Personen:
6 reife Feigen
100 ml trockener Weißwein
1/2 Zimtstange
1 TL Anissamen
1 Stück unbehandelte Zitronen- oder Orangenschale
6 EL heller Honig
200 g cremiger Ziegenfrischkäse
100 g Crème fraîche

Die Feigen waschen und die Stielenden abschneiden. Die Feigen halbieren oder vierteln und nur schälen, wenn die Haut sehr hart ist.

Den Weißwein mit dem Zimt, dem Anis, der Zitronenschale und 2 EL Honig aufkochen und 3–5 Min. offen kochen lassen. Die Feigen einlegen und 2 Min. darin zugedeckt bei mittlerer Hitze garen, dann vom Herd ziehen und im Sud erkalten lassen.

Die Feigen aus dem Sud heben und den Sud auf etwa 2 EL einkochen lassen.

Den Frischkäse mit der Crème fraîche glatt verrühren und auf Dessertteller verteilen. Die Feigen daneben setzen und mit dem Sud beträufeln. Den übrigen Honig über den Frischkäse laufen lassen und das Dessert servieren.

Sorbet au citron et au basilic

Zitronen-Basilikum-Sorbet

Zubereitungszeit: 30 Min.
Kühlzeit: 4–5 Std.
Pro Portion ca.: 135 kcal

Zutaten für 8 Personen:
1 Vanilleschote
250 g Zucker
3 unbehandelte Zitronen
1 großes Bund Basilikum
2 sehr frische Eiweiße

Die Vanilleschote der Länge nach aufschlitzen und das Mark mit dem Messerrücken herauskratzen.

Die Vanilleschote und das Mark mit dem Zucker und 400 ml Wasser in einem Topf aufkochen und bei mittlerer Hitze ca. 10 Min. leise kochen, dann abkühlen lassen.

2 Zitronen heiß waschen und abtrocknen, die Schale sehr fein abreiben. Alle Zitronen auspressen, 1/8 l Saft abmessen. Eventuellen Rest für ein anderes Gericht verwenden. Die Basilikumblättchen abzupfen, grob hacken und mit 2–3 EL Zitronensaft im Blitzhacker oder Mixer fein pürieren.

Die Vanilleschote aus dem Zuckersirup fischen. Die Zitronenschale und den restlichen Saft mit dem Basilikumpüree unter den Sirup rühren. Die Eiweiße zu steifem Schnee schlagen und gründlich unterheben. Sorbet in der Eismaschine kühlen oder die Masse in eine Metallschüssel füllen und im Eisfach in 4–5 Std. fest werden lassen, dabei häufig durchrühren.

In der Eismaschine wird das Sorbet geschmeidig und kann nach der Gefrierzeit sofort serviert werden. Im Eisfach gefrorenes Sorbet wird härter. Am besten vor dem Servieren kurz antauen lassen.

Wenn Zitrusfrüchte zur Passion werden:
Dieser Monsieur war früher Rennfahrer und wacht jetzt über einige der prallen, saftigen Zitronen von Menton.

Menton, Kapitale der Zitrone.
Top-Köche aus ganz Frankreich lassen ihre Zitrusfrüchte aus der kleinen Stadt an der Küste kommen.

Zitronen

Feines Aroma aus Menton

»Die besten Zitronen der Welt stammen aus Menton,« behaupten so gut wie alle französischen Spitzenköche. Menton, das ist für Zitronen ein Name wie die Bresse für Geflügel.

Fragt man nach, was die Menton-Zitronen so einzigartig macht, fällt die Antwort vage aus. »Sie sind fest, mittelgroß, mit feiner, eher dünner Haut und von gleichmäßig gelber Farbe. Eben wie gute Zitronen sein sollen,« sagt Philippe Braun, einer der Küchenchefs im Pariser Top-Lokal L'Atelier de Joel Robuchon. »Wenn ich keine Ware aus Menton bekomme, nehme ich spanische Zitronen. Weniger gefallen mir grobkörnige Früchte mit dicker Haut. Sie sind nicht so saftig und entfalten deutlich weniger Geschmack – oft kommen sie aus Argentinien. Manchmal geben diese Früchte beim Auspressen nicht mal Saft ab – und wenn, dann ist der Geschmack eher dürftig.« Also ganz das Gegenteil der 200 bis 300 Tonnen Menton-Zitronen, die jährlich auf den Markt kommen.

Mentons Zitronenbäume blühen das ganze Jahr über, geerntet wird im Winter, im Frühling und im Sommer. Die wirklich guten Zitronen, sozusagen die Besten der Besten, werden freilich im März und April gepflückt. Alle anderen Zitronen verfügen über eine etwas dickere Schale und sind weniger saftig. Entgegen einem verbreiteten Vorurteil sind Mentons Zitronenbäume nicht mal besonders empfindlich: Sie stehen Temperaturen um den Gefrierpunkt durch und geben sich mit kargen Sandböden zufrieden – nur vor ruppigen Nordwinden wollen sie geschützt werden.

Ursprünglich brachten die Araber Zitronenbäume nach Europa, um 1480 kamen die Früchte für den Hof des »guten Königs« René aus dem provenzalischen Ollioules. Ein Autor namens Jean-Jacques Bouchard berichtet 1630 von der großen Zahl von Zitronenbäumen, die rings um Toulon wachsen. Die heute berühmte Menton-Zitrone ist angesichts solcher Geschichte eher ein Nachzügler. Erst 1770 taucht sie im »Dictionnaire portatif de commerce« (tragbares Handelswörterbuch) auf: »Die Mehrzahl an Zitronen, seien sie süß oder sauer... kommen aus einigen Städten des Königs von Sardinien wie Nizza und Menton.« Schon Ende des 19. Jahrhunderts gab es auf dem Markt von Menton Fachhändler, die jede Zitrone in Seidenpapier einschlugen und für den anschließenden Export sorgfältig verpackten.

Die wahre, echte, gute Zitronentarte bieten nur noch wenige französische Bäckereien. Meist werden die frischen Früchte durch eine simple Zitronenpaste ersetzt – Briten kennen diese auch als »lemon curd«.

Tarte au citron

Zitronentarte

So erfrischend und cremig ist diese Tarte, dass man sie gut auch als Dessert nach einem ausgiebigen Menü servieren kann.

Zubereitungszeit: 40 Min.
Kühlzeit: 30 Min.
Backzeit: insgesamt 1 Std.
Bei 12 Stücken pro Stück ca.: 310 kcal

Zutaten für 1 Tarteform von 28 oder 30 cm ø:
Für den Teig:
1/2 unbehandelte Zitrone
200 g Mehl, 50 g Zucker
Salz, 100 g kalte Butter
1 Eigelb
Für die Füllung:
2 große unbehandelte Zitronen
1 Vanilleschote, 4 Eier
200 g Puderzucker
125 g Sahne
Für den Belag:
1 unbehandelte Zitrone
4 EL Zucker
2 EL Puderzucker
2 EL Pinienkerne

Für den Teig die Zitronenschale fein abreiben. Das Mehl mit dem Zucker, der Zitronenschale und 1 Prise Salz mischen. Die Butter in kleinen Stücken mit dem Eigelb unterkneten. Falls nötig, noch etwas kaltes Wasser mit einarbeiten. Den Teig zur Kugel formen und zwischen zwei Lagen Klarsichtfolie rund und dünn ausrollen. Die Form mit dem Teig auskleiden, dabei einen Rand hochziehen. Den Teig in der Form für 30 Min. ins Tiefkühlfach stellen.

Backofen auf 180° (Umluft 160°) vorheizen. Für die Füllung die Zitronenschale abreiben, Saft auspressen. Die Vanilleschote längs aufschneiden, das Mark herauskratzen. Den Teig im heißen Ofen (Mitte) ca. 10 Min. vorbacken. Eier mit dem Puderzucker gut schaumig schlagen. Die Sahne steif schlagen und mit dem Zitronensaft, der -schale und dem Vanillemark unter die Ei-Zucker-Masse heben. Zitronencreme auf den Teig gießen. Die Temperatur auf 150° (Umluft 130°) zurückschalten. Die Tarte im Ofen (Mitte) ca. 50 Min. backen, bis die Creme fest ist.

Inzwischen für den Belag die Zitrone heiß waschen, in sehr feine Scheiben schneiden. Den Zucker mit 4 EL Wasser erhitzen. Zitronenscheiben darin bei schwacher Hitze 5 Min. kochen lassen. Im Sud erkalten lassen.

Die Tarte aus dem Ofen nehmen und abkühlen lassen. Vor dem Servieren die Zitronenscheiben abtropfen lassen und auf der Tarte verteilen. Den Grill des Backofens anheizen. Die Tarte mit dem Puderzucker bestäuben und mit den Pinienkernen bestreuen. Die Tarte unter den heißen Grillschlangen (ca. 10 cm Abstand) 3–5 Min. grillen, bis der Zucker karamellisiert. Vorsicht, der Zucker verbrennt leicht. Die Tarte bald servieren.

Tarte aux blettes

Apfel-Mangold-Kuchen

Zubereitungszeit: 40 Min.
Kühlzeit: 1 Std.
Backzeit: 50 Min.
Bei 12 Stücken pro Stück ca.: 350 kcal

Zutaten für 1 Tarteform von 30 cm ø:
Für den Teig:
350 g Mehl, 40 g Zucker
Salz, 180 g kalte Butter, 1 Eigelb
Für die Füllung:
50 g Rosinen
4 EL Muscat oder anderer Süßwein
50 g Pinienkerne
200 g Mangoldblätter
500 g säuerliche Äpfel
2 große Eier, 120 g Zucker, Pfeffer

Für den Teig Mehl mit Zucker und 1 kräftigen Prise Salz mischen. Butter in kleinen Stücken mit dem Eigelb unterkneten, dabei nach und nach 4 EL kaltes Wasser einarbeiten. Teig zur Kugel formen, in Klarsichtfolie wickeln und ca. 1 Std. kühl stellen. Rosinen mit dem Muscat und den Pinienkernen mischen.

Mangoldblätter waschen, gut trockentupfen und in feine, nicht zu lange Streifen schneiden. Die Äpfel vierteln und schälen. Äpfel ohne Kerngehäuse in dünne Scheiben schneiden und mit dem Mangold und der Rosinenmischung vermengen. Eier mit Zucker und 1 kräftigen Prise Pfeffer schaumig schlagen. Unter die Mangoldmischung heben.

Den Backofen auf 180° (Umluft 160°) vorheizen. Vom Teig gut ein Drittel abnehmen. Den Rest zu einer Kugel formen und zwischen zwei Lagen Klarsichtfolie rund und dünn ausrollen. Die Form damit auskleiden, dabei einen Rand hochziehen. Den restlichen Teig ebenfalls rund und dünn ausrollen.

Mangoldmischung in der Form verteilen, Teigkreis als Deckel darauf legen und am Rand leicht andrücken. Die Tarte im heißen Ofen (Mitte) ca. 50 Min. backen.

Pignolats

Pinienkernhörnchen

Zubereitungszeit: 40 Min.
Pro Stück ca.: 130 kcal

Zutaten für 25 Stück:
250 g gehäutete gemahlene Mandeln
200 g Puderzucker, Salz
ca. 5 Tropfen Bittermandelöl
2 Eiweiße
1/2 TL abgeriebene unbehandelte Zitronenschale
150 g Pinienkerne
Mehl zum Formen
Backpapier für das Blech

Mandeln mit Puderzucker, 1 Prise Salz und dem Bittermandelöl mischen. Die Eiweiße und die Zitronenschale hinzufügen und alles zu einem glatten Teig verkneten. Den Backofen auf 180° (Umluft 160°) vorheizen. Ein Backblech mit Backpapier belegen.

Vom Teig walnussgroße Stücke abnehmen und mit bemehlten Händen erst zu Rollen, dann zu Hörnchen formen. Die Pinienkerne auf einen großen Teller schütten und die Hörnchen von beiden Seiten hineinlegen und leicht andrücken. Hörnchen auf dem Backpapier im heißen Ofen (Mitte) ca. 15 Min. backen. Abkühlen lassen.

TIPP

Die Pignolats harmonieren sehr gut mit einem Gläschen gekühlten Süßwein, etwa einem Muscat, aber auch mit Espresso oder Mocca.

Die Pinienkernhörnchen schmecken frisch gebacken ausgezeichnet, lassen sich aber in einer gut schließenden Blechdose auch ein paar Wochen aufbewahren.

Oliven und Olivenöl

Der Glanz des Südens

Auch wenn sie noch so verlockend am Baum schimmern: Oliven sollte man nie frisch essen. Erst das Einlegen macht sie genießbar.

»Seidig und aromenstark. Zuerst intensiv, dann ein wenig mineralisch, gefolgt von den Aromen von Crème fraîche, frischen Mandeln und Artischocken. Kein Zweifel, der kommt von der Fattoria di Galiga e Vetrice in Chianti Rufina.« Nein, kein Wein, der Chianti ist ein Olivenöl. Aber wenn Olivier Baussan eines seiner 22 Olivenöle beschreibt, dann klingt es, als hätte er statt eines Löffels mit grünlich schimmerndem Inhalt einen 45er Mouton Rothschild vor sich. Denn Baussan ist über die Region hinaus einer der einflussreichsten Ölhändler: Premium-Öle aus der Provence, aus Italien und Spanien, exotische Öle aus dem Libanon oder Israel. Jedes Jahr aufs Neue lässt er die besten Öle selektieren, um sie unter seiner Marke Oliviers et Co anzubieten. Und weil Baussan ein waschechter Provenzale aus Mane ist, kommt natürlich das Huile d'Olive seiner eigenen Region im Sortiment nicht zu kurz: Zu seinen Lieferanten zählen prestigeträchtige

Grüne und schwarze Oliven unterscheidet allein der Reifezustand. Dennoch ist Olive nicht gleich Olive: In der Provence gibt es zahlreiche Sorten mit klangvollen Namen à la Picholine und Cailletier. Einige Müller verschneiden die Öle der einzelnen Sorten wie Winzer einen guten Wein.

Ölmühlen wie die Moulin Dozol in Nyons, die Moulin des Pénitents in Les Mées oder La Cravenco in Les Baux. Rund 52 Geschäfte in aller Welt bieten seine klar designten Flaschen, kenntnisreiche Verkäufer, ausführliche Geschmacksbeschreibungen und einen ausführlichen Probeschluck. Neben edlem Öl findet man auch Olivenölkekse, -seifen oder Olivenpürees – und natürlich Oliven. Momentan floriert das Geschäft. »Meine Stärke war, dass ich nie eine Marktstudie gemacht habe«, erklärt Baussan. »Boutiquen nur für Olivenöl – damit hätte mich jeder Marketing-Spezialist ausgelacht. Öl kauft man nebenbei im Supermarkt, hätte es geheißen.«
Baussans Aufstieg zum »Ölprinz« begann bescheiden: »Weil mein Vorname Olivier auf französisch auch Olivenbaum heißt, plante ich eine Ausstellung über Olivenbäume der Mittelmeerländer,« erklärt der ehemalige Geschäftsmann, der mit den provenzalischen Seifen und Cremes der Marke L'Occitane ein Vermögen gemacht hat. »Die Fotografen, die ich

In der Region werden Oliven gern als Snack oder zum Aperitif gereicht.

Öle aus verschiedensten Regionen und Ländern: Wer beim Experten kauft, lernt schnell, die verschiedenen Huiles d'Olive zu unterscheiden: Einige schmecken fruchtig, andere nach Kräutern, wieder andere sind eher neutral im Geschmack.

Olivenbäume bedecken Hügel und Hänge der Provence. Diese hier wachsen beim malerischen Dorf Lourmarin, als besonders gute Ölgegenden gelten Nyons und das Tal von Les Baux.

nach Spanien, Kreta, Jugoslawien oder Israel geschickt hatte, kamen jeweils mit einer Flasche Olivenöl zurück. In einer stillen Stunde habe ich die Öle dann verkostet – und war ziemlich erstaunt, wie unterschiedlich sie alle schmecken.« Baussan stellte ein paar Olivenölflaschen in seiner Pariser Kunstbuchhandlung aus, schnell verkauften sich die Bouteillen besser als die Poesie. »Da wusste ich, dass es einen Markt für meine Öle gibt.« Seine Erfahrung mit Kosmetika inspirierte ihn zu extravaganten Designbehältern: »Bei einer Seife ist die Verpackung eines Produkts mindestens so wichtig wie das Produkt selbst. Die meisten Öle wurden jedoch in simplen Getränkeflaschen angeboten.«

Ausgezeichnete Qualität

Genau wie beim Wein werden bei O&Co sämtliche Öle mit Land, Region, Olivensorte und Erntejahr ausgezeichnet. Detaillierte Etiketten erklären die Öle. Da erfährt man, dass die Öle der Moulin Dozol-Autrand, AOC Nyons, Ernte 2003 aus der Olivensorte Tanche stammen und zu Lamm, Bauchlappen vom Tunfisch, Kalb oder sogar einem Aprikosenkuchen passen.
Leccino – Fontana San Giovanni aus der Azienda Agricola De Falco im italienischen Kampanien schmeckt nach Artischocken, Lorbeerblättern und Feigen, passt zu Pasta und Salaten und entstammt den Olivensorten Leccino und Pendolino.
Château du Vignal, ein AOC-Öl aus der Gegend von Nizza auf Basis von Cailletier-Oliven gefällt zu Fischsuppe, Lamm und gezuckerten Erdbeeren, während das Öl der Mühle La Cravenco im Tal von Les Baux eine Mischung aus Salonenque, Aglandau, Picholine und Verdale-Oliven ist und Gemüsesuppe oder Milchlamm gut begleitet.

Wahrzeichen der Provence

Oliven sind das provenzalische Wahrzeichen par excellence: Auf jedem provenzalischen Markt bekommt man sie zu sehen. Dunkel glänzende Berge, hier und da verziert mit einem Ölzweig, pralle grün schimmernde Früchte in Salzlake. Tatsächlich könnte wohl kein Provenzale sich die Küche der Region ohne Oliven vorstellen: Ob Tapenade oder Aioli, ob fein geschnittene Oliven zum Seewolf oder ganze Früchte zum Salat Niçoise. Und noch dazu wird fast jedes Nahrungsmittel, das man in eine Pfanne legen kann, in ihrem Öl gebraten.

Geschichte und Geschichten

Phönizische Seefahrer sollen die Bäume nach Marseille gebracht haben. Die Gründe waren vermutlich eher praktischer Art: Olivenbäume sind recht anspruchslos, sie wachsen auch auf trockenem oder sehr kalkhaltigem Boden, brauchen zum Überleben eigentlich nur milde Temperaturen (gegen harte Winterfröste und Schnee sind sie empfindlich) und können zweihundert Jahre lang Früchte tragen. Etwas Pflege ist für eine gute Ernte trotzdem erforderlich. Schon im ersten Jahrhundert vor Christus gab es gut 10 wissenschaftlich verbürgte Ölverkäufer rund um Marseille. Ölpressen aus römischer Zeit wurden u.a. in Aix, Salon, Marseille, Toulon und Grasse gefunden. Nur die gefürchteten Fröste machen den provenzalischen Olivenbäumen zu schaffen: Im 18. Jahrhundert schrumpft die Anbaufläche gewaltig und die kalten Winter von 1870 und besonders 1956 zerstörten Tausende von Olivenbäumen. Noch heute erklärt mancher Ölmüller seinen Gästen, wie und mit welchen Sorten sein Vater die heimische Domaine nach dem großen Frost »aufgeforstet« hat. Und doch: Wo in den vierziger Jahren noch 2,5 Millionen Olivenbäume standen, zählte man in den siebziger Jahren gerade mal 900 000. Heute sind es wieder 2,15 Millionen, dazu etwa 100 Mühlen und rund 18 000 Ölbauern.

Die Sorten

Verschiedenste Olivensorten wachsen in der Provence: Sie heißen Salonenque, Belgentiéroise, Grossane oder Cailletier. Solche Oliven werden nicht nur zu Öl gepresst, sondern auch gegessen. Aber Vorsicht: So verführerisch sie auch in der Sonne schimmern, man sollte Oliven niemals frisch vom Baum essen. Um bekömmlich zu werden, müssen sie zuerst in Lake eingelegt werden – die genaue Rezeptur variiert je nach Sorte und Region. So wird die Olive cassée de la Vallée des Baux leicht zerdrückt. Drei Tage lagert sie in oft gewechseltem Wasser, bevor sie in eine mit Fenchel parfümierte Lake wandert. Die Nyons-Oliven der Sorte Tanche hingegen werden reif geerntet. Anschließend lässt man sie vor dem Lakebad leicht austrocknen: Einen Teil dieser Lake bewahren die Ölbauern der Region für das nächste Jahr auf.
Andere Olivensorten wie Aglandau, Bouteillan, Cayet Roux oder Cayon wandern nur zum Pressen in die Ölmühle.

Im Trend: Premium-Öle werden heute fast wie Kosmetika verkauft. Ein fotogener »Flakon« gehört dazu.

Grüne Oliven sind ganz einfach unreife Exemplare und werden mit der Zeit schwarz, freilich sind einige Sorten wie die Picholine im grünen Zustand schmackhafter als nach vollständiger Reifung.

Außerdem hat die Farbe der Olive Einfluss auf den Geschmack des Öls: Öle aus unreifen, grünen Früchten schmecken »kräuterig« und haben einen recht scharfen Abgang. Presst man schwarze Oliven, wird das Öl runder und voller – kann aber bei Ölbauern, die das Reifestadium ihrer Früchte nur nachlässig beäugen, leicht ranzig schmecken.

Als beste provenzalische Oliven gelten die Olives de Nyons und die Früchte aus dem Tal von Les Baux – sie verfügen, genau wie bessere französische Weine, über die Auszeichung AOC (Appellation d'origine controlée – kontrollierte Herkunftsbezeichnung).

Als Reisesouvenir überstehen schwarze Oliven im Glas auch die Heimfahrt in deutsche Lande.

Ernte und Verarbeitung

Geerntet werden die kostbaren Früchte noch weitgehend von Hand – nur so kann man das Reifestadium je nach Sorte optimal feststellen. Andere Ölbauern setzen hölzerne Kämme ein, manche lassen ihre Bäume gar maschinell rütteln, bis die Früchte in ein Netz fallen. Wenn Mitte November der Tag der Olivenernte kommt, muss alles schnell gehen. Bei längerer Wartezeit im Speicher könnten sich die Früchte erhitzen, was der Qualität des Öls höchst abträglich ist. Drei bis fünf Kilo Oliven benötigt man für einen Liter Olivenöl. Sie werden gewaschen und inklusive Kerne gut 20 Minuten zermahlen. Bei der traditionellen Kaltpressung wirkt anschließend großer Druck auf die Olivenpaste ein. Etwa 30 bis 40 Minuten dauert es, bis ein Öl-Wassergemisch in den Espérances, den bezeichnend »Hoffnungen« genannten Auffangbehältern, landet. Anschließend wird das Öl durch eine Zentrifuge vom Wasser getrennt und gefiltert. Etwa 60 % der provenzalischen Ölmühlen sind inzwischen auf die Technik der Moulin continu umgestiegen: Hier wird die Olivenpaste nicht mehr gepresst, sondern von einer Zentrifuge kräftig durchgeschleudert. Solche Mühlen arbeiten wesentlich schneller als die traditionelle Konkurrenz: Verarbeitet man bei letzteren 400 Kilo Oliven pro Stunde mit vier Mann Personal, werden – überwacht von einer einzigen Person – in einer Moulin continu pro Stunde 700 bis 1500 Kilo Oliven zu Öl. Die Befürworter der Zentrifuge erklären, so würde der Bestand an Oliven schneller abgebaut, Lagerhaltung sei nicht erforderlich, das Öl könne demnach nur besser gelingen. Verlässliche Studien zum Thema fehlen jedoch bisher: Die Güte von Olivenöl hängt nicht nur von der Presse ab, mindestens ebenso wichtig sind sorgfältige Lese zum richtigen Zeitpunkt, die Mischung der Sorten, die Witterung etc. So bleibt nur, verschiedene Öle zu kosten, um seinen »Lieblingsmüller« zu finden. Etiketten helfen jedenfalls nicht weiter: Kalt gepresst sind heutzutage 99 % der französischen Öle. Und vierge extra (jungfräulich, mit niedrigem Säuregehalt) sind sie auch fast alle – die besten und die schlechtesten gleichermaßen.

Das Plus für die Gesundheit

Täglicher Genuss von Olivenöl gilt vielen Provenzalen als Allheilmittel und Gewähr für langes Leben: »Quiconque mange des olives/ chaque jour de chaque saison/ vit aussi vieux que les solives/ de la plus solide maison« (Wer täglich Oliven isst, lebt so lange wie die Deckenbalken des solidesten Hauses) sangen früher die Olivenhändler. Die Wissenschaft scheint ihnen Recht zu geben. Nicht umsonst wies Jeanne Calment (1875–1997) aus Arles, der älteste Mensch der Welt, 1995 anlässlich ihres 120. Geburtstages die versammelte Weltpresse darauf hin, sie hätte niemals mit etwas anderem gekocht und würde auch ihre Haut mit Olivenöl pflegen.

Sicher belegen Forschungen einen positiven Effekt des Öls auf Herz- und Gefäßkrankheiten. Im Falle von Madame Calment, die einmal Van Gogh in der Boutique ihres Vaters traf und ihn hässlich und ungehobelt fand, wurden freilich noch andere Versionen diskutiert: Experten führen ihr langes Leben wechselweise auch auf das gute provenzalische Klima, den regelmäßigen, ausgiebigen Genuss von Schokolade, Zigaretten und Portwein oder Radfahren bis zum 110. Lebensjahr zurück.

Ein Meer von Farben: Zögern Sie nicht, den Händler nach Herkunft und Sorten seiner Oliven zu fragen. Manche verkaufen günstige Ware aus Spanien.

Mit Olivenöl wird nicht nur gebraten, sondern auch aromatisiert: Eine Flasche Huile d'Olive schmückt die Tische vieler Restaurants, Provenzalen tränken auch ihr Brot mit dem gesunden Öl.

Mit Paprikaschoten eingemacht bilden diese Oliven ein ebenso farbenfrohes wie würziges Potpourri.

Dimanche 6 sept
concours de
Petanque à la
mélée
15h précise

Provence

Trüffeln, Trauben, Traditionen

Das Blau des Lavendels, das Grün der Oliven, das Gelb der Sonnenblumen, das Schwarz der Stiere der Camargue: La Provence ist eine farbenfrohe Region. Ein Landstrich des Wohlbefindens, wo Zucchiniblüten, Nougat und Trüffeln locken.

Provence
Trüffeln, Trauben, Traditionen

Mont Ventoux, frei übersetzt »der Windumtoste«, heißt der höchste Berg der Provence. Die Auffahrt ist reich an Serpentinen.

Dienstag Nachmittags in der Altstadt von Saint Rémy de Provence: Auf dem Boulevard Victor Hugo duftet es nach Kakao und frisch gebrannten Mandeln. Kamerabehängte Touristen drängen sich um den alten Apothekerschrank in der Chocolaterie Durand. »Was ist die Nummer Acht?« fragt ein fülliger Monsieur. »Earl Grey Tee,« antwortet Joël Durand, der junge Schokomeister mit der Lockenmähne, und wirft dem gewichtigen Genießer ein Schokoladenviereck zu. »Und die 18?« fragt er weiter. »Rosmarin, den habe ich selbst gepflückt.« Die »Reisegruppe« fällt über Safran der Camargue, Eisenkraut, Jasmintee, Thymian, Kreuzkümmel, Zitrone, Szechuan-Pfeffer oder Mandelpralinés mit Oliven aus dem Tal von Les Baux her.
Jedes Pralinchen ist handgemacht, von feinster Bitterschokolade umzogen und mit einer Zahl aus einer hauchdünnen Schicht Erdnussbutter durchnummeriert – wer kauft, bekommt ein Heftchen, das alle Schokoladen von der Eins bis zur Dreißig erklärt. »Vor über zehn Jahren«, erklärt Durand, »da wollte ich Gloire und Grandeur, hatte einen großen Teesalon in Rennes. Inzwischen arbeite ich lieber allein, bin dafür aber im Süden.« Der Mann untertreibt: Vor über zehn Jahren wurde Joël Durand schon als einer der besten Chocolatiers der Welt gefeiert.

Durands Motivation jedoch ist typisch für die Provence: »Ein anderes Licht zu sehen« – deshalb kam Van Gogh in die Region. Die Pariser Intellektuellen kamen, weil vor zwanzig Jahren die Ferienhäuser im Luberon noch erschwinglich waren. Die Bildungstouristen kamen seit jeher, um den Papstpalast von Avignon und die Arena von Arles zu bestaunen. Die Besucher aus aller Welt kommen, um die Landschaften und Dörfer zu erleben, die Peter Mayle in seinen Bestsellern beschrieben hat. Dort wimmelt es von idyllischen Pinienhainen und freundlichen, aber zuweilen leicht verschusselten Provenzalen, Baguette und Baskenmütze inklusive.

Kein Zweifel, die Provence gilt als das Land, wo die Zitronen, Reben und Oliven blühen. Aussteiger und Individualisten, Haute-Cuisine und Auberge-Küche, Trüffeln und kandierte Früchte, versammelt auf einem Dreieck zwischen Montélimar, der Camargue und Aix-en-Provence.
Tatsächlich findet fast jeder Besucher die Provence, die er sucht: Das elegante Aix mit seinen Boulevards lädt zum Flanieren ein, Cézanne war hier Stammgast im Café Les Deux Garçons. Das historische Arles zieht seine Besucher zu den römischen Ruinen und der bestens erhaltenen Arena. Dörfer wie Eygalières verbreiten den Charme der Prä-Peter-Mayle-Ära: Ein Örtchen, hübsch, aber unspektakulär, samt Hauptstraße mit zünftiger Epicerie (Gemischtwarenhandel) und einer schlichten Metzgerei. Dazu eine Kneipe mit dem Namen Au Progrès (Zum Fortschritt) an der wichtigsten Kreuzung. Fehlen nur noch die obligatorischen Boule-Spieler.
Rund um Les Baux stauen sich bildungshungrige Provence-Fans in der Hochsaison geduldig schon ein paar Kilometer vor dem Aufgang zur Felsfestung, die Parkplatzsuche ist schwieriger als in Paris, Massen aller Klassen drängeln sich durch das historische Dorf. Aber: Gleich hinter der Eingangspforte zu den Schlossruinen in der Maison de la Tour de Brau kehrt die provenzalische Ruhe zurück, der Cinemascope-Blick auf die Camargue lohnt.

La cuisine provençale

Wer sich in Sachen Cuisine auskennt, stößt bei der kleinsten Provence-Tour immer wieder auf Orte, die zu kulinarischen Legenden wurden: Montélimar und sein Nougat. Nyons und seine Oliven. Aix-en-Provence und die Calissons (Mandelgebäck). Beaumes-de-Venise und seine Süßweine. Apt und seine kandierten Früchte. Carpentras und die Berlingots (Fruchtbonbons). Die Provence – eine Region mit Trüffeln, Käse, Wein und herrlichen Früchten, Tomaten, Melonen und Zucchini.

Eygalières gleicht den provenzalischen Orten, die Peter Mayle in seinen Romanen beschreibt. Schauen Sie beim Spaziergang mal in Gärten und Innenhöfe: Vermögende Pariser haben hier ihre Wochenendhäuser.

Joël Durands Schokoladen werden mit kleinen Nummern aus Erdnussbutter bedruckt: Ein Heftchen verrät Ihnen, ob Sie gerade ein Tiramisu-Praliné oder eine Schokolade mit Safran der Camargue vor sich haben.

Lavendelfelder bedecken die Landschaft rund um die strenge Abtei von Senanque. Wilder Lavendel wird immer seltener.

Wenn es Nacht wird in Arles: Die Place du Forum ist ein beliebter Treff für Jung und Alt. Neben vielen Cafés lockt auch das Nord Pinus, das Hotel der Stierkämpfer.

Die Ockergruben beim Dörfchen Roussillon beeinflussten auch die Architektur: Alle Häuser variieren in Farbtönen zwischen Gelb und Rot.

Ein Land mit einer eigenen Küche, naturnah, kräftig im Geschmack, manchmal deftig, aber selten wirklich schwer. La Cuisine provençale wird in Frankreich fast als Kulturerbe verehrt, seit 1786 das Restaurant Des Frères Provencaux in Paris seine Pforten öffnete. Dort bei den Messieurs aus Marseille lernten die Hauptstädter erstmals die Regionalküche des Südens kennen: Es gab Bouillabaisse, Brandade (Stockfischpüree) und Rotbarben provenzalische Art. Robespierre war Stammgast und Grimod de la Reynière, der erste Restaurantkritiker, stöhnte in seinen Texten über die Schwierigkeiten einen Tisch zu bekommen: »Man muss seine Ellenbogen ausspielen…«

Die Kochbücher »Le Cuisinier Durand«, 1830 in Nîmes erschienen, sowie »La Cuisinière provençale« von Jean-Baptiste Reboul (1895) listeten die Rezepte der Region erstmals systematisch auf. Besonders »der Reboul« gilt als wahre Küchenbibel, die mit ihren 1120 Rezepten auch heute noch in keiner französischen Buchhandlung fehlen darf.

Kämen Charles Durand und Jean-Baptiste Reboul heute in die Region zurück, sie würden einige ihrer Spezialitäten in vielen Restaurants wieder entdecken.

Knoblauch, Olivenöl und Tomate

Damals wie heute sind Knoblauch, Olivenöl und Tomaten die »Eckpfeiler« der Küche der Region. Franzosen denken bei provenzalischer Küche zuerst an Aioli – eine würzige Knoblauchmayonnaise, die oft zur Bouillabaisse gereicht wird und als Grand Aioli ein vollwertiges Gericht mit Fisch, Fleisch oder Gemüsen (und natürlich

Paul Cézanne lebte in Aix-en Provence. Inspiration fand der Maler auch im Montagne Sainte-Victoire: »Diese Landschaft verführt mich zu Irrwegen. Welche Freiheit!«

Die Büste zeigt den provenzalischen Literatur-Nobelpreisträger Frédéric Mistral, der sich schon früh für die Erhaltung der provenzalischen Kultur einsetzte.

Farben, Düfte und Aromen. Ein Markt gehört zu jeder provenzalischen Stadt.

Spezialitäten mit Tradition: Ob Navettes – kleine Kuchen – aus Marseille, Saucisson aus Arles oder provenzalischer Knoblauch – jede Stadt hat ihre Spezialitäten.

besagter Mayonnaise) bildet. Ganz wie Literaturnobelpreisträger Mistral, der 1891 behauptete, ein Aioli »konzentriert…Hitze, Stärke und Leichtigkeit der Sonne der Provence.«
Knoblauch ist auch die wichtigste Zutat für die kräftige Kräutersuppe Aigo boulido oder die Anchoiade, eine Anchovispaste mit Olivenöl. Nicht umsonst heißt »à la provençale« in der französischen Küche mit Knoblauch, Tomaten und/oder Olivenöl. Zum Aperitif wird gerne ein mit Tapenade (Paste aus Oliven, Kapern und Anchovis) bestrichenes Brot gereicht.
Die vielen appetitlichen Gemüse werden in der Küche zu Tian, einem Gemüsegratin, das nach seiner Auflaufform benannt ist: Artischocken mit Anchovis, Auberginen mit Tomaten, Kartoffeln, Tomaten und Zwiebeln – die Rezepte sind vielfältig. Weit verbreitet ist auch die Ratatouille, ein Gemüseeintopf mit Paprika, Tomaten, Zucchini, Auberginen, Zwiebeln, die Soupe au Pistou, eine provenzalische Minestrone, oder die Artichauts à la barigoule, mit Schinken, Pilzen, Knoblauch oder Speck gefüllte Artischocken. Fast alle Restaurants bieten Mesclun-Salat: keine eigene Sorte, sondern eine Mischung aus jungen Blattsalaten.
Wo sonst kann man noch eine Tomate kosten, die nicht wässerig schmeckt, kann man auf den Märkten knackige Artischocken, zarten Spargel, duftige Cavaillon-Melonen, leuchtende Zucchiniblüten und kräftig-rote Erdbeeren bewundern? Wo bekommt man sonst so köstliches Olivenöl wie in Nyons oder bei Les-Baux-de-Provence?

Fisch und Fleisch

Zu den einfachen Leckereien der Region zählt die Sardinade, mit Fenchel gegrillte Sardinen, serviert mit einer Sauce aus Olivenöl, Zitronensaft und Petersilie, während in »meerfernen« Dörfern als Fischgang gern ein Catigot, ein in Rotwein geschmortes Aalragout mit Zwiebeln gereicht wird.
Lammkeule oder Koteletts werden mit Knoblauch gespickt oder einfach gegrillt. Besonders wohlschmeckend ist das Lamm aus der Camarguelandschaft Crau. Das weltberühmte Sisteron-Lamm hält hingegen nicht immer, was die Verkäufer versprechen. Es gab die schlechte Angewohnheit, Lämmer aus halb Europa zu importieren und nach einigen Tagen an der guten Provenceluft unter der prestigeträchtigen Bezeichnung Agneau de Sisteron zu verkaufen.
Die Daube, stundenlang geschmortes Fleisch von Lamm und Ochse, zählt ebenso zu den kulinarischen Attraktionen wie die guten alten Pieds et Paquets. Lammkutteln und -füße, heute auch oft Lammstelzen in Weißwein oder Weinbrand geschmort. Bei einem guten Koch ist dieses Gericht eine Delikatesse höchsten Ranges, in einem schlechten Lokal kann es zur Katastrophe verkommen.
In einfachen Restaurants bekommt man manchmal zum Aperitif ein Saucisson d'Arles, eine Trockenwurst aus Ochsen- und Schweinefleisch mit Kräutern der Provence. Früher wurden für ein ordentliches Saucisson auch Esel- und Pferdefleisch verwurstet, aber diese Tradition ist inzwischen fast in Vergessenheit geraten. Rar geworden ist auch das Fricot de Taureau, ein kräftiger Schmortopf vom Stier mit Zwiebeln, Olivenöl, Knoblauch und Gewürzen, manchmal auch mit Anchovis oder Kapern. Wer das traditionelle Gericht aus Arles und der Camargue, wo der Stier noch für Stärke steht, auf einer Speisekarte findet, sollte beherzt zugreifen. Auch wenn der Gedanke an Stierfleisch gewöhnungsbedürftig scheinen mag – es schmeckt kräftiger und herzhafter als Rind.

Aromen der Provence

Mehr als einen Hauch Finesse brachten seit jeher die Kräuter der Region in den Kochtopf. Natürlich nicht das braune Pulver, das Souvenirläden als Herbes de Provence verkaufen, sondern frische, kräftige Aromenbringer wie Basilikum, Salbei, Bohnenkraut, Lorbeer, Knoblauch oder Thymian.
La Cuisine provençale hat inzwischen Tische und Teller weit jenseits von Arles oder Avignon erobert. Ob in Kopenhagen, London oder New York, überall erfreuen sich Gäste an gefüllten Zucchiniblüten und gefüllten Artischocken, Daube und Aioli. Der Grund dafür ist einfach: Cuisine provençale ist nicht nur eine bunte, stimmungsvolle Landküche, die Urlaubserinnerungen an Lavendelfelder und römische Ruinen weckt. Die aromenstarken Gerichte sind gleichzeitig beste Haute-Cuisine von heute: Voller Finesse, kräftig im Geschmack, ein Vergnügen fürs Auge – und doch so leicht, dass nach jedem Essen noch ein Praliné von Durand Platz im Magen findet.

Die Sonnenblumen: Hier mal nicht von Van Gogh gemalt, sondern im Naturzustand auf dem Markt von Aix.

Camargue
Land mit Eigenheiten

Ein typischer Manadier: Mit entschlossenem Blick mustert Jacques Bon seine Herde. 400 pechschwarze Stiere vagabundieren auf seinem Gelände, dazu 40 Pferde.

Sein schwarzes Halstuch flattert verwegen im Wind. Ein schwarzer Hut mit breiter Krempe überschattet die buschigen Augenbrauen. Mit entschlossenem Blick mustert Jacques Bon seine Herde, streicht mit der rechten Hand kurz über den weißgrauen Schnauzbart: 400 pechschwarze Stiere vagabundieren auf seinem Gelände, dazu 40 Pferde.

Die Camargue ist ein eigenes »Land« innerhalb der Provence, eine riesige Sumpflandschaft zwischen Grand und Petit Rhône, durchzogen von Dünen, Lagunen, Sandbänken und Kanälen. Stiere und Pferde, Reis und Salz, Lämmer der Crau, Wein und Flamingos – sie gehören zu den Sehenswürdigkeiten der Camargue.

Sicher, die Touristen fahren lieber nach Saintes-Maries-de-la-Mer. Dort tragen am 24. Mai die Zigeuner das Standbild der schwarzen Sara zum Meer. Fast schon Pflicht ist auch der Abstecher nach Aigues-Mortes. »Aquae Mortuae«, die Stadt der toten Wasser, hieß die mittelalterliche Festung ursprünglich, denn Hafen und Kanal versandeten im 14. Jahrhundert.

Auch der Vogelpark von Pont de Gau, wo jeder auf zwölf Hektar die Vogelarten der Camargue in ihrer natürlichen Umgebung erleben kann, lockt Besucher. Und es gibt noch mehr zu entdecken.

Die Manadiers und ihre Stiere

Solange man nicht mit einem Manadier oder Gardian gesprochen hat, dem Camargue-Äquivalent zum Rancher, kann man die Region nicht verstehen. Manadiers züchten Stiere nicht wegen des Fleisches, sondern für Stierkämpfe. Camargue-Rinder sind klein und wendig: Die Stiere werden 300 bis 450 Kilo schwer, die Kühe rund 200 bis 300 Kilo. Jedes Tier wächst in Freiheit auf, ernährt sich in der Natur. Den 400 Stieren von Jacques Bon stehen z.B. 550 Hektar Gelände zur Verfügung. In kargen Wintern füttern die Manadiers manchmal Heu und Cerealien. Stierfleisch aus der Camargue verfügt seit 1996 über eine AOC-Auszeichnung. Die Appellation d'Origine contrôlée (kontrollierte Herkunftsbezeichnung) gibt es sonst für edlen Wein oder zartes Bresse-Geflügel – aber für kein anderes Fleisch. Gerade mal 300 Tonnen Camargue-Stier kommen pro Jahr auf den Markt. Und weil der Durchschnittsfranzose jährlich rund 30 Kilo Rindfleisch verspeist, würden die gesamten Camargue-Rinder gerade mal für 10000 Esser reichen. Das ist weniger als die Lokalbevölkerung.

Und wie so oft bei seltenen Sachen, schmeckt der AOC-Stier besonders gut – wilder und kräftiger als seine Artgenossen. Magerer ist er außerdem: Ein Charolais-Rind gibt dem Metzger rund 400 Kilo Fleisch, ein Camargue-Stier nur 150 Kilo.

Das Salz

Die Salinen der Camargue gibt es seit der Antike, im 14. und 15. Jahrhundert wurde das Salz über die Rhône verschifft. Anders als die Atlantik-Salinen, die vom Wechselspiel der Gezeiten profitieren, muss hier am Mittelmeer das Wasser in die Becken gepumpt werden. Frisches Meerwasser hat einen Salzgehalt von 35 g/Liter, zu Salz wird es erst ab 220 g/Liter – es ist ein langer Weg zum Salzkristall. Wahre Mondlandschaften mit Salzschluchten und -kratern kann hier jeder Besucher erleben.

Der Reis

Frankreichs gesamter Reisbedarf kann von den Produzenten der Camargue gedeckt werden. Im 13. Jahrhundert hielt der Reis in der Grande Nation Einzug, am Königshof gab es als Dessert mit Honig gesüßten Milchreis. Vier Reissorten werden heute angebaut, der Riz long macht dabei mehr als die Hälfte der 75000 Tonnen Reisproduktion aus.

Das Lamm

Das schmeckt hier so gut, weil es noch Auslauf hat. Und weil das Heu der Crau über dieselbe AOC-Bezeichnung verfügt wie die Stiere, die Käse und die edlen Weine.

Rund 450 Kilo Muskeln: Die Camargue-Stiere sind keine dösigen Rindviecher, sondern gelten als flink und wendig. Sie leben in freier Natur.

Mondlandschaft: Das Salz der Camargue wird in den Salinen von Bulldozzern zu kuriosen Gebirgsformationen aufgeschüttet.

Wild lebende Pferde gehören zu den Wahrzeichen der Camargue.

Nicht weniger als vier Reissorten wachsen in der Camargue. Rein mengenmäßig kann die Region den Reisbedarf von ganz Frankreich decken.

Fleischeslust

Würste, Speck & Spezialitäten

Leckere Schweinereien: Würste in allen Formen und Farben, mit Pfeffer, Paprika und Kräutern gibt es auf jedem Markt. Als Wurst-Hauptstadt der Provence gilt jedoch Arles.

Eine Legion von Würsten scheint durch das Schaufenster zu paradieren. Knoblauchwürste, Olivenölwürste, Saucisson d'Arles, Saucisses camarguaises… Dazu Schmorfleisch vom Stier, Caillettes, Pieds et Paquets. Bei Dorel & Milhau in der Rue Réattu lockt die pure Tradition. Wenig Schweinefleisch gibt es hier, besonders wenn man Milhau mit den Metzgereien im Languedoc vergleicht, kaum Geflügel. Freundliche Verkäufer erklären dem Touristen die Gerichte der Region – die Leute aus Arles wissen, dass die Fremden für alles, was über eine Wurst hinausgeht, erst an die lokalen Spezialitäten herangeführt werden müssen. Da gibt es etwa die Pieds et Paquets. Ein Blick ins Wörterbuch erzählt uns etwas von Füßen und Paketen, hilft also kaum weiter. »Das sind Lammkutteln und Lammfüße mit Speck, Knoblauch, Petersilie, Weißwein, Pfeffer und Salz«, erklärt ein Mittdreißiger mit Kurzhaarschnitt. »Manchmal wird auch Hammel verwen-

Ob zum Originalrezept von Saucisson d'Arles auch Eselsfleisch gehört – darüber streiten die Experten. Ein flinker Schnitt bereitet den Schinken vor: Wenn die ersten Kunden kommen, schneidet Monsieur nur noch gleichmäßig auf dem Holzbrett.

det.« Schon im 17. Jahrhundert reimte ein gewisser César Pellenc aus Aix-en-Provence in seinem Poem »Les Plaisirs de la Vie« (Die Freuden des Lebens), dass Lammfüße die gewöhnlichste aller Mahlzeiten für Arm und Reich seien. Fünf Rezepte veröffentlichte 1888 ein Küchenchef namens Morard. Auch wenn das Gericht gewöhnungsbedürftig klingt: Für den Provenzalen sind Pieds et Paquets ein Festessen, etliche bekannte Restaurants zaubern aus den Kutteln ein kleines Aromenwunder.

Dann die Caillettes, Frikadellen aus Schweineleber und Speck, manchmal mit Cognac, Weißwein oder Thymian gewürzt. In der Region Var gehört in eine vernünftige Caillette auch Spinat oder Mangold.

Ein Expertenstreit tobt unter Charcutiers und Historikern über das richtige Rezept für ein zünftiges Saucisson d'Arles. Eselsfleisch oder nicht Eselsfleisch, das ist hier die Frage. Die Tradition verlangt nach Eselsfleisch, historische Dokumente schweigen sich aus: Im Rathaus von Arles liegt etwa die Rezep-

Ein Cowboy der Camargue überwacht seine Herde. Das Fleisch der frei laufenden Tiere ist begehrt – Rinderwahnsinn war hier stets ein Fremdwort.

Neben Würsten und Schinken sind französische Metzger auch für ihre Schnittfertigkeit berühmt. Einige Stücke findet man in keiner deutschen Metzgerei.

tur für das Sosisol de Boulogne, ein Altvorderer des Saucisson d'Arles. Eine Mixtur aus Rind und Schwein. Grimod de la Reynière, der erste Gastronomiekritiker, lobt im 19. Jahrhundert die Wurst, die »zum Ruhm des Schweins beiträgt.« Aber hat Grimod im fernen Paris überhaupt echtes Saucisson d'Arles gekannt? Die Statistiken der Bouche du Rhône erklären, dass viele der Arles-Würste aus Marseille stammen und in Wahrheit aus Rindfleisch gemacht werden.

So oder so: Bei Dorel & Milhau beruft man sich unter anderem auf das Rezept des Charcutier Godard aus dem 17. Jahrhundert: Rind, Schwein, Speckstreifen, Gewürze und Côtes-du-Rhône-Wein. Und wen stört es, ob er wirklich das Urrezept auf dem Teller hat, so lange es schmeckt? In Arles gibt es garantiert Würste für jeden Geschmack.

Les braves

Sie suchen nach Fleisch vom bekannten Camargue-Stier? »Da ist Vorsicht geboten«, mahnt jeder gute Metzger der Stadt. »Viele Restaurants servieren keine Camargue-Stiere, die in Freiheit aufwuchsen, sondern spanischen Toro. Der ist auch weit günstiger als die AOC-Stiere unserer Heimat.« Noch unübersichtlicher wird der Stierfleisch-Markt dadurch, dass einige Camargue-Stiere aus Spanien stammen. Neben den Stieren der Race camarguaise (Camargue-Rasse), auch Di-Biou genant, gibt es die Braves (Tapferen) aus lokaler Zucht mit spanischen Stieren. So ein Brave bringt mit 400 bis 650 Kilo bis zu 200 Kilo mehr auf die Waage als ein Di-Biou. Dennoch ist das Fleisch der Braves rar: In der Arena ist so ein Stier 7500 bis 15000 Euro wert, im Schlachthaus höchstens die Hälfte. Wer sicher sein möchte, echten, in Freiheit aufgewachsenen Camargue-Stier auf den Teller zu bekommen, sollte im Restaurant oder beim Metzger gezielt nach dem AOC-Gütesiegel fragen – Statistiken zu Folge wird in der Provence nämlich weit mehr Stierragout verkauft, als Camargue-Stiere auf den Markt kommen.

Die Lämmer der Crau

Lamm ist eine weitere Delikatesse der Region. Besucher aus Deutschland oder Paris denken da prompt ans Agneau de Sisteron (Sisteron-Lamm) aus der Haute-Provence. Die Köche der Region hingegen schwärmen für Lämmer aus der Crau, die auf den Salzwiesen der Camargue aufgewachsen sind. Der Grund: Viele Sisteron-Lämmer sind nicht in der Region aufgewachsen, sondern wurden durch halb Frankreich und manchmal halb Europa gekarrt, um in dem kleinen Ort in riesigen Schlachtfabriken zu landen und unter dem teuren Namen verkauft zu werden. Tatsächlich war Sisteron eine recht schutzlose Bezeichnung, es gab weder Regeln noch Vorschriften für die Aufzucht von Sisteron-Lämmern. Erst seit Juni 2003 existiert ein so genanntes IGP-Gütesiegel für Sisteron-Lamm, das Tiere auszeichnet, die in der Provence aufgewachsen sind und dort geschlachtet wurden. Das Lamm der Crau hingegen weidet auf den Salzwiesen der Camargue – selbst das Heu der Region gilt als einmalig und wurde wie Wein und Käse mit einem AOC-Gütesiegel ausgezeichnet.

Wer gutes Lamm selbst erkennen möchte, muss es zunächst vom Hammel zu unterscheiden wissen. Lamm ist blassrosa oder fast weiß mit schneeweißer, fester Fettschicht. Letztere darf beim Anfassen nicht unter den Fingern rollen. Hat das Lamm eine stumpfe rote, fast violette oder gar schwarze Farbe, heißt es »Finger weg«: Solche Tiere hatten vor dem Gang zum Schlachter fast schon das »Hammelalter« erreicht und schmecken entsprechend streng. Vorsicht ist auch bei übergroßen Koteletts oder Filets geboten. Ein alter Metzgertrick: Die Hände anwärmen und über die Fettschicht gleiten lassen. Ist das Lamm zu alt, hat man anschließend typischen Hammelgeruch an den Fingern.

Ganz konkret: Ein normales Lamm wiegt zwischen 13 und 15 Kilo, alles was schwerer ist als 18 Kilo gilt als Hammel. Auch beim Lamm ist das weibliche Tier schmackhafter als das männliche. Das Fleisch von männlichen Lämmern ist härter, weniger fein.

Die Osterlämmer, von unseren französischen Nachbarn auch nach ihrem Alter »Lamm der hundert Tage« genannt, kommen im April auf die Auslagen der Marktstände. Sie wurden zunächst mit Muttermilch, dann mit Cerealien und diversen Futterpflanzen gefüttert.

Lammfleisch ist extrem fein. Früher wurde es in den Metzgereien stets dem ältesten – und erfahrensten – Mitarbeiter anvertraut. Dort findet man auch heute noch die beste Ware – die dünnen abgepackten Stücke im Supermarkt können da nicht mithalten.

Pure Fleischeslust: Dieses Stück Rind landet auf einem Grill in der Camargue. Franzosen mögen Rindfleisch übrigens gerne »bleu« also fast im Rohzustand. Wer sein Fleisch »bien cuit« (gut durch) bestellt, gilt als Banause.

Spezialitäten aus Schweinefleisch

Weiter im Westen, im Languedoc, sieht die Auslage der Metzgereien ganz anders aus. Im katalanischen Teil des Roussillon findet man das Embottis, eine Wurst aus Schweineschulter, Schweinebauch, Salz und Pfeffer. Die Botifarres sind Würste aus Schweinskopf, -herz, -speck und -blut, die 30 Minuten bei etwa 75° in einer Brou-bufat genannten Bouillon gegart werden. Gambajo heißt ein Bergschinken, der zehn Monate lang in der guten Höhenluft altern durfte. Daneben gibt es etliche Pasteten und Unterarten der genannten Würste: So ist der Dios nichts anderes als ein großer Botifarres, mit etwas mehr Schweinskopf und -zunge im Fleisch. Der Bisbe hingegen wird nach dem Botifarres-Rezept, aber ohne Blut zubereitet.

Rund um Carcassonne findet man Fetge Foie: in Salz marinierte, gebratene und eingelegte Schweineleber. Immerhin: Auch im Languedoc gibt es die aus der Provence bekannten Caillettes. Nur heißen sie hier Fricandeau und werden gern als Imbiss mit Gewürzgurken serviert.

Besonders das nördliche Languedoc gilt als gute Region für Borstentiere: Schweinefleisch vom Bauernhof aus Freilandhaltung schmeckt am besten – besonders wenn die Tiere mit Eicheln und Kastanien ernährt wurden – was man leider als Verbraucher nicht nachprüfen kann. Von industriell hochgezüchteten »Turbo-Schweinen« halten Traditionsmetzger nicht viel: »Früher hatten unsere Schweine noch ordentlich Speck, heute muss alles mager sein.« Fett wie ein Schwein ist heute kein Schwein mehr. Traditionell war das Schwein ja das Fleisch der Armen, ein natürlicher »Müllschlucker« auf dem Bauernhof, der sich notfalls von Kartoffelschalen ernährte. Heute mästet man es mit Tiermehl. Zuverlässige Qualitätszeichen gibt es kaum, dennoch sollte man darauf achten, dass Schweinefleisch beim Kauf trocken ist und kein Wasser abgibt. Auch beim Schwein entfernt man das Fett am besten nach dem Braten oder Schmoren. Auch wenn es heute niemand mehr wissen möchte: Ein Schmorbraten mit einer knusprigen Fettschicht ist eine echte Delikatesse. Auf dem Land feiert man heute noch den Tue-Cochon, den Schweineschlachttag: ein »großes Fressen« vom Frühstück bis zum Abendessen. Da werden Kutteln über Weinreben geröstet, Ohren gefüllt, Würste und Botifarres verarbeitet: Nur Filets, Koteletts und Schinken wandern für die kommenden Wochen und Monate in die Vorratskammer.

Auf dem Markt von Aix: Wenn der Metzger Sie einlädt, Ihre Wurst selbst auszusuchen, dürfen Sie ruhig zugreifen. Wählen Sie ein hartes, gut gereiftes Exemplar.

Die Lämmer der Provence sind selten geworden. Erstklassiges Lammfleisch findet man in der Camargue-Landschaft namens Crau. Dort ist sogar das Heu durch eine AOC, eine kontrollierte Herkunftsbezeichnung, geschützt.

Solch kleine Hartwürste dürfen auf Fingerdruck keinesfalls nachgeben – nur dann haben sie das volle Aroma.

Würzig und kräftig: Diese ordentlich gepfefferte Wurst kosteten wir bei einem Metzger auf dem Markt der Place Richelme in Aix-en-Provence.

Rouille

Scharfe Knoblauchpaste

Zubereitungszeit: 15 Min.
Pro Portion ca.: 180 kcal

Zutaten für 4 Personen:
1 Scheibe Weißbrot (ca. 50 g)
100 ml Fisch- oder Gemüsefond
1–2 rote Chilischoten, 4 Knoblauchzehen
6–8 Safranfäden oder 1/8 TL gemahlener Safran
100 ml Olivenöl, Salz

Weißbrot entrinden, in kleinen Stücken im Fond ca. 5 Min. einweichen. Chilischoten waschen, entkernen und klein schneiden. Knoblauch schälen und hacken.

Safran zwischen den Fingern zerreiben und mit wenig warmem Wasser verrühren. Mit Knoblauch und Chili im Mixer fein pürieren. Brot ausdrücken und untermixen. Olivenöl zuerst tropfenweise, dann in dünnem Strahl dazugeben, so dass eine cremige Paste entsteht. Rouille mit Salz abschmecken. Passt zu allen Fischsuppen, aber auch zu gedünstetem oder gebratenem Gemüse.

TIPP

Fruchtiger wird die Paste, wenn man noch 1/2 rote, gehäutete und pürierte Paprikaschote untermischt.

Rouille des pêcheurs

Rouille mit Kartoffeln

Zubereitungszeit: 30 Min.
Pro Portion ca.: 200 kcal

Zutaten für 4 Personen:
1 vorwiegend fest kochende Kartoffel (ca. 100 g)
200 ml Fischfond
4 rote Chilischoten, 1 Knoblauchzehe
1 TL Meersalz (Fleur de sel)
1 sehr frisches Eigelb, 100 ml Olivenöl
1 TL Zitronensaft

Kartoffel schälen, in Stücke schneiden und mit Fischfond zugedeckt bei schwacher Hitze in ca. 12–15 Min. weich kochen. Im Sud abkühlen lassen.

Chilischoten waschen, entkernen und klein schneiden. Knoblauch schälen und hacken. Knoblauch und Chili mit dem Salz im Mixer fein pürieren. Eigelb gut unterrühren, nach und nach das Öl zuerst tropfenweise, dann in dünnem Strahl untermischen.

Kartoffel mit dem Fond sehr fein zerdrücken und kurz untermixen. Rouille mit Salz und etwas Zitronensaft abschmecken. Schmeckt zu Fischsuppe und auf Röstbrot.

Aioli

Knoblauchmayonnaise

Zubereitungszeit: 10 Min.
Pro Portion ca.: 210 kcal

Zutaten für 4 Personen:
1 sehr frisches zimmerwarmes Eigelb
125 ml Olivenöl, 4–6 Knoblauchzehen
2–3 TL Zitronensaft, Salz, Pfeffer
Chilipulver nach Belieben

Das Eigelb verquirlen. Olivenöl zuerst tropfenweise, dann in dünnem Strahl unterschlagen, bis eine dicke Mayonnaise entsteht. Knoblauch schälen, durch die Presse drücken und mit 2 TL Zitronensaft unterrühren.

Mayonnaise mit Salz, Pfeffer und eventuell etwas Chilipulver und noch mehr Zitronensaft abschmecken. Schmeckt zu Fisch, Fleisch und Gemüse, aber auch zu Eiern und in der Salatsauce.

Variante: Aioli ohne Ei

6 dicke Knoblauchzehen schälen, hacken, dann mit 1/2 TL Meersalz im Mixer fein pürieren. Nach und nach 150 ml Olivenöl und 1 EL heißes Wasser untermischen. Wenn die Sauce leicht dickflüssig wird, alles mit Salz und etwas Zitronensaft abschmecken.

Tapenade noire

Schwarze Olivenpaste

Zubereitungszeit: 10 Min.
Pro Portion ca.: 100 kcal

Zutaten für 8 Personen:
150 g schwarze Oliven
40 g Kapern
4 Sardellenfilets (Anchovis) in Öl
50 g Tunfisch in Olivenöl (aus der Dose)
4 Zweige Thymian
5 EL Olivenöl, Pfeffer

Oliven entsteinen. Kapern abtropfen lassen. Sardellenfilets ebenfalls abtropfen lassen und in Stücke schneiden. Tunfisch abtropfen und zerpflücken. Thymian waschen, Blättchen abstreifen.

Oliven, Kapern, Sardellen, Tunfisch und Thymian mit dem Öl im Mixer oder Blitzhacker fein zerkleinern. Die schwarze Tapenade mit Pfeffer abschmecken. Passt auf Brot, zu gegrilltem Fleisch, in den Eintopf oder auch in eine Nudelsauce.

Tapenade verte

Grüne Olivenpaste

Zubereitungszeit: 10 Min.
Pro Portion ca.: 150 kcal

Zutaten für 8 Personen:
50 g gehäutete Mandeln
1/2 Bund Basilikum
je 1 Zweig Thymian und Rosmarin
50 g Kapern
150 g grüne Oliven ohne Stein
8 EL Olivenöl
Pfeffer, eventuell Salz
1 Messerspitze Honig

Mandeln grob hacken. Kräuter waschen, Blättchen grob zerkleinern. Kapern abtropfen lassen.

Oliven mit Mandeln, Kräutern, Kapern und dem Olivenöl im Mixer oder Blitzhacker fein zerkleinern. Grüne Tapenade mit Pfeffer, eventuell Salz und Honig abschmecken. Passt mit ihrer fruchtig-milden Note auf Brot, zu Geflügel und kräftigen Fischsorten und auch zu Gemüse.

Tapenade à la tomate

Rote Olivenpaste

Zubereitungszeit: 15 Min.
Backzeit: 20 Min.
Pro Portion ca.: 80 kcal

Zutaten für 8 Personen:
1 kleinere Fleischtomate (ca. 130 g)
4 große Knoblauchzehen
100 g grüne Oliven ohne Stein
4 Sardellenfilets (Anchovis) in Öl
50 g Kapern, 3–4 Stängel Petersilie
2 TL Tomatenmark
5 EL Olivenöl, Pfeffer
1 Prise geriebene Muskatnuss, Salz

Backofen auf 225° (Umluft 200°) vorheizen. Tomate waschen und halbieren. Hälften mit der Schnittfläche nach oben in eine feuerfeste Form legen, Knoblauch mit Schale daneben legen. Im heißen Ofen (Mitte) ca. 20 Min. backen, bis der Knoblauch weich und die Tomate leicht angetrocknet ist.

Tomate und Knoblauch etwas abkühlen lassen, dann das Tomatenfleisch mit einem Löffel aus den Schalen lösen, Knoblauchzehen aufschneiden, Knoblauchfleisch herauskratzen.

Oliven, Sardellenfilets und Kapern abtropfen lassen, Sardellenfilets etwas kleiner schneiden. Petersilie waschen, Blättchen fein hacken.

Tomaten- und Knoblauchfleisch, Oliven, Sardellen und Kapern mit Tomatenmark und Öl im Mixer oder im Blitzhacker zerkleinern. Petersilie unterrühren. Tapenade mit Pfeffer und Muskat, falls nötig mit Salz abschmecken. Schmeckt als Beilage zu gegrilltem Fleisch, zu Gemüse- und Nudelsuppen, unter Reis gemischt und auf Brot.

Die würzige Terrine *ist eine Spezialität der Boucherie von Pierre Milhau in Arles. Ihre Zubereitung kostet Zeit, ist aber nicht kompliziert. Und der Aufwand lohnt sich: Die Terrine, die sich gut vorbereiten lässt, eignet sich wunderbar für ein südfranzösisches Buffet und schmeckt auch hervorragend mit Baguette als Vorspeise.*

Terrine provençale

Provenzalische Terrine

Zubereitungszeit: 1 Std. 30 Min.
Marinierzeit: 6 Std.
Garzeit: 1 1/2 Std.
Kühlzeit: 6 Std.
Bei 20 Scheiben pro Scheibe ca.: 150 kcal

Zutaten für 1 Terrinenform von gut 1 1/2 l Inhalt:
600 g mageres Schweinefleisch
250 g frischer Schweinebauch ohne Schwarte
1/2 Bund Thymian, 2 Knoblauchzehen
1 Lorbeerblatt, 2 TL Pfefferkörner
300 ml trockener Rotwein
50 ml Cognac, 2 EL Olivenöl
15 g getrocknete Steinpilze, 2 rote Paprikaschoten
je 50 g grüne und schwarze Oliven
1/2 unbehandelte Zitrone
150 g Kalbsleber, 4 Eiswürfel
100 g fetter Speck am Stück, 2 Eier
Salz, Pfeffer, Olivenöl für die Form

Schweinefleisch und Schweinebauch in kleine Würfel schneiden. Thymian waschen, Blättchen abstreifen. Knoblauch schälen und vierteln.

Für eine Marinade Thymian, Knoblauch, Lorbeerblatt, Pfefferkörner, Wein, Cognac und Öl mischen. Die Fleischwürfel untermengen und an einem kühlen Ort zugedeckt ca. 6 Std. marinieren.

Die Pilze ca. 30 Min. in lauwarmem Wasser einweichen, dann abtropfen lassen und fein schneiden. Inzwischen für die Paprikaschoten Backofen auf 250° (Umluft 230°) vorheizen. Schoten waschen, halbieren und putzen. Mit den Schnittflächen nach unten auf ein Backblech legen und im heißen Ofen (Mitte) ca. 15 Min. backen, bis die Haut Blasen wirft und schwarz wird. Schoten kurz abkühlen lassen, häuten und in gut 1/2 cm breite Streifen schneiden.

Oliven in Streifen von den Steinen schneiden. Zitronenschale dünn abreiben. Leber waschen, trockentupfen und in Würfel schneiden. Fleischwürfel trockentupfen und portionsweise mit der Leber durch den Fleischwolf drehen oder im Mixer fein zerkleinern. Dabei Eiswürfel dazugeben. Das zerkleinerte Fleisch jeweils kühl stellen.

Fetten Speck klein würfeln. Mit Fleischmischung, Eiern und Zitronenschale vermengen, Pilze, Oliven- und Paprika unterheben. Die Farce kräftig salzen und pfeffern.

Backofen auf 150° (Umluft 130°) schalten. Eine Terrinenform von gut 1 1/2 l Inhalt einölen. Die Masse einfüllen und mit dem feuchten Esslöffelrücken gut in die Form drücken. Form mit Deckel oder Alufolie verschließen.

Terrinenform in eine größere, flachere Form setzen und in diese warmes Wasser angießen. Die Terrine im heißen Ofen (unten) im Wasserbad ca. 1 1/2 Std. garen. Mit einem Stäbchen in die Mitte der Terrine stechen. Tritt klarer Saft aus, ist die Terrine fertig gegart. Ist er rötlich, Terrine noch etwas länger garen.

Terrine abkühlen lassen und vor dem Servieren mindestens 6 Std. gut durchkühlen lassen. Zum Servieren stürzen und in dünne Scheiben schneiden.

Variante: Gebackene Terrine

Wer die Terrine backen statt im Wasserbad garen möchte, legt die Form mit dünn geschnittenen weißen Speckscheiben aus und deckt die Masse auch damit ab. Mit einem Kräutersträußchen belegen und Terrine im vorgeheizten Backofen bei 150° (Umluft 130°) ca. 1 Std. backen.

Im Garten der Bastide de Moustiers wachsen seltene Tomatensorten wie Red Zebra, Lemon Tree, Noire de Drimée, Cerise Rouge, Coeur de Bœuf und Morelle de Balbis. Einige von ihnen sind so empfindlich, dass sie kaum die Fahrt zum nächsten Markt überstehen würden. Deshalb verarbeitet Chef de Cuisine Vincent Maillard sie vor Ort zu schmackhaften Salaten.

Tomaten vom König der Köche

Sie sind klein wie eine Weintraube oder groß wie ein Rinderherz. Süß oder sauer, rot, grün oder gestreift. Die Tomaten der Provence, Wahrzeichen der Region wie Thymian und Basilikum, wie Lavendel oder Olivenöl.

»À la provençale – das heißt in den meisten Kochbüchern mit Knoblauch, Tomaten und Olivenöl«, sagt Vincent Maillard. Und Maillard sollte es wissen. Er herrscht als Chefkoch über die 500 Tomatenstöcke der Bastide de Moustiers vor dem Bergdorf Moustiers-Sainte Marie.

Alain Ducasse, der wohl weltbeste Koch, hat hier 1995 in der tiefsten Provence eine Auberge wie aus dem Bilderbuch eröffnet: Ein Gebäude aus dem 17. Jahrhundert inmitten von vier Hektar Park und mit eigenem Gemüse- und Kräutergarten, in dem Tomaten in allen denkbaren Formen und Farben gedeihen. »Wir pflanzen hier über zwanzig Sorten an«, erläutert Maillard. »Allein zwölf wandern in den Salat – die meisten davon sind vergessene Sorten, die manchmal so fragil sind, dass sie den Weg zum Markt nicht überstehen würden.« Da gibt es die feste, rote Matador oder die gelbe, leicht säuerliche Banana leg in Bananenform. Saure Tomaten sind auch die Verte zebre oder die Tomate citron in Zitronenform, die freilich für Cuisinier Maillard »eher für die Dekoration interessant ist.« Die Rose de Berne schmeckt süßlich, die Coeur de Bœuf hat die Form eines Rinderherzens, wenig Kerne und dafür umso mehr Fruchtfleisch. Und die Morelle de Balbis ist eine echte Kuriosität: Klein wie eine Physalis, fest, sehr rot und sehr süß, verfügt sie über derart spitze Stacheln, dass sie morgens mit dicken Arbeitshandschuhen gepflückt wird.

Spätestens zur Mittagszeit zeigt Maillard, was er mit Tomaten alles machen kann. »Die kleinen Sorten werden zum Aperitif gereicht, die bunten kommen zum Salat, aber damit fängt es erst an.« Wer würde zu Haus schon ein Tomatenrisotto machen, mit drei bis vier Stunden schonend gegarten Tomatenvierteln, würzigem Fleischjus und herzhaftem gegrilltem Speck? Natürlich gibt es eine ordentlich abgeschmeckte Tomatensuppe. Oder mit Ziegenfrischkäse gefüllte Tomaten, einen Coulis von gelben Tomaten und Rosmarin zusammen mit einer traditionellen Foccaccia mit Oliven. Und wer gar nicht vom roten Gemüse lassen kann, bekommt zum Dessert Tomatenkonfitüre mit Eis.

Tomatentartes gibt es in der Provence in den verschiedensten Varianten. Diese hier wird gestürzt.

Die White Wonder ist zwar nicht weiß, aber dennoch ein beliebter Farbtupfer in allen Tomatengerichten.

Am Strauch gereift – so schmecken Tomaten am besten.

Tarte Tatin aux tomates

Ein ideales Sommeressen, wenn es sonnengereifte, aromatische Tomaten gibt.

Gestürzte Tomatentarte

Zubereitungszeit: 35 Min.
Ruhezeit: 1 Std.
Backzeit: 25 Min.
Bei 4 Personen pro Portion ca.: 540 kcal

Zutaten für 1 Tarteform von 30 cm ø:
Für den Teig:
250 g Mehl, Salz
80 ml Olivenöl, 1 Ei
Für den Belag:
700 g feste reife Tomaten
4 Knoblauchzehen
4 Zweige Thymian
2 Zweige Rosmarin
4 getrocknete Tomaten in Öl
4 EL Olivenöl + Olivenöl zum Bestreichen
2 EL schwarze Oliven
Salz, Pfeffer, 1 EL Puderzucker

Für den Teig das Mehl mit 1 kräftigen Prise Salz, dem Olivenöl, 2 EL lauwarmem Wasser und dem Ei gründlich zu einem glatten Teig verkneten. Zur Kugel formen, in Folie wickeln und 1 Std. bei Zimmertemperatur ruhen lassen.

Für den Belag Tomaten waschen und quer halbieren. Knoblauch schälen und in feine Stifte schneiden. Kräuter waschen und trockenschütteln, die Blättchen abzupfen. Die getrockneten Tomaten abtropfen lassen, in Streifen schneiden.

Den Backofen auf 220° vorheizen. Den Teig noch einmal durchkneten und zwischen zwei Lagen Klarsichtfolie rund und dünn ausrollen.

Das Olivenöl für den Belag in einer hitzebeständigen Tarteform auf dem Herd erhitzen. Knoblauch und Kräuter darin kurz anbraten. Getrocknete Tomaten und die Oliven untermischen. Die frischen Tomaten kräftig salzen und pfeffern, die Schnittflächen mit dem Puderzucker dünn bestäuben. Tomaten mit den Schnittflächen nach unten in die Form geben und kurz mitbraten, dann die Form vom Herd ziehen.

Den Teig auf die Tomaten in der Tarteform legen und am Rand nach innen festdrücken. Mit Olivenöl bepinseln und im heißen Ofen (Mitte) ca. 25 Min. backen, bis der Teig knusprig ist. Tarte vom Rand der Form lösen und stürzen. In Tortenstücke schneiden und heiß oder lauwarm servieren. Dazu schmeckt Blattsalat und Baguette.

Fougasse

Gefüllter Teigfladen

Zubereitungszeit: 50 Min.
Backzeit: 30 Min.
Pro Portion ca.: 610 kcal

Zutaten für 4 Personen:
500 g Mehl + Mehl für die Arbeitsfläche
1/2 Würfel frische Hefe (ca. 21 g)
1 TL Honig, 6 EL Olivenöl
1 1/2 TL Salz, 500 g reife Tomaten
1 Zwiebel, 4 Knoblauchzehen
je 2 Zweige Thymian und Rosmarin
Pfeffer, 1 Prise Zucker
1 Bund Basilikum
1 EL schwarze oder grüne Tapenade (fertig gekauft oder selbst gemacht, Seite 95)
2 TL Anchoiade (Seite 26, ersatzweise 2 Sardellenfilets in Öl, fein gehackt)
Backpapier für das Blech

Mehl in eine Schüssel geben. Hefe zerkrümeln und mit Honig in 280 ml lauwarmem Wasser anrühren. Alles mit 3 EL Öl und dem Salz glatt verkneten. Teig zugedeckt 1 Std. gehen lassen, bis sich sein Volumen verdoppelt hat.

Inzwischen Tomaten häuten und würfeln. Zwiebel und Knoblauch schälen und fein hacken. Thymian und Rosmarin waschen, abzupfen oder -streifen und fein hacken.

Zwiebel und Knoblauch im restlichen Olivenöl andünsten, Kräuter mit den Tomaten dazugeben und alles bei mittlerer Hitze offen ca. 20 Min. leise kochen lassen. Dabei häufig durchrühren. Mit Salz, Pfeffer und dem Zucker abschmecken. Basilikumblättchen in feine Streifen schneiden. Mit Tapenade und der Anchoiade unter die Tomaten mischen.

Backofen auf 200° vorheizen, Backblech mit Backpapier belegen. Teig durchkneten und halbieren. Jede Hälfte auf Mehl zu einem birnenförmigen Oval ausrollen. Einen Teigfladen auf das Blech legen und mit der Füllung bestreichen, gut 1 cm Rand frei lassen.

Die zweite Teigplatte mit einem scharfen Messer leicht schräg in 2 Bahnen 3–4 cm lang einschneiden, die Einschnitte auseinander biegen, damit sie beim Backen offen bleiben. Die Teigplatte auf die andere legen und die Ränder gut andrücken.

Die Fougasse im heißen Ofen (Mitte, Umluft 180°) ca. 30 Min. backen, bis sie knusprig ist. Abkühlen lassen und zum Aperitif, zum Wein oder als Beilage zu einer Vorspeise servieren.

Salade de pissenlits

Löwenzahnsalat

Zubereitungszeit: 25 Min.
Pro Portion ca.: 395 kcal

Zutaten für 4 Personen:
150 g junge zarte Löwenzahnblätter
150 g durchwachsener Räucherspeck
2 EL Pinienkerne
2 Scheiben Weißbrot
5 EL Olivenöl, 3 EL Weinessig
Salz, Pfeffer

Die Löwenzahnblätter waschen, 10–15 Min. in lauwarmem Wasser liegen lassen, dann gut trockenschwenken.

Speck ohne Schwarte und Knorpel in Würfel schneiden. Pinienkerne in einer trockenen Pfanne bei mittlerer Hitze goldgelb rösten. Weißbrot mit Rinde in Würfel schneiden.

1 EL Öl in einer Pfanne erhitzen, die Brotwürfel darin knusprig braten und wieder herausnehmen. Speck in der Pfanne unter Rühren 3–5 Min. braten, bis er knusprig ist.

Essig in die Pfanne gießen und den Bratsatz damit lösen. Übriges Olivenöl unterschlagen, bis eine cremige Sauce entstanden ist. Sauce salzen und pfeffern, warm unter die Löwenzahnblätter mischen. Mit Brotwürfeln und Pinienkernen bestreut servieren.

Der würzige Löwenzahnsalat schmeckt auch gut mit frischen Walnusskernen und je 1 pochierten Ei.

Als Imbiss oder Vorspeise schmeckt der Salat mit Olivendressing besonders gut. Die ganzen Artischocken können Sie auch durch Artischockenherzen ersetzen.

Rot und ungeschält *ist der Reis aus der Camargue. Und mit seinem aromatischen Geschmack viel zu schade, um ihn nur als Beilage zu servieren. Der saftig-würzige Salade camarguaise wird gern als Vorspeise gereicht und ist im Sommer auch ein feines kleines Essen. Garnelen passen besonders gut, können aber durch Muscheln oder frischen, kurz gebratenen Tunfisch ersetzt werden. Und statt Paprika schmeckt auch Staudensellerie. Hier zu Lande bekommen Sie den Reis in Feinkostgeschäften und in manchen Naturkost- und auch Asienläden.*

Salade à la tapenade

Salat mit Olivendressing

Zubereitungszeit: 30 Min.
Pro Portion ca.: 200 kcal

Zutaten für 4 Personen:
4 milde weiße Zwiebeln
6 kleine violette Artischocken
Salz, 2 EL Zitronensaft
4 Tomaten
je 1 rote und grüne Paprikaschote
1 Hand voll gemischte Salatblätter
1 Bund Petersilie
2 Knoblauchzehen
1 1/2 EL Essig
1 1/2 EL schwarze Tapenade (fertig gekauft oder selbst gemacht, Seite 95)
4 EL Olivenöl, Pfeffer

Die Zwiebeln schälen und vierteln. Die Artischocken waschen, die äußeren Blätter großzügig entfernen. Stiele spitz zuschneiden, Blattspitzen mit der Schere kürzen. Die Artischocken der Länge nach achteln.

Reichlich Wasser mit Salz und Zitronensaft zum Kochen bringen. Die Artischocken darin ca. 5 Min. kochen, dann die Zwiebeln weitere 3 Min. mitgaren. Das Gemüse abgießen, kalt abschrecken und abtropfen lassen.

Tomaten waschen und achteln, dabei die Stielansätze herausschneiden. Paprika waschen, vierteln, putzen und in feine Streifen schneiden. Salatblätter waschen, trockenschwenken und in Stücke zupfen. Eine Salatschüssel damit auskleiden. Alle Gemüsesorten mischen und auf dem Salat anrichten.

Die Petersilie waschen und trockenschütteln. Die Blättchen abzupfen und sehr fein hacken. Den Knoblauch schälen und durch die Presse drücken. Die Petersilie und den Knoblauch mit dem Essig und der Tapenade verrühren, das Olivenöl untermischen. Die Sauce mit Salz und Pfeffer abschmecken und auf dem Gemüse verteilen. Dazu schmeckt geröstetes Brot.

Salade camarguaise

Reissalat aus der Camargue

Zubereitungszeit: 50 Min.
Pro Portion ca.: 400 kcal

Zutaten für 4 Personen:
1 Zwiebel
2 Zweige Thymian
1 Lorbeerblatt
Salz, 200 g roter Camarguereis
je 1 rote und grüne Paprikaschote
4 Tomaten (ca. 300 g)
2 Knoblauchzehen
50 g grüne Oliven ohne Stein
8 Sardellenfilets (Anchovis) in Öl
150 g gegarte geschälte Garnelen
1 TL scharfer Senf
3 EL Rotweinessig
Pfeffer, 6 EL Olivenöl
Basilikumblättchen zum Bestreuen

Die Zwiebel schälen und halbieren. Den Thymian waschen. Knapp 1 l Wasser mit Thymian, Lorbeerblatt und Zwiebel zum Kochen bringen.

Das Wasser salzen und den Reis hineinschütten. Den Reis zugedeckt bei schwacher Hitze in ca. 45 Min. bissfest garen, dann abgießen und abkühlen lassen. Zwiebel und Kräuter entfernen.

Die Paprikaschoten waschen, halbieren und putzen, dann in kleine Würfel schneiden. Die Stielansätze aus den Tomaten herausschneiden. Tomaten überbrühen, kalt abschrecken, häuten und ebenfalls klein würfeln.

Den Knoblauch schälen und sehr fein hacken. Die Oliven, die Sardellen und die Garnelen abtropfen lassen. Die Sardellen vierteln.

Den Senf mit dem Essig, Salz und Pfeffer verrühren, Olivenöl kräftig unterschlagen, bis eine cremige Sauce entstanden ist.

Den Reis mit dem Gemüse, dem Knoblauch, den Oliven, den Sardellen, den Garnelen und der Vinaigrette mischen und kräftig abschmecken. Die Basilikumblättchen auf den Salat streuen.

Fèves aux artichauts

Dicke Bohnen und Artischocken

Zubereitungszeit: 40 Min.
Pro Portion ca.: 160 kcal

Zutaten für 4 Personen:
2 kg dicke Bohnen in den Hülsen
(es bleiben ca. 500 g übrig)
4 kleine violette Artischocken
Saft von 1/2 Zitrone
2 Zweige Thymian
2 Knoblauchzehen
3 EL Olivenöl
150 ml trockener Weißwein
Salz, Pfeffer

Die Hülsen der dicken Bohnen aufbrechen und die Bohnen herauslösen. Die Artischocken waschen, die äußeren Blätter großzügig entfernen. Stiele spitz zuschneiden, Blattspitzen mit der Schere kürzen. Die Artischocken der Länge nach achteln und mit dem Zitronensaft mischen.

Thymian waschen, die Blättchen abstreifen. Knoblauch schälen und fein hacken.

Das Öl in einem weiten Topf erhitzen. Die Artischocken darin gut anbraten, dann mit dem Thymian, dem Knoblauch und dem Wein mischen und mit Salz und Pfeffer würzen. Die Artischocken zugedeckt bei schwacher Hitze ca. 10 Min. dünsten.

Die dicken Bohnen untermischen und alles weitere 5 Min. dünsten, bis die Artischocken und die dicken Bohnen gar, aber nicht zu weich sind. Das Gemüse passt gut als Beilage zu Lamm- oder Schweinefleisch, schmeckt aber auch lauwarm als Vorspeise.

Pommes de terre au four

Gebackene Kräuterkartoffeln

Zubereitungszeit: 15 Min.
Backzeit: 45–50 Min.
Pro Portion ca.: 280 kcal

Zutaten für 4 Personen:
1 kg kleinere fest kochende Kartoffeln
2 milde weiße Zwiebeln
6 Knoblauchzehen
je 4 Zweige Rosmarin, Thymian, Salbei und Oregano
4 Lorbeerblätter (am besten frisch)
6 EL Olivenöl, Salz

Backofen auf 200° vorheizen. Kartoffeln schälen, waschen und der Länge nach durchschneiden. Zwiebeln und Knoblauch schälen und in feine Scheiben schneiden. Kräuter waschen, die Zweige grob zerschneiden.

Die Kartoffeln mit Zwiebeln, Knoblauch, Kräutern und Lorbeer in eine feuerfeste Form geben. Ca. 1/8 l Wasser seitlich angießen. Kartoffeln mit Olivenöl beträufeln und salzen. Im heißen Ofen (Mitte, Umluft 180°) 45–50 Min. backen, bis sie weich und gebräunt sind.

Gemüsetipp: La Bohémienne

2 Auberginen waschen und würfeln. 2 weiße Zwiebeln und 4 Knoblauchzehen schälen und hacken. 600 g Tomaten überbrühen, häuten und würfeln. Je 5–6 Zweige Thymian, Rosmarin und Bohnenkraut waschen, Blättchen abzupfen oder -streifen. Auberginenwürfel in 6 EL Olivenöl unter Rühren 3–4 Min. braten. Zwiebeln, Knoblauch, Kräuter und 2 Lorbeerblätter untermischen und kurz mitbraten. Tomaten dazugeben, alles mit Salz und Pfeffer würzen und zugedeckt bei sehr schwacher Hitze ca. 30 Min. schmoren. Zum Schluss 50 g frisch geriebenen Schaf- oder Ziegenkäse untermischen. Ragout warm oder lauwarm servieren.

Die gebackenen Kräuterkartoffeln schmecken als Beilage zu gebratenem und gegrilltem Fleisch oder Fisch, aber auch als leichtes vegetarisches Essen mit Gemüseragouts wie Ratatouille (Seite 40) oder La Bohémienne (links).

Aubergines farcies grillées

Gefüllte gegrillte Auberginen

Zubereitungszeit: 35 Min.
Pro Portion ca.: 300 kcal

Zutaten für 4 Personen:
2–3 schlanke Auberginen (ca. 700 g)
6 Knoblauchzehen, 1 Bund Petersilie
8 Sardellenfilets (Anchovis) in Öl
8 EL Olivenöl, Salz, Pfeffer
1 Prise geriebene Muskatnuss
4 TL Zitronensaft
4 EL frisch geriebener Käse (Schaf- oder Ziegenkäse oder anderer würziger Hartkäse)

Die Auberginen waschen, putzen und der Länge nach halbieren. Mit einem scharfkantigen Löffel bis auf einen Rand von gut 1 cm aushöhlen. Das ausgehöhlte Auberginenfleisch fein würfeln. Den Knoblauch schälen und fein würfeln. Die Petersilie waschen, trockenschütteln und fein schneiden. Die Sardellenfilets abtropfen lassen und klein würfeln.

4 EL Olivenöl in einer Pfanne erhitzen, die Auberginenwürfel darin unter Rühren 8–10 Min. braten. Knoblauch untermischen und kurz mitbraten. Auberginenwürfel aus der Pfanne nehmen, mit der Petersilie und den Sardellen mischen und mit Salz, Pfeffer und Muskat abschmecken.

Die ausgehöhlten Auberginenhälften mit dem übrigen Öl einpinseln, leicht salzen und mit dem Zitronensaft beträufeln. Auberginenmischung einfüllen. Auberginen nebeneinander in eine Form geben.

Den Backofengrill anheizen. Die Auberginen unter den heißen Grillschlangen (ca. 10 cm Abstand) ca. 10 Min. grillen, dann mit dem Käse bestreuen und weitere 2 Min. grillen, bis der Käse leicht gebräunt ist. Die Auberginen schmecken warm oder abgekühlt.

Tian de courgettes

Zucchini-Tomaten-Gratin

Zubereitungszeit: 15 Min.
Backzeit: 1 Std.
Pro Portion ca.: 110 kcal

Zutaten für 4 Personen:
1 Zwiebel
2 Knoblauchzehen
6 Zweige Thymian
400 g Zucchini
500 g Tomaten
Salz, Pfeffer
4 EL Olivenöl

Den Backofen auf 150° vorheizen. Die Zwiebel und den Knoblauch schälen und fein hacken. Den Thymian waschen und trockenschütteln. Die Blättchen abstreifen und mit der Zwiebel und dem Knoblauch mischen.

Die Zucchini und die Tomaten waschen und putzen. In knapp 1 cm dicke Scheiben schneiden. Zucchini und Tomaten dachziegelartig und abwechselnd in eine feuerfeste Form schichten. Dabei jede Schicht mit der Zwiebelmischung bestreuen und mit Salz und Pfeffer würzen.

Das Gemüse mit dem Öl beträufeln und im heißen Ofen (Mitte, Umluft 130°) ca. 1 Std. backen, bis es weich und leicht gebräunt ist. Es schmeckt warm, lauwarm oder abgekühlt.

TIPP

Fast alles, was es am Gemüsestand gibt, schmeckt auch als Gratin. So können Sie auch Fenchel, Auberginen, Kürbis, Pilze oder Spinat mit einschichten.

Gemüsegratins werden in Südfrankreich als Beilage oder kleiner Zwischengang serviert, auch gern als sommerliche Vorspeise – lauwarm oder abgekühlt.

Geschmorte Linsen schmecken auch als Püree, z. B. zu Schweinebraten oder zu Lammkoteletts. Dafür die Linsen mit etwas mehr Flüssigkeit zubereiten und nach dem Garen fein zerstoßen.

Ein Paradies auf Erden *ist die Provence für Gemüseliebhaber. Vor allem im Tal der Durance, einer Ebene im Hinterland, wächst alles, was das Feinschmeckerherz begehrt. Und von hier aus, von einem riesigen Großmarkt in der Nähe von Cavaillon, wird Gemüse auch in alle Himmelsrichtungen verschickt.*

Lentilles au thym

Linsen mit Thymian

Zubereitungszeit: 45–60 Min.
Pro Portion ca.: 350 kcal

Zutaten für 4 Personen:
2 Möhren
1 Stange Lauch
4 Knoblauchzehen
6 Zweige Thymian
4 EL Olivenöl
200 g grüne oder schwarze Linsen
1/4 l trockener Rotwein
1/4 l Fleischbrühe
4 Stängel Petersilie
Salz, Pfeffer
1 Prise geriebene Muskatnuss

Die Möhren schälen und putzen. Den Lauch putzen und gründlich waschen, den Knoblauch schälen. Alles in kleine Würfel schneiden. Den Thymian waschen und trockenschütteln, die Blättchen von den Stielen streifen.

Das Olivenöl in einem Topf erhitzen, die Gemüsewürfel mit dem Thymian darin andünsten. Die Linsen dazugeben und mitbraten, bis sie von Fett überzogen sind. Mit dem Rotwein und der Brühe aufgießen und zugedeckt bei schwacher Hitze in 30–45 Min. weich garen. Dabei bei Bedarf noch etwas Wasser angießen.

Die Petersilie waschen und trockenschütteln, die Blättchen fein hacken. Die Linsen mit Salz, Pfeffer und Muskat abschmecken und mit der Petersilie bestreuen. Sie schmecken als Beilage zu gebratenen Würsten, geschmortem oder gebratenem Fleisch und zu Wild und Geflügel.

Gratin de courge

Kürbisauflauf

Zubereitungszeit: 25 Min.
Backzeit: 40 Min.
Pro Portion ca.: 310 kcal

Zutaten für 4 Personen:
1 Stück Kürbis (ca. 1 kg)
1 grüne Paprikaschote
4 Knoblauchzehen
1/2 Bund Thymian
2 Eigelbe
4 EL Olivenöl
150 ml Milch
Salz, Pfeffer
1 Prise geriebene Muskatnuss
4 EL frisch geriebener Käse (Schaf- oder Ziegenkäse oder anderer würziger Hartkäse)
4 EL Semmelbrösel

Den Kürbis schälen. Kerne mit weichem Fruchtfleisch entfernen. Fruchtfleisch klein würfeln. Paprikaschote waschen, halbieren, putzen und ebenfalls fein würfeln. Knoblauch schälen und fein hacken. Thymian waschen und trockenschütteln. Die Blättchen abstreifen.

Backofen auf 180° vorheizen. Die Eigelbe mit 3 EL Olivenöl und der Milch gut verquirlen. Das Gemüse mit dem Knoblauch und dem Thymian mischen und mit Salz, Pfeffer und Muskat abschmecken. In eine flache feuerfeste Form füllen.

Das Gemüse mit der Eigelbmilch begießen. Den Käse mit den Semmelbröseln mischen und auf das Gemüse streuen. Mit dem übrigen Olivenöl beträufeln und im heißen Ofen (Mitte, Umluft 160°) ca. 40 Min. backen, bis die Oberfläche schön gebräunt ist. Kurz stehen lassen, dann servieren. Schmeckt zu Schweinebraten oder Caillettes (Seite 119), aber auch mit Salat serviert als Hauptgericht.

Variante: Kürbis-Reis-Auflauf

Dazu 100 g roten Camarguereis in Salzwasser ca. 30 Min. vorgaren, abtropfen lassen und mit dem Gemüse mischen. 3 Eigelbe mit 3 EL Olivenöl und 200 ml Milch verrühren. Dann Auflauf wie im Rezept oben backen.

Bouillabaisse

Fischsuppe

Zubereitungszeit: 50 Min.
Pro Portion ca.: 410 kcal

Zutaten für 6 Personen:
1,5 kg gemischte Fischfilets (z. B. von Knurrhahn, Drachenkopf, Rotbarben, Seeteufel, Snapper und Petersfisch)
2 weiße Zwiebeln, 4 Knoblauchzehen
1 Bund Petersilie, 3 reife Tomaten
2 Fenchelknollen
4 fest kochende Kartoffeln nach Belieben
1/2 unbehandelte Orange
6 EL Olivenöl
1–2 TL Fenchelsamen
1/2 l trockener Weißwein
600 ml Fischfond
2 Döschen Safranfäden oder gemahlener Safran
1 unbehandelte Zitrone
1 TL Tomatenmark, Salz, Pfeffer
geröstete Baguettescheiben und Rouille (Seite 92) zum Servieren

Filets kalt abspülen und trockentupfen. In mundgerechte Stücke schneiden. Zwiebeln schälen, vierteln und in feine Streifen schneiden. Knoblauch schälen und fein hacken. Petersilie waschen. Blättchen fein hacken.

Tomaten überbrühen, kalt abschrecken, häuten, entkernen und würfeln. Fenchel putzen, waschen und in Würfel schneiden. Die Kartoffeln nach Belieben schälen, waschen und in dünne Scheiben schneiden. Die Orangenhälfte heiß waschen und abtrocknen, die Schale spiralförmig und dünn abschneiden.

Das Öl in einem großen Topf erhitzen, die Fenchelsamen darin mit der Hälfte der Petersilie, Zwiebeln und Knoblauch anbraten. Kartoffeln, dann auch den Fenchel dazugeben. Weißwein und Orangenschale mit Fond mischen und die Hälfte davon mit den Tomaten in den Topf geben. Alles zugedeckt bei mittlerer Hitze ca. 15 Min. garen, bis die Kartoffeln weich sind.

Die übrige Fondmischung erhitzen, Safran zwischen den Fingern zerreiben und darin auflösen. Zitrone heiß waschen und abtrocknen, in Viertel schneiden. Safranfond und Zitrone in den Topf zu den Tomaten geben, alles mit dem Tomatenmark, Salz und Pfeffer würzen.

Die festfleischigen Fischfilets wie Seeteufel leicht salzen und pfeffern und in den Sud legen. Zugedeckt bei schwacher Hitze ca. 5 Min. darin ziehen lassen. Die übrigen Fische dazugeben und weitere 5 Min. mitgaren. Bouillabaisse mit der übrigen Petersilie bestreuen und mit Baguette und Rouille servieren.

Drachenkopf, Seeteufel oder Rotbarben und Petersfisch, dazu Zwiebeln, Tomaten, Fenchel und Knoblauch – all das braucht eine zünftige Bouillabaisse.

Bouillabaisse – eine Suppe macht Karriere

Eine Mischung aus kümmerlichen Jungfischen, zu klein geratenen Schwimmkrabben oder grätenreichen Meerestieren, die auf jedem Markt zwischen Marseille und Menton unverkäuflich waren – das war die Bouillabaisse in früheren Zeiten. Ein Arme-Leute-Gericht, in der Fischerhütte kurz aufgekocht, an besseren Tagen mit Olivenöl, Safran oder einem Stück getrockneter Orange verfeinert, stets frisch mit der großen Kelle serviert. Ihr Name kommt aus dem rauen Dialekt der Region: Lou bouiabaisso heißt auf gut Provenzalisch so viel wie aufkochen oder reduzieren. Die ehemaligen Leibköche des Prinzen von Conti setzten sie zu Revolutionszeiten auf die Speisekarte des Pariser Restaurants Frères Provençaux. Der Imbiss der Armen traf auf anspruchsvolle Hauptstädter und machte Karriere. Heute gibt es zahlreiche Rezepte: Kartoffeln braucht Bouillabaisse de Martigues, mit Mangold wird die Bouillabaisse zur Revesset de Toulon. Mal rundet man die Suppe mit einem Glas Pastis ab, mal gehören ein paar Fenchelkörner mit in den Topf.

Die Bourride ist heute oft die edlere Variante unter den südfranzösischen Fischsuppen, da sie mittlerweile nur mit weißfleischigem Fisch zubereitet wird, vor allem mit dem teuren Seeteufel.

Stockfischpüree *wurde früher in der Provence häufig nicht mit Öl und Milch, sondern mit gegarten Kartoffeln zubereitet und durch diese gebunden. Wer die Kartoffelvariante mal probieren möchte: Ca. 300 g mehlig kochende Kartoffeln garen und noch heiß durch die Kartoffelpresse drücken, mit ca. 6 EL Olivenöl unter das Fischpüree rühren. Ganz edel: ein paar Trüffelspäne darüber hobeln.*

Bourride

Weiße Fischsuppe

Zubereitungszeit: 45 Min.
Pro Portion ca.: 730 kcal

Zutaten für 4 Personen:
800 g weißfleischige Fischfilets (z. B. Seeteufel, Loup de mer und Merlan)
4 fest kochende Kartoffeln (ca. 300 g)
6 Knoblauchzehen
1/2 unbehandelte Orange
2 EL Olivenöl, 400 ml Fischfond
3 Lorbeerblätter
1/2 TL Fenchel- oder Anissamen
150 g Aioli (mit Eigelb, Seite 92)
3 sehr frische Eigelbe
Salz, Pfeffer
12 dünne Scheiben Baguette

Filets kalt abspülen, trockentupfen und in mundgerechte Stücke schneiden. Kartoffeln schälen, waschen und in 1/2 cm dicke Scheiben schneiden. Knoblauch schälen und in dünne Scheiben schneiden. Die Orange heiß waschen, die Schale dünn abschneiden und fein hacken.

Kartoffeln im Öl andünsten, aber nicht braun werden lassen. Knoblauch dazugeben, den Fisch darauf legen und alles zugedeckt bei schwacher Hitze ca. 10 Min. dünsten.

Inzwischen Fischfond mit 600 ml Wasser, Orangenschale, Lorbeer und Fenchel- oder Anissamen zum Kochen bringen. Zum Fisch gießen und alles weitere 10 Min. garen.

Inzwischen die Aioli nach und nach mit den Eigelben verquirlen. Fisch und Kartoffeln aus dem Topf heben und zugedeckt warm halten. Die Brühe sieben. Die Aiolimischung langsam mit dem Schneebesen einrühren und alles unter Rühren vorsichtig erwärmen, bis die Brühe dickflüssig wird. Sie darf nicht kochen, sonst gerinnen die Eigelbe. Mit Salz und Pfeffer abschmecken.

Brotscheiben rösten und in Teller geben. Mit etwas Brühe beschöpfen. Fischstücke und Kartoffeln darauf verteilen und mit der Brühe beschöpfen. Gleich servieren.

Brandade de morue

Stockfischpüree

Quellzeit: 1–2 Tage
Zubereitungszeit: 30 Min.
Pro Portion ca.: 850 kcal

Zutaten für 4 Personen:
Für das Püree:
600 g Stockfisch, 1 Zwiebel
6 Knoblauchzehen
je einige Zweige Thymian, Rosmarin und Petersilie
150 ml Milch
200 ml Olivenöl, Pfeffer
1 EL Zitronensaft
Für die Tomatenbrote:
250 g Tomaten
100 g getrocknete Tomaten in Öl
50 g schwarze Oliven ohne Stein
3 Zweige Thymian, 1 EL Olivenöl
Salz, Pfeffer, 4 Scheiben Sandwichbrot

Für das Püree Stockfisch in einer großen Schüssel mit kaltem Wasser bedecken und 1–2 Tage einweichen. Das Wasser dabei möglichst oft wechseln.

Wenn der Fisch weich ist, Zwiebel und 4 Knoblauchzehen schälen und grob schneiden. Kräuter waschen und trockenschütteln. Für das Püree den Fisch mit Wasser bedecken, Zwiebel, geschnittenen Knoblauch und Kräuter dazugeben. Wasser zum Kochen bringen, dann Fisch bei schwacher Hitze zugedeckt in 10 Min. gar ziehen lassen.

Für die Brote Tomaten häuten, entkernen und klein würfeln. Getrocknete Tomaten ebenfalls fein schneiden. Oliven fein hacken. Thymian waschen und trockenschütteln, Blättchen abstreifen.

Tomaten, Oliven und Thymian in 1 EL Olivenöl andünsten. Bei schwacher Hitze offen in 10–15 Min. leicht einkochen lassen. Mit Pfeffer und eventuell wenig Salz abschmecken.

Milch erwärmen. Den Fisch aus dem Sud heben und ohne Haut und Gräten mit Olivenöl und Milch im Mixer pürieren. Übrigen Knoblauch schälen und dazudrücken. Püree mit Pfeffer und Zitronensaft abschmecken.

Die Sandwichbrote rösten und mit der Tomatenmasse bestreichen. Stockfischpüree darauf häufen und servieren.

Calamars farcis aux blettes

Tintenfisch mit Mangoldfüllung

Zubereitungszeit: 1 Std.
Garzeit: 30 Min.
Pro Portion ca.: 340 kcal

Zutaten für 4 Personen:
4 Sardellenfilets (Anchovis) in Salz
100 g altbackenes Weißbrot
12 mittelgroße Tintenfische zum Füllen (ca. 600 g)
200 g Mangoldblätter (Stiele für ein anderes Gericht verwenden)
Salz, 1 EL Pinienkerne
2 Knoblauchzehen
1 EL schwarze Oliven
1 Ei, Chilipulver
4 EL Olivenöl, 5 Zweige Thymian
1/8 l trockener Weißwein
200 g Cocktailtomaten

Sardellenfilets kalt abspülen und ca. 1 Std. in kaltem Wasser wässern. Dabei das Wasser so oft wie möglich wechseln. Inzwischen das Weißbrot entrinden und in lauwarmem Wasser ca. 10 Min. einweichen. Die Tintenfische waschen und putzen. Mangold waschen, die Blätter in kochendem Salzwasser in 2–3 Min. zusammenfallen lassen. Kalt abschrecken, abtropfen lassen und sehr fein hacken.

Pinienkerne in einer trockenen Pfanne unter Rühren goldgelb braten. Knoblauch schälen und sehr fein hacken. Oliven in Streifen von den Steinen schneiden. Das Brot ausdrücken und zerpflücken. Sardellen abtropfen lassen und sehr fein schneiden, dabei eventuell die Mittelgräte entfernen. Das Brot mit Mangold, Ei, Sardellen, Pinienkernen, Knoblauch und Oliven gründlich vermischen und mit Salz und etwas Chilipulver pikant abschmecken.

Masse in die Tintenfische füllen und diese – falls nötig – mit Zahnstochern zustecken. Die gefüllten Tintenfische im Öl gut anbraten. Thymian kurz mitbraten, Wein angießen. Tintenfische zugedeckt bei schwacher Hitze 15 Min. garen. Inzwischen Tomaten waschen und eventuell halbieren. Nach 15 Min. Garzeit zu den Tintenfischen geben und noch ca. 15 Min. mitgaren, bis die Tintenfische weich sind. Dazu schmeckt Reis oder Baguette.

Tellines en persillade

Venusmuscheln im Petersiliensud

Zubereitungszeit: 25 Min.
Pro Portion ca.: 140 kcal

Zutaten für 4 Personen:
2 kg kleine Venusmuscheln
4 Knoblauchzehen
1 Bund Petersilie
2 EL Olivenöl
2 TL Fenchelsamen
Salz, Pfeffer
1/4 l trockener Weißwein

Venusmuscheln kalt waschen. Geöffnete Muscheln wegwerfen. Knoblauch schälen und fein hacken. Petersilie waschen und trockenschütteln. Blättchen sehr fein schneiden.

Das Olivenöl in einem weiten Topf erhitzen, den Knoblauch darin mit den Fenchelsamen und der Petersilie kurz anschwitzen. Salzen und pfeffern.

Wein angießen und zum Kochen bringen, dann die Muscheln untermischen und zugedeckt bei starker Hitze 2–3 Min. kochen. Geschlossene Muscheln aussortieren und wegwerfen. Die geöffneten Muscheln mit dem Sud auf vorgewärmten Tellern servieren. Dazu Baguette servieren, auch zum Dippen des würzigen Suds.

Im Original werden für dieses Gericht Tellines verwendet, das sind besonders feine und kleine Muscheln aus der Camargue, vor allem aus Les Saints-Maries-de-la-Mer. Sie werden nicht gezüchtet, sondern wachsen wild und müssen mit speziellen Netzen mühsam gesammelt werden. Kein Wunder, dass man sie fast nur in der Provence genießen kann. Für das würzige Gericht eignen sich jedoch auch italienische Venusmuscheln.

Servieren Sie den würzigen Pot-au-feu mit Tunfisch am besten mit Rouille (Seite 92) oder Aioli (Seite 92).

Pot-au-feu de thon

Tunfischeintopf mit Gemüsen

Zubereitungszeit: 45 Min.
Pro Portion ca.: 680 kcal

Zutaten für 4 Personen:
1–2 Fenchelknollen (ca. 400 g)
1 Stange Lauch
4 Stangen Staudensellerie
2 Möhren, 4 Tomaten
700 g frischer Tunfisch am Stück
2–3 EL Zitronensaft, 4 EL Pastis
1 Zwiebel, 2 Knoblauchzehen
4 EL Olivenöl, 400 ml Fischfond
1/8 l trockener Weißwein
1 Döschen Safranfäden oder gemahlener Safran
Salz, Pfeffer
1/2 Bund Petersilie, 4 Scheiben Weißbrot

Fenchel putzen, waschen, längs halbieren und quer in 1 cm dicke Scheiben schneiden. Lauch putzen, aufschlitzen und gründlich waschen. In ca. 1/2 cm breite Streifen schneiden. Sellerie waschen, putzen und in ca. 5 cm lange Stücke schneiden. Stangen eventuell längs halbieren. Möhren schälen und längs vierteln, dann quer in 4 cm lange Stücke schneiden.

Tomaten häuten, entkernen und würfeln. Tunfisch in ca. 1/2 cm dicke Scheiben schneiden. 2 EL Zitronensaft mit dem Pastis verrühren und über den Tunfisch geben.

Zwiebel und Knoblauch schälen, hacken und in 2 EL Öl andünsten. Fenchel, Lauch, Möhren und Sellerie dazugeben und 2–3 Min. unter Rühren braten. Mit Fischfond, Tomaten und Wein ablöschen. Safran zerreiben, in wenig warmem Wasser anrühren und untermischen. Alles mit Salz und Pfeffer würzen.

Das Gemüse zugedeckt bei mittlerer Hitze in ca. 5 Min. bissfest garen. Hitze reduzieren. Den Fisch untermischen und in ca. 5 Min. gar ziehen lassen. Dann alles noch einmal mit Salz, Pfeffer und eventuell etwas Zitronensaft abschmecken.

Inzwischen die Petersilie waschen. Blättchen fein hacken. Brotscheiben im übrigen Öl knusprig braten. Jeweils 1 Brotscheibe in einen tiefen Teller legen und mit Pot-au-feu beschöpfen. Mit Petersilie bestreut servieren.

Lotte aux olives

Seeteufel mit Oliven

Zubereitungszeit: 40 Min.
Pro Portion ca.: 220 kcal

Zutaten für 4 Personen:
4 Seeteufelschwanzstücke (je ca. 180 g)
1 Fleischtomate, 50 g schwarze Oliven
1 kleines Stück unbehandelte Zitronenschale
2 Schalotten, 2 Knoblauchzehen
3–4 Stängel Basilikum
4 Sardellenfilets (Anchovis) in Öl
2 EL Olivenöl, 2 EL Semmelbrösel
Salz, Pfeffer

Seeteufelstücke kalt abspülen, trockentupfen und nebeneinander in eine Form legen. Backofen auf 200° (Umluft 180°) vorheizen. Tomate überbrühen, kalt abschrecken, häuten und fein hacken. Oliven entsteinen und mit der Zitronenschale ebenfalls sehr fein schneiden.

Schalotten und Knoblauch schälen und sehr fein hacken. Basilikumblättchen in feine Streifen schneiden. Sardellenfilets abtropfen lassen und sehr fein schneiden.

Schalotten in 1 EL Öl kurz anbraten. Die Semmelbrösel dazugeben und knusprig werden lassen. Beides mit Zitronenschale, Oliven, Tomate, Knoblauch, Basilikum, Sardellen und dem übrigen Öl mischen und mit Salz und Pfeffer abschmecken.

Die Masse auf den Fischstücken verteilen. Den Fisch im heißen Ofen (Mitte) 15–18 Min. backen, bis das Fischfleisch nicht mehr glasig ist. Dazu schmeckt Kartoffelpüree mit Chili oder Brot und Ratatouille (Seite 40).

Die deftigen Klößchen – eine Spezialität aus dem Hinterland – schmecken auch kalt ausgezeichnet, zum Beispiel mit einem Salat.

Alouettes sans Tête – *Lerchen ohne Kopf – heißen die kleinen, würzigen Fleischrouladen, die Sie in der Provence bei vielen Metzgern schon fertig gefüllt kaufen können. Immer sind sie dort aus dünnem Rindfleisch. Denn wer sie aus Kalbfleisch macht, gibt sich schnell als Nordfranzose zu erkennen.*

Caillettes

Spinat-Mangold-Klößchen

Zubereitungszeit: 1 Std.
Einweichzeit: 2 Std.
Garzeit: 40 Min.
Pro Portion ca.: 250 kcal

Zutaten für 4 Personen:
1 Schweinenetz (beim Metzger vorbestellen)
200 g Kalbsleber
200 g Schweinefleisch (Brust oder Oberschale)
400 g Spinat, 400 g Mangoldblätter
1 Zwiebel, 2 Knoblauchzehen
6 Wacholderbeeren
Salz, Pfeffer
8 Salbeiblätter, 1/8 l trockener Weißwein
4 EL Olivenöl

Das Schweinenetz ca. 2 Std. in lauwarmem Wasser einweichen, das Wasser dabei mehrmals wechseln. Dann die Kalbsleber von Häutchen befreien und sehr fein hacken. Beim Schweinefleisch größere Fettstücke entfernen. Fleisch ebenfalls fein hacken.

Spinat verlesen, grobe Stiele entfernen. Spinat gründlich waschen. Mangoldblätter waschen und grob hacken. Spinat und Mangold tropfnass zugedeckt bei starker Hitze zusammenfallen lassen. In einem Sieb kalt abschrecken, abtropfen lassen und gut ausdrücken. Spinat und Mangold sehr fein hacken.

Zwiebel und Knoblauch schälen und fein hacken. Wacholderbeeren im Mörser sehr fein zerstoßen. Leber, Fleisch und Spinatmischung mit Zwiebel, Knoblauch und Wacholder vermengen, salzen, pfeffern und gründlich verkneten.

Backofen auf 160° vorheizen. Aus der Masse acht Klöße formen und leicht flach drücken. Das Schweinenetz abtropfen lassen und in acht Stücke schneiden, die so groß sind, dass man die Klöße darin einhüllen kann.

Die Klöße jeweils in ein Netz einwickeln und in eine feuerfeste Form legen. Die Salbeiblättchen waschen und abtrocknen, auf jedes Bällchen 1 Salbeiblatt legen. Den Wein seitlich angießen. Die Klöße mit dem Öl beträufeln und im Ofen (Mitte, Umluft 140°) ca. 40 Min. backen, bis sie leicht gebräunt sind.

Alouettes sans tête

Kleine Rindsrouladen

Zubereitungszeit: 30 Min.
Schmorzeit: 1 Std.
Pro Portion ca.: 340 kcal

Zutaten für 4 Personen:
6 große dünne Scheiben Rinderrouladen (ca. 450 g)
4 Knoblauchzehen, 1 Bund Petersilie
100 g roh geräucherter Schinken
8 Sardellenfilets (Anchovis) in Öl
Pfeffer, Salz
1 Möhre, 1 Stange Staudensellerie
1 große Zwiebel
3 Tomaten
3 EL Olivenöl
1/8 l trockener Weißwein
1 Lorbeerblatt
2 Zweige Thymian

Rindfleisch mit dem Handballen flacher drücken, jede Scheibe halbieren. Den Knoblauch schälen und sehr fein hacken. Die Petersilie waschen und trockenschütteln, Blättchen ebenfalls sehr fein hacken. Den Schinken ohne den Fettrand in kleine Würfel schneiden. Die Sardellenfilets abtropfen lassen und klein schneiden.

Knoblauch mit Petersilie, Schinken und Sardellen mischen und mit Pfeffer und vorsichtig mit Salz abschmecken. Masse auf den Rindfleischscheiben verteilen. Ränder nach innen klappen, Scheiben zu Rouladen aufrollen und nach Belieben zusammenbinden.

Die Möhre schälen und putzen, den Sellerie waschen und putzen. Die Zwiebel schälen. Alles in sehr kleine Würfel schneiden. Tomaten überbrühen, kalt abschrecken, häuten und in kleine Würfel schneiden.

Olivenöl in einem Schmortopf erhitzen. Gemüsewürfelchen darin unter Rühren ca. 2 Min. andünsten, zur Seite schieben. Die Rouladen salzen, pfeffern und mit der »offenen« Seite nach unten in den Schmortopf setzen. Vorsichtig bei mittlerer Hitze ca. 5 Min. anbraten, dann den Wein angießen, Tomaten, Lorbeer und Thymian dazugeben.

Die Rouladen bei schwacher Hitze 45 Min. schmoren. Dann ohne Deckel noch ca. 15 Min. garen, bis das Fleisch weich und die Sauce sämig eingekocht ist.

Daube de bœuf

Rindsragout

Zubereitungszeit: 1 Std.
Marinierzeit: 12 Std.
Garzeit: 3 Std.
Pro Portion ca.: 435 kcal

Zutaten für 6 Personen:
1 kg Rinderwade oder -schulter
2 Möhren, 2 Zwiebeln
4 Knoblauchzehen
2 Stangen Staudensellerie
2 unbehandelte Orangen
1 TL Wacholderbeeren
1 TL schwarze Pfefferkörner
2 Lorbeerblätter, 3/4 l kräftiger Rotwein
6 Zweige Thymian, 2 Zweige Rosmarin
1 Zweig Salbei, 4 Tomaten
4 EL Olivenöl, Salz, Pfeffer
Chilipulver, 1 TL Honig

Fleisch in gulaschgroße Stücke schneiden. 1 Möhre, 1 Zwiebel, 1 Knoblauchzehe und 1 Selleriestange schälen oder grob schneiden. Schale von 1 Orange dünn abschneiden. Gemüse mit Orangenschale, Walcholder, Pfefferkörnern, Lorbeer und Wein verrühren. Fleisch untermischen und zugedeckt im Kühlschrank 12 Std. marinieren.

Fleisch herausnehmen und trockentupfen. Marinade sieben. Restliches Gemüse und den Knoblauch waschen oder schälen, putzen und klein würfeln. Kräuter waschen und hacken. Schale von der übrigen Orange dünn abschneiden. Beide Orangen auspressen. Tomaten häuten und würfeln.

Fleisch im Öl portionsweise kräftig anbraten und wieder herausnehmen. Dann das Gemüse mit Knoblauch und Kräutern im Öl 3–5 Min. braten. Mit Orangensaft und Marinade ablöschen, Fleisch mit Orangenschale und Tomaten untermischen. Alles mit Salz, Pfeffer, Chilipulver und dem Honig würzen und zugedeckt bei schwacher Hitze ca. 3 Std. schmoren. Bei Bedarf Flüssigkeit angießen. Ragout mit Baguette, Reis oder Kartoffeln servieren.

Estouffade d'agneau

Lammragout

Zubereitungszeit: 40 Min.
Garzeit: 2 Std.
Pro Portion ca.: 730 kcal

Zutaten für 4 Personen:
800 g nicht zu fette Lammschulter
150 g durchwachsener Räucherspeck
1 Möhre, 200 g Tomaten
200 g kleine Schalotten
4 Knoblauchzehen
1 großes Bund Petersilie
4 EL Olivenöl
3 EL schwarze Tapenade (fertig gekauft oder selbst gemacht, Seite 95)
1/2–3/4 l trockener Rotwein
Salz, Pfeffer

Lammfleisch in gulaschgroße Stücke schneiden. Speck ohne Schwarte und Knorpel klein würfeln, die Schwarte aufheben. Möhre schälen und klein würfeln. Tomaten überbrühen, häuten und würfeln. Schalotten und Knoblauch schälen, Knoblauch in feine Scheiben schneiden. Petersilie waschen, Blättchen fein hacken.

Fleisch in 2 EL Öl portionsweise kräftig anbraten, jeweils herausnehmen und in einem Sieb über einer Schüssel beiseite stellen.

Speck im übrigen Öl ausbraten. Ganze Schalotten, Knoblauch und Möhren kurz mitbraten. Die Hälfte der Petersilie mit 2 EL Tapenade untermischen, Tomaten hinzufügen. Mit 1/2 l Wein aufgießen, salzen und pfeffern.

Fleisch einlegen und zugedeckt bei schwacher Hitze ca. 2 Std. schmoren. Immer mal wieder durchrühren, falls nötig, etwas Wein oder Brühe angießen. Ragout mit der übrigen Tapenade mischen und abschmecken. Mit restlicher Petersilie bestreut servieren.

Lammragouts sind in Südfrankreich sehr beliebt. Sie werden wie alle Ragouts lange geschmort und schmecken auch aufgewärmt sehr gut.

Füße und Päckchen *heißt dieses ebenso deftige wie traditionsreiche Gericht, das vor allem an kalten Tagen schmeckt. Früher wurde es tatsächlich mit Hammelfüßen zubereitet. Heute nimmt man auch in der Provence häufig Lammstelzen und gart sie zusammen mit den würzigen Kuttelpäckchen. Wer keine Kutteln mag, lässt die Päckchen einfach weg – wie auf dem Foto zu sehen.*

Pieds et paquets

Lammstelzen mit Kutteln

Zubereitungszeit: 2 Std.
Pro Portion ca.: 1200 kcal

Zutaten für 4 Personen:
4 Lammstelzen (je 400–500 g)
ca. 700 g Lamm- oder Kalbskutteln (geputzt und blanchiert, beim Metzger vorbestellen)
1–2 Bund Petersilie, 8 Knoblauchzehen
Salz, Pfeffer
100 g durchwachsener Räucherspeck
2 Zwiebeln, 2 Möhren
1 Stange Staudensellerie
500 g Tomaten, 4 EL Olivenöl
1 Döschen Safranfäden oder gemahlener Safran
3/4 l trockener Weißwein
1 EL Tomatenmark
2 getrocknete Chilischoten
Für das Zwiebelpüree:
8 rote Zwiebeln (ca. 1 kg)
6 Knoblauchzehen, 4 Zweige Thymian
5 EL Olivenöl, 1 EL Mehl
1/8 l Lammfond oder Weißwein
Salz, Pfeffer
1 Prise geriebene Muskatnuss

Die Lammstelzen mit einem feuchten Tuch abreiben, um Knochensplitter zu entfernen. Die Kutteln in Stücke von ca. 10 x 10 cm schneiden. Die Petersilie waschen. Blättchen abzupfen, ein Drittel beiseite legen. Restliche Petersilie fein hacken. Knoblauch schälen und hacken. Kutteln mit Salz und Pfeffer würzen und mit gehackter Petersilie und Knoblauch bestreuen. Kutteln zu Päckchen zusammenrollen und mit Küchengarn zusammenbinden.

Speck ohne Schwarte und Knorpel in kleine Würfel schneiden. Zwiebeln und Möhren schälen und ebenfalls fein würfeln. Sellerie waschen, putzen und in dünne Scheiben schneiden. Tomaten überbrühen, häuten und in kleine Würfel schneiden.

Speck in einem großen Schmortopf mit 1 EL Öl bei mittlerer Hitze unter Rühren ca. 5 Min. braten. Möhren, Zwiebeln und Sellerie 2–3 Min. mitbraten. Mit den Tomaten mischen. Safran in wenig warmem Wasser auflösen, mit dem Wein und dem Tomatenmark dazugeben. Chilischoten fein zerkrümeln und untermischen. Alles vorsichtig mit Salz und Pfeffer würzen.

Lammstelzen mit Salz und Pfeffer würzen und im übrigen Öl rundherum anbraten, dann aus der Pfanne nehmen. Kuttelpäckchen ebenfalls anbraten und aus der Pfanne nehmen. Lammstelzen zur Gemüse-Speck-Mischung geben und bei schwacher Hitze zugedeckt ca. 15 Min. schmoren lassen, dann die Kuttelpäckchen dazugeben und alles weitere 45 Min. garen. Dabei – falls nötig – etwas Flüssigkeit nachgießen.

Inzwischen für das Zwiebelpüree Zwiebeln und Knoblauch schälen und fein hacken. Thymian waschen, Blättchen abzupfen. Das Öl in einem Topf erhitzen, Zwiebeln mit Knoblauch und Thymian darin kurz andünsten. Mit dem Mehl bestäuben und dieses unter Rühren goldgelb werden lassen. Zwiebeln mit dem Lammfond aufgießen und zugedeckt bei schwacher Hitze ca. 30 Min. schmoren, bis sie sehr weich sind. Dabei immer mal wieder rühren. Zwiebeln dann fein pürieren und mit Salz, Pfeffer und Muskat abschmecken.

Restliche Petersilie hacken. Sauce abschmecken, Lammstelzen und Kuttelpäckchen mit der Petersilie bestreuen und mit dem Zwiebelpüree servieren. Dazu passen außerdem Kartoffeln aus dem Ofen oder Brot.

In den Hautes-Alpes der Provence *findet man noch Schafe, die sich traditionell auf den Weiden von Gras, wild wachsendem Thymian und anderen Kräutern ernähren. Kein Wunder, dass das Fleisch dieser Tiere besonders gut schmeckt. Doch auch hier zu Lande finden Sie hochwertiges Lammfleisch. Erkundigen Sie sich beim Kauf nach Herkunft und Lebensweise der Lämmer.*

Gigot d'agneau au tian

Lammkeule auf Kartoffel-Gemüse-Bett

Zubereitungszeit: 40 Min.
Garzeit: 2 Std.
Pro Portion ca.: 610 kcal

Zutaten für 8 Personen:
Für die Lammkeule:
je 5 Zweige Lavendel, Rosmarin und Bohnenkraut
10 Zweige Thymian
6 EL Olivenöl
Salz, Pfeffer
15 Knoblauchzehen
1 Lammkeule mit Knochen (ca. 1,7 kg)
Für das Gemüsebett:
3 grüne oder gelbe Zucchini (ca. 600 g)
600 g feste reife Tomaten
1,5 kg Kartoffeln
3–4 ZweigeThymian
Salz, Pfeffer
6 EL Olivenöl

Für die Lammkeule Kräuter waschen und trockenschütteln, von den Stielen streifen oder zupfen und fein hacken. Die Kräuter mit der Hälfte des Öls verrühren und kräftig mit Salz und Pfeffer würzen.

Den Backofen auf 180° vorheizen. 6–8 Knoblauchzehen schälen und in 2–3 mm dicke Stifte schneiden. Die Lammkeule mit einem feuchten Tuch abreiben, um Knochensplitter zu entfernen. Das Fleisch mit einem spitzen Messer einstechen und mit den Knoblauchstiften spicken. Lammkeule mit dem Kräuteröl einstreichen und auf den Bratrost mit einem Backblech darunter legen.

Die Keule in den heißen Ofen (Mitte, Umluft 160°) schieben und ca. 1 Std. braten. Inzwischen Zucchini und Tomaten waschen und putzen. Die Kartoffeln schälen und waschen. Zucchini und Tomaten in ca. 1/2 cm dicke Scheiben schneiden, die Kartoffeln in dünnere Scheiben schneiden. Den Thymian waschen, trockenschütteln, die Blättchen abstreifen.

Das Gemüse und die Kartoffeln lagenweise in die Fettpfanne des Backofens schichten, dabei jede Schicht mit etwas Thymian bestreuen und mit Salz und Pfeffer würzen. Das Olivenöl darüber träufeln.

Nach 1 Std. Bratzeit die Lammkeule aus dem Ofen nehmen, wenden und wieder auf den Rost in den Ofen legen. Nun die Fettpfanne mit dem Gemüse statt des Backblechs unter den Rost schieben und alles zusammen im heißen Ofen 1 Std. weitergaren.

10 Min. vor Ende der Garzeit den übrigen Knoblauch schälen und durch die Presse drücken. Mit dem restlichen Öl verrühren und die Lammkeule damit einpinseln. Lammkeule fertig garen, kurz ruhen lassen, in Scheiben vom Knochen schneiden und mit dem Gemüse servieren. Dazu passt reichlich Baguette.

Als Hauptzutat für Pistou fühlt sich Basilikum in Gegenwart von Knoblauch und Olivenöl auf jedem Teller wohl. Seine Blätter müssen knackig, duftig und glänzend sein. Der beste Knoblauch kommt nicht aus der Provence, sondern aus Lautrec bei Toulouse.

Ein Strauß Aromen: Kräuter sind das Symbol der provenzalischen Küche und für fast alle Rezepte unverzichtbar. Doch nicht jedes Kraut darf beliebig mit jedem anderen kombiniert werden.

Kräuter & Knoblauch

Der Duft der Provence

Südlich von Orange kann ihnen niemand mehr entgehen: In allen Souvenirläden werden Herbes de Provence, getrockneter Rosmarin, Thymian, Oregano und Bohnenkraut angeboten – die berühmten Kräuter der Provence.

Wer glaubt, mit einem Säckchen Kräuter ein typisch provenzalisches Andenken für den heimischen Herd erstanden zu haben, irrt sich gewaltig: Früher sammelten die Kräuterverkäufer ausschließlich wilde Pflanzen, um sie auf dem Markt anzubieten. Besonders der Thymian war berühmt. Schon Achard berichtet 1787 in seinem »Dictionnaire de Provence« von Faligoulo über die aromatische Pflanze – sie sei sehr zahlreich auf den Hügeln der Provence anzutreffen. Systematische Thymiankultur gibt es in der Region erst seit Mitte der 1980er Jahre. Etwa 200 Tonnen Thymian werden heute in der Provence erzeugt – kurioserweise müssen jährlich fast 500 Tonnen des Krauts nach Frankreich importiert werden, vor allem aus Spanien und Marokko. Tatsächlich stammt auch der Lorbeer oft aus der Türkei, Majoran aus Ägypten und Rosmarin aus Spanien. Natürlich wird in der provenzalischen Küche viel Thymian, Lorbeer, Bohnenkraut, Rosmarin, Fenchel, Basilikum, Salbei oder Petersilie verwendet. Aber in die Kochtöpfe der Sonnenregion sollten nur frische Kräuter wandern.

Die Kunst der Kombination

Diverse Kochbuchautoren haben den provenzalischen Küchenschatz ausgewertet und wahre Kräutertabellen aufgestellt: Basilikum wird danach vor allem mit Knoblauch und Zwiebeln kombiniert, Bohnenkraut passt zu Knoblauch, Zwiebeln und Lorbeer, seltener zu Thymian, Rosmarin und Petersilie, nicht so gut zu Fenchel, Basilikum und Salbei.

Aromatischer Knoblauch

Immer dabei hingegen ist Knoblauch: Außer in Pot-au-feu und leichten Gemüsesuppen findet man ihn in jedem provenzalischen Rezept von Aigo boulido bis Schmorbraten. Pech für die Provenzalen: Der beste Knoblauch Frankreichs kommt nicht aus ihrer Region, sondern wächst knapp hinter den Grenzen des Languedoc: rosa Knoblauch aus Lautrec. Frisch gibt es ihn von Mitte März bis Mitte Juni, aber er schmeckt das ganze Jahr so, als käme er gerade vom Feld. Das Kilo kostete 2003 auf dem Pariser Großmarkt rund zehn Euro.

Dieses Grillhuhn bekommt sein unverwechselbares Aroma durch eine ordentliche Portion Knoblauch.

Viele südfranzösische Küchenchefs unterhalten einen eigenen Kräutergarten.

Poulet aux gousses d'ail

Knoblauchhuhn

Zubereitungszeit: 20 Min.
Garzeit: 65 Min.
Pro Portion: 420 kcal

Zutaten für 4 Personen:
1 Poularde (küchenfertig, ca. 1,3 kg)
Salz, Pfeffer
1/2 Bund Thymian
3–4 Stängel Petersilie
2–3 Knoblauchknollen mit fleischigen Zehen (ca. 250 g)
2 Lorbeerblätter
1/2 unbehandelte Zitrone
4 EL Olivenöl
150 ml trockener Weißwein

Schön fleischig müssen die Knoblauchzehen sein, damit sie während der Garzeit nicht austrocknen. Nach dem Garen das sämige und würzige Fleisch ausschaben – ein Gedicht!

Den Backofen auf 220° vorheizen. Die Poularde waschen, trockentupfen und innen und außen mit Salz und Pfeffer einreiben.

Kräuter waschen. 4 Knoblauchzehen schälen und vierteln. Mit Petersilie, Lorbeer, der Hälfte vom Thymian und der Zitronenhälfte in die Poularde füllen.

Übrige Knoblauchknollen mit der Schale waschen. Knollen quer halbieren oder Zehen auseinander lösen. Eine Bratreine mit etwas Öl ausstreichen.

Die Poularde mit dem übrigen Öl einpinseln und auf der Seite in die Form legen. Knoblauch und übrigen Thymian daneben verteilen. Poularde im heißen Ofen (Mitte, Umluft 200°) ca. 20 Min. braten. Auf die andere Seite drehen und weitere 20 Min. braten.

Dann den Wein angießen. Poularde auf den Rücken legen und nochmals ca. 25 Min. braten. Zum Servieren in Stücke schneiden und mit dem Knoblauch und der Sauce auf einer Platte anrichten. Beim Essen das weiche Knoblauchfleisch herauslösen und auf geröstete Brotscheiben streichen.

Pintade aux légumes

Perlhuhn mit Gemüse

Zubereitungszeit: 1 Std.
Pro Portion ca.: 330 kcal

Zutaten für 4 Personen:
2 junge Perlhühner (küchenfertig, je ca. 800 g)
Salz, Pfeffer
2 Zwiebeln
2 Möhren oder kleine weiße Rübchen
6 Zweige Thymian, 4 EL Olivenöl
1/8 l trockener Weißwein
2 Zucchini, 4 Tomaten
4 Knoblauchzehen
2 EL schwarze Oliven nach Belieben
1/2 Bund Basilikum

Perlhühner waschen, trockentupfen und innen und außen kräftig mit Salz und Pfeffer würzen. Backofen auf 180° vorheizen. Zwiebeln schälen und achteln. Möhren oder weißen Rübchen schälen und in dickere Scheiben schneiden. Thymian waschen. Je 1–2 Zweige in die Perlhühner legen, restliche Blättchen von den Stielen streifen.

Öl in einem flachen Bräter auf dem Herd erhitzen. Perlhühner darin rundherum anbraten. Zwiebeln und Möhren oder Rübchen kurz mitbraten, mit Weißwein ablöschen. Perlhühner mit der Brust nach unten und mit dem angebratenen Gemüse im heißen Ofen (Mitte, Umluft 160°) ca. 20 Min. braten.

Inzwischen die Zucchini waschen, putzen und klein würfeln. Tomaten überbrühen, häuten, entkernen und würfeln. Knoblauch schälen und in feine Stifte schneiden.

Perlhühner wenden. Zucchini, Tomaten, Knoblauch, Thymianblättchen und eventuell die Oliven mit in den Bräter geben, alles salzen, pfeffern und weitere 25–30 Min. braten. Kurz vorm Servieren Basilikumblättchen in feine Streifen schneiden und untermischen. Gemüse abschmecken. Perlhühner halbieren und mit dem Gemüse servieren.

Cailles au raisin

Wachteln mit Trauben

Zubereitungszeit: 40 Min.
Pro Portion ca.: 440 kcal

Zutaten für 4 Personen:
2 EL Rosinen
5 EL Marc oder anderer Tresterschnaps
50 g durchwachsener Räucherspeck
2 Schalotten
250 g kernlose helle Weintrauben
4 Wachteln (küchenfertig)
Salz, Pfeffer
2 EL Olivenöl, 1 EL Pinienkerne
1/8 l fruchtiger Weißwein
1 TL Senf, 1/2 TL Honig
2 TL Zitronensaft

Rosinen mit dem Marc mischen und kurz quellen lassen. Speck ohne Schwarte und Knorpel in kleine Würfel schneiden. Schalotten schälen und fein hacken. Weintrauben waschen, von den Stielen zupfen und halbieren. Nach Belieben die Haut abziehen.

Wachteln kalt abspülen und trockentupfen. Innen und außen gründlich mit Salz und Pfeffer einreiben.

Pinienkerne im Öl in einem Schmortopf goldgelb anrösten, herausnehmen. Wachteln rundherum gut anbraten und herausnehmen. Speck mit den Schalotten im Bratfett unter Rühren 2–4 Min. anbraten, mit dem Wein ablöschen. Rosinen untermischen, alles leicht salzen und pfeffern. Wachteln einlegen und bei schwacher Hitze zugedeckt ca. 10 Min. schmoren. Wenden und weitere 10 Min. garen.

Wachteln aus dem Topf nehmen und zugedeckt warm stellen. Trauben im Topf erhitzen. Bratfond mit Senf, Honig, Zitronensaft, Salz und Pfeffer abschmecken. Wachteln halbieren und mit der Traubensauce servieren.

Statt Wachteln können Sie auch Tauben verwenden, die eine etwa gleich lange Garzeit haben. Die Weintrauben lassen sich durch junge Zwiebeln ersetzen, die leicht karamelisiert am besten schmecken.

Canard au miel

Ente mit Honig

Zubereitungszeit: 30 Min.
Garzeit: 2 Std.
Pro Portion ca.: 995 kcal

Zutaten für 4 Personen:
1 Ente (küchenfertig, 2,5–3 kg)
Salz, Pfeffer
je 6 Zweige Lavendel mit Blüten, Thymian und Bohnenkraut
1 unbehandelte Zitrone
4 kleine Zwiebeln
8 Knoblauchzehen
2 EL schwarze Oliven
3 EL Lavendelhonig (ersatzweise Orangenblüten- oder Rosmarinhonig)
1/8 l trockener Weißwein

Die Innereien aus der Ente nehmen. Die Ente waschen und trockentupfen. Größere Fettstücke aus der Bauchöffnung herauslösen. Ente innen und außen mit Salz und Pfeffer einreiben.

Kräuter waschen. Zitrone heiß waschen und mit einer Gabel mehrmals gut einstechen. Zwiebeln und Knoblauch schälen. Zitrone mit der Hälfte der Kräuterzweige und 1–2 Knoblauchzehen in die Ente füllen.

Backofen auf 200° vorheizen. Ente mit der Brust nach unten in eine Bratreine legen. Übrige Kräuter ohne die groben Stiele hacken und mit den Lavendelblüten über die Ente streuen, Zwiebeln, restlichen Knoblauch und Oliven neben der Ente verteilen.

Ente im heißen Ofen (Mitte, Umluft 180°) ca. 30 Min. braten. Dann 100 ml heißes Wasser angießen, Ente wenden und – je nach Größe – 1–1 1/4 Std. weiterbraten. Dabei mit dem Bratensaft begießen, der sich in der Form gebildet hat. Gelegentlich das Fett abschöpfen und falls nötig, etwas heißes Wasser angießen.

Dann Ente mit 1 1/2 EL Honig bepinseln und weitere 15 Min. im Ofen braten. Danach Ente mit Bratensaft beschöpfen, mit dem restlichen Honig bepinseln und noch einmal ca. 15 Min. braten, bis die Entenhaut knusprig ist. Ente mit den Zwiebeln und den Oliven aus dem Bräter nehmen und auf einer Platte im abgeschalteten Ofen warm halten.

Inzwischen Bratfond entfetten und nach Belieben durch ein Sieb gießen. Nochmals in der Bratreine mit dem Wein aufkochen. Sauce mit Salz und Pfeffer abschmecken. Ente tranchieren und mit der Sauce, den Zwiebeln und den Oliven servieren. Dazu schmeckt Gemüse und Baguette.

In der Provence haben Honig-Leckermäuler die Qual der Wahl: Neben Lavendelhonig gibt es Rosmarinhonig aus dem Luberon, Kastanienhonig der Region Les Maures und allerlei Blütenhonig.

Feine Süße – Lavendelhonig

Hauptanbaugebiete des echten Lavendels liegen auf dem Plateau de Valensole, in den Alpes-de-Haute-Provence, rund um Sault, Banon und den Mont Ventoux sowie in der südlichen Drôme. Meist wird Lavendelhonig im Juli »geerntet« – in milden Sommernächten gibt es etwa rund um das Plateau de Valensole einen kuriosen Bienenauftrieb. Horden von Imkern aus der Provence und anderen Regionen Frankreichs fahren mit ihren Bienenstöcken auf die Lavendelfelder und sichern sich einen guten Platz für die kommende Lavendelhonigproduktion. Etwa 20 % der süßen Leckerei werden so erzeugt. Wahrscheinlich genoss der provenzalische Honig schon im Mittelalter besten Ruf: Mitarbeiter der italienischen Handelsgesellschaft Datine de Prato berichteten jedenfalls bereits im Mai 1400, dass es auf dem Markt von Aix-en-Provence den besten Honig der Region gäbe.

Crème à la lavande

Lavendelcreme mit Himbeeren

Zubereitungszeit: 45 Min.
Kühlzeit: 4 Std.
Pro Portion ca.: 310 kcal

Zutaten für 4 Personen:
4–6 Zweige Lavendel mit Blüten
400 ml Milch
4 Blatt helle Gelatine
3 sehr frische Eier
80 g Lavendelhonig
1/2 unbehandelte Zitrone
100 g Sahne, 250 g Himbeeren
1 EL Puderzucker

Lavendel waschen und trockenschütteln. Die Blüten abschneiden, die Blätter abzupfen. Beides mit der Milch einmal aufkochen lassen. Ca. 30 Min. ziehen lassen, dann die Milch sieben und wieder erwärmen.

Die Gelatine ca. 10 Min. in kaltem Wasser einweichen. Inzwischen die Eier trennen. Eiweiße in den Kühlschrank stellen. Eigelbe mit dem Honig in einer Metallschüssel sehr schaumig schlagen. Nach und nach die warme Milch dazugießen und gründlich unterschlagen. Die Masse unter ständigem Rühren über einem heißen Wasserbad langsam erhitzen, bis sie dickflüssiger wird. Zitronenschale fein abreiben. Die Gelatine ausdrücken und die Blätter nacheinander in der heißen Creme auflösen.

Die Creme so weit abkühlen lassen, dass sie anfängt zu gelieren. Sahne und Eiweiße getrennt steif schlagen. Mit der Zitronenschale unter die Creme heben. Die Creme in kalt ausgespülte Förmchen füllen und ca. 4 Std. in den Kühlschrank stellen.

Zum Servieren die Himbeeren verlesen. 1 EL davon mit dem Puderzucker fein zerdrücken, mit wenig Zitronensaft abschmecken und mit den übrigen Himbeeren mischen. Die Creme mit einem Messer vom Rand der Förmchen lösen und auf Dessertteller stürzen. Mit den Himbeeren garnieren und servieren.

Glace au miel et thym

Honigeis mit Thymian

Zubereitungszeit: 30 Min.
Kühlzeit: 4–5 Std.
Pro Portion ca.: 275 kcal

Zutaten für 4 Personen:
4 Zweige Thymian
1/8 l Milch
2 sehr frische Eigelbe
80 g Lavendel- oder Thymianhonig
200 g Sahne
1/2 TL abgeriebene unbehandelte Zitronenschale
Pfeffer

Den Thymian waschen. Blättchen abstreifen und mit der Milch in einem Topf erhitzen.

Die Eigelbe in einer Metallschüssel mit dem Honig schaumig schlagen, die Milch nach und nach unterrühren. Die Masse über einem heißen Wasserbad unter Rühren erhitzen, bis die Masse dickflüssiger wird. Sie darf nicht kochen, sonst gerinnen die Eigelbe.

Die Masse in eine Schüssel mit Eiswasser stellen und kalt rühren. Die Sahne steif schlagen und mit der Zitronenschale und 1 Prise Pfeffer unter die Eigelbmasse heben. Das Honigeis in der Eismaschine zubereiten oder im Gefrierfach in 4–5 Std. fest werden lassen, dabei sehr häufig und gründlich durchrühren.

TIPP

Flüssiger Honig lässt sich leichter verarbeiten als fester. Sollte Ihr Honig fest sein, stellen Sie ihn im Glas in ein warmes Wasserbad, bis er wieder flüssig wird.

Für das cremige Honigeis unbedingt ganz frische Eigelbe verwenden. Thymianblättchen geben ihm das gewisse Extra.

Frische Aprikosen und Lavendel passen gut zusammen. Aber auch Pfirsiche, Feigen oder Trauben können Sie für die Tarte nehmen.

Tarte aux abricots

Aprikosentarte

Zubereitungszeit: 50 Min.
Backzeit: 35 Min.
Bei 12 Stücken pro Stück ca.: 300 kcal

Zutaten für 1 Tarteform von 30 cm ø:
1/2 unbehandelte Zitrone
200 g Mehl, 3 EL Zucker
Salz, 100 g kalte Butter
1 Eigelb, 250 g Crème fraîche
800 g Aprikosen
6–8 Zweige Lavendel mit Blüten
4 EL Lavendelhonig, 2 EL Butter
2 EL Pinienkerne, 1 Ei

Zitronenschale abreiben und mit Mehl, Zucker, 1 kräftigen Prise Salz, Butter in kleinen Stücken, Eigelb und 1 EL Crème fraîche verkneten. Teig zur Kugel formen und zwischen zwei Lagen Klarsichtfolie rund und dünn ausrollen. Die Form mit dem Teig auskleiden und für 30 Min. ins Tiefkühlfach stellen.

Aprikosen waschen, halbieren und entsteinen. Lavendel waschen, Blüten abschneiden, die Blätter abzupfen und grob hacken.

Backofen auf 220° (Umluft 200°) vorheizen. 2 EL Honig mit gehacktem Lavendel in der Butter schmelzen. Aprikosen darin bei schwacher Hitze ca. 3 Min. offen garen. Umdrehen und weitere 3 Min. garen. Abkühlen lassen. Inzwischen Pinienkerne goldgelb rösten, sehr fein hacken.

Teig im heißen Ofen (Mitte) ca. 15 Min. vorbacken. Ei mit den Pinienkernen und 1 EL Crème fraîche verrühren. Eimasse auf dem vorgebackenen Teig verstreichen und mit den Aprikosen belegen. Lavendelblüten dazwischen verteilen. Alles noch einmal ca. 20 Min. backen, die Tarte abkühlen lassen.

Zum Servieren die übrige Crème fraîche mit dem restlichen Honig verrühren und in Tupfen auf der Tarte verteilen.

Gâteaux de châtaignes

Kastanienküchlein

Zubereitungszeit: 35 Min.
Kühlzeit: 6 Std.
Pro Stück ca.: 530 kcal

Zutaten für 6 Personen:
500 g vakuumverpackte gegarte Maronen (Esskastanien)
2 EL Rum
100 g Puderzucker
1 Vanilleschote
1 unbehandelte Orange
125 g Butter
50 g Zartbitter-Schokolade
150 g Sahne
1 Päckchen Vanillezucker

Maronen in kleine Stücke schneiden und mit dem Rum und dem Puderzucker im Mixer fein pürieren. Vanilleschote der Länge nach aufschneiden und das Mark mit dem Messerrücken herauskratzen. Orangenschale fein abreiben, Saft auspressen.

Maronenpüree mit dem Vanillemark, der Orangenschale, dem -saft und der Butter in kleinen Stücken bei schwacher Hitze unter Rühren erwärmen, bis die Butter geschmolzen und die Masse schön geschmeidig ist. Masse in 6 Förmchen von je ca. 1/4 l Inhalt füllen und für ca. 6 Std. in den Kühlschrank stellen.

Zum Servieren die Schokolade in Stücke brechen und in einer Tasse im heißen Wasserbad schmelzen. Sahne mit dem Vanillezucker steif schlagen.

Die Kastanienküchlein mit einem Messer vom Rand der Förmchen lösen und auf Teller stürzen. Die Küchlein mit Schokoladenstreifen garnieren und mit Sahne servieren.

Calissons, weißer und schwarzer Nougat sind in der Provence zu Hause. Die Herstellung erfolgt in vielen kleinen Geschäften noch nach jahrhundertealten Rezepten. Dennoch findet man in der Region auch mehr und mehr Fabrikware.

Fruits confits, die kandierten Früchte, waren ursprünglich nicht nur Leckereien. Durch das Kandieren konnten unsere Urgroßväter auch im Winter Kirschen, Aprikosen und Orangen genießen.

Süße Spezialitäten

Provence für Leckermäuler

Frankreichs Süden – eine süße Region. Kaum ein Ort ohne seine süße Spezialität – und dann erst das Weihnachtsfest…

Nougat ist in der Provence keine süße Schokolade. Honig und Mandeln bilden die wichtigsten Zutaten zum französischen Nougat. Zwei Versionen gibt es: den schwarzen Nougat de Provence, der laut Gesetz mindestens 25% Honig und 30% Garnitur (Mandeln, Haselnüsse etc.) enthalten muss, und den großen Klassiker, den weißen Nougat de Montélimar. Rund 20% Honig, 28% Mandeln und 2% Pistazien sind vorgeschrieben – in den restlichen 50% liegt die persönliche Note jedes Herstellers. Weiß wird der Nougat, weil die Grundmasse mit Eiweiß geschönt ist und er weniger stark als die schwarze Variante gebrannt wird.

Dieser Nougat hat in Montélimar eine lange Tradition: Ursprünglich wahrscheinlich ein Hausfrauenrezept, wurde er bereits im 16. Jahrhundert in größerem Maßstab hergestellt. Olivier de Serres, ein Freund von Sully (Minister Heinrichs IV.), siedelte damals die ersten Mandelbäume in der Region an. Der Stadtrat von Montélimar offerierte 1701 den Herzögen von Burgund und Berry anlässlich ihrer Rückkehr aus Spanien ihre süße Kostbarkeit. Die Freude am herzöglichen Hof muss groß gewesen sein, denn das Geschenk wog nicht weniger als 42 Kilogramm.

Kandierte Früchte

Bis ins 14. Jahrhundert reicht die Tradition der Fruits confits: Von 1342 bis 1352 belieferte die Stadt Apt Papst Clemens VI. in Avignon mit in Zuckersirup eingelegten Früchten. Das gute Obst wurde damals noch nicht aus Südamerika eingeflogen, tiefgefrieren konnte man die Früchte auch nicht. Wollten die Päpste im Winter Früchte genießen, mussten sie auf die eingelegte Ware zurückgreifen. Die damaligen Fruits confits waren hauptsächlich Aprikosen, Zitronen und Orangen – diese Sorten waren relativ rar und naturgemäß begehrt. Inzwischen hat sich die Herstellung von kandierten Früchten in Apt und anderswo zu einem regelrechten Industriezweig entwickelt: Firmen liefern fertige Geschenkpackungen mit quietschsüßen Früchten, auf der Zunge spürt man nur den Zucker. Rar sind die Konditoren, die ihr Obst noch selbst einkochen:

Qualitätszeichen für kandierte Früchte: Der Fruchtgeschmack muss klar erkennbar sein. Bleibt nur Zucker auf der Zunge, hat der Konditor schlechte Arbeit geleistet.

Ob kandierte Orangenschalen oder gefüllte Schoko-Oliven – süße Sachen gehören in der Provence zu den Stars auf dem Teller.

Zu ihnen gehören Albert Bono in Carpentras und André Rastouil in Gargas.

Berlingots und Calissons

Fast so bekannt wie die Fruits confits sind die Berlingots aus Carpentras, ursprünglich eine Art Pfefferminzbonbon, heute in allerlei Geschmacksrichtungen erhältlich. Man sagt, die Berlingots seien in Carpentras anlässlich des Triumphs Clemens V. über den Templerorden kreiert worden – nachgewiesen ist dies freilich nicht. Wie schon die kandierten Früchte werden die Berlingots heute meist industriell hergestellt.

Verblichen ist auch der Ruhm der Calissons aus Aix – rautenförmige Mandelplätzchen mit Zuckergussüberzug. Die Plätzchen, in deren Teig auch kandierte Melone gehört, ruhen auf einer Oblate, einem Hostienblatt. Nach einer provenzalischen Legende sollen sie deshalb in den Kirchen von Aix manchmal anstelle von Hostien gereicht worden sein. In jedem Fall sollte man die Calissons nur frisch essen, sie trocknen nämlich leicht aus.

Die dreizehn Desserts: Weihnachten in der Provence

Nach alter Tradition sind am 24. Dezember die provenzalischen Tische festlich gedeckt: Drei übereinander liegende weiße Tischdecken werden von drei Kerzenleuchtern geschmückt. Eine oder drei Tassen werden mit Mehl oder Erbsen gefüllt, auch ein Brot wird in drei Teile gebrochen: Ein Teil gilt als Anteil der Armen, der zweite als Anteil der Tischgenossen, der dritte als Glücksbringer. Nach Suppe, Bouillabaisse oder Aalragout gibt es die berühmten Treize Desserts, die dreizehn Weihnachtsdesserts: Das können vier Teller mit Mandeln, Nüssen, Trockenfeigen, Rosinen oder Datteln sein, vier mit frischen Früchten, etwa Äpfel, Birnen, Orangen, Melonen, dazu schwarzer und/oder weißer Nougat, trockene Biscuits, kandierte Früchte und traditionelle Brotsorten wie Fougasse oder Pompe à l'Huile. Die genaue Zusammenstellung variiert von Ort zu Ort, von Familie zu Familie.

Calissons d'Aix

Mandelkonfekt

Zubereitungszeit: 35 Min.
Zeit zum Trocknen: insgesamt 25 Std.
Pro Stück ca.: 120 kcal

Zutaten für 24 Stück:
100 g kandierte Melonen oder getrocknete Aprikosen
250 g abgezogene Mandeln
200 g feiner Zucker
1 EL Aprikosenkonfitüre
4 Tropfen Bittermandelaroma
2 große eckige Backoblaten (je ca. 120 x 200 mm)
1 sehr frisches Eiweiß
70 g Puderzucker

Die kandierten Melonen oder die Aprikosen in sehr kleine Würfel schneiden.

Die Mandeln zusammen mit dem Zucker im Blitzhacker oder Mixer sehr fein zerkleinern. Mischung mit 4 EL Wasser in einem Topf bei schwacher Hitze erwärmen, bis sich die Masse vom Topfboden löst und schön geschmeidig ist.

Melonen oder Aprikosen, Aprikosenkonfitüre und das Bittermandelaroma untermischen. Die Masse gut 1 cm dick auf die Oblaten streichen und ca. 1 Std. trocknen lassen.

Dann mit einem angefeuchteten Messer in Rauten schneiden. Das Eiweiß mit dem Puderzucker zu einer cremigen Masse schlagen und auf den Calissons verteilen.

Den Grill des Backofens anheizen. Die Calissons auf einem Backblech 5–6 Min. unter den heißen Grillschlangen (Abstand ca. 10 cm) grillen, bis sie leicht braun sind. Abkühlen lassen und vor dem Servieren mindestens 24 Std. trocknen lassen.

Pain d'épices

Honigkuchen

Zubereitungszeit: 10 Min.
Backzeit: 45 Min.
Bei 16 Stücken pro Stück ca.: 190 kcal

Zutaten für 1 Kastenform von 30 cm Länge:
200 g Honig
150 g brauner Zucker
500 g Mehl
gut 1/2 Päckchen Backpulver
je 1 TL gemahlene Gewürznelken, Anis, Muskatnuss, Ingwer und Zimt
Salz, Pfeffer
1 TL abgeriebene unbehandelte Zitronen- oder Orangenschale
1/4 l Milch
Butter für die Form

Den Backofen auf 180° vorheizen. Die Kastenform mit Butter ausstreichen. Honig und Zucker erhitzen, bis der Zucker geschmolzen ist. Das Mehl mit Backpulver, Gewürzen, je 1 Prise Salz und Pfeffer und der Zitronen- oder Orangenschale mischen.

Die Milch und die Honig-Zucker-Mischung unter die Mehlmischung rühren. Den Teig in die Form füllen und glatt streichen. Den Honigkuchen im Ofen (Mitte, Umluft 160°) ca. 45 Min. backen. Die Stäbchenprobe machen.

Den Kuchen kurz in der Form stehen lassen, dann herauslösen und abkühlen lassen. Er schmeckt am besten, wenn man ihn 24 Std. durchziehen lässt.

Trüffeln
Schwarze Diamanten

Gute Zeiten für Jean-Luc: Schon der dritte Kunde will heute Morgen seine Schätze sehen. Langsam entfaltet er ein paar Blätter Zeitungspapier und hält dem Monsieur die Ware vor die Nase. Wie mysteriöse Passwörter flüstern die beiden sich Preise zu. Aber Jean-Luc weiß, dass seine Ware pro Kilo 1500 Euro und mehr wert ist. Schließlich schlägt der Käufer ein. Jean-Luc lehnt sich lässig zurück, eine Hand in der Hosentasche, die andere fast wie Napoleon in die nicht mehr ganz neue Weste gesteckt. Typische Szene in Richerenches: Nicht um schwarzgebrannten Schnaps oder gar Drogen geht es bei solchen mehr oder minder konspirativen Treffen, sondern um den Tuber melanosporum, schwarzen Trüffel.

Das Zentrum des Trüffelhandels

Das 470 Personen-Nest in der Drôme, der nördlichen Provence, einst Sitz des Templerordens, gilt als Zentrum des florierenden Handels mit der teuren Knolle. Rund 140 Kilo Trüffel wechseln von November bis März in Richerenches pro Tag die Besitzer. Am Samstag ist der Handel öffentlich, dann sieht man die teuren Knollen auf der Avenue de la Rabasse, der Straße der Trüffelsuche. Ab dem frühen Morgen wird gefeilscht, dann geht es auf ein Glas ins Bistro. Dort trifft man sie alle: die Sucher, die Händler, die Trüffelmakler, die für den Export sorgen und irgendwo auch André Chabert, einen Bonvivant mit Intellektuellenbrille und stirnwärts gezwirbeltem Schnurrbart. Chabert kennt die gesamte Trüffelbranche beim Vornamen, ist gern gesehener Gast bei der »Trüffelmesse« in der Kirche von Richerenches, bei der anstelle von Euro-Stücken schwarze Diamanten in den Klingelbeutel wandern, die anschließend zum Wohle der Gemeinde versteigert werden.

»Périgord-Trüffeln nennt man unsere Ware«, erklärt Chabert. »Aber das Périgord lernen sie nur als Durchreisende kennen. Denn 80% der Trüffeln kommen aus der Provence, und mehr als die Hälfte davon wird hier in Richerenches verkauft.«

Trüffelsafari

Im Hauptberuf ist Chabert Direktor des Château de Rochegude: Ein edles Schlosshotel in einem mittelalterlich anmutenden Park neben zehn Hektar Park einschließlich Rehen und Wildschweinen. Die erste Adresse der Region. Im Winter wird Chabert zum Leiter von Trüffelsafaris. Mit den Gästen geht es erst auf den Markt, dann zusammen mit Jean-Lucs Hund »Bernie«, einer zotteligen Promenadenmischung, auf die Suche. »Und die Trüffelschweine?« fragt ein Gast. »Kaum ein Profi geht mit einem Schwein auf die Jagd,« antwortet Chabert. »Sie müssen anders als Hunde für die Suche zwar nicht abgerichtet werden, sind aber nur schwer in einem PKW zu transportieren und haben selbst einen wahren Mordsappetit auf die teuren Knollen. Einer drei Zentner schweren Sau sollte man den Weg zu einem Leckerbissen besser nicht verstellen.«
Bernie schlägt an einer Eiche an. Mit einer Eisenstange graben wir die Trüffel aus. Ein Schmuckstück: kugelrund, schwarz und ein wenig nach frischer Erde, Pilzen und Nüssen riechend. Bernie bekommt geriebenen Gruyère. Zwei Stunden später hat er die vierte Trüffel gefunden, Jean-Lucs Trüffelwald ist fast durchgelaufen. Zeit für die Fahrt zum Château. Unseren Fund gibt Chabert in der Küche ab, schnell werden ein paar Trüffeltoasts aufgetischt. Und zwischen weich gekochtem Ei mit Trüffeln, Trüffelravioli mit Artischocken und Trüffelcreme und Taube und Foie Gras mit Trüffeln gibt es Warenkunde: Wie unterscheiden sich schwarze Trüffeln von den weißen Alba-Trüffeln? »Die haben kaum etwas gemeinsam: Alba-Trüffeln riechen ein wenig nach gut gealtertem Parmesan, sind weit teurer und sollten wie ein rares Gewürz eingesetzt werden. Schwarze Trüffeln hingegen können den Eigengeschmack eines Gerichts verstärken,« erläutert Chabert.

Die Trüffel und das Ei – eine klassische Kombination. Gemeinsam gelagert nimmt das Ei den Trüffelgeschmack an.

Bruno, der Trüffelkönig. Der schwergewichtige Wirt ist für seine Menüs auf Basis der teuren Knollen berühmt.

Schwarz, rar – und fast unerschwinglich

»In diesem Jahr wird die Ernte ganz besonders spärlich ausfallen. Da müssen Sie rechtzeitig bestellen. Und günstig werden sie auch nicht sein.« So beginnen täglich von November bis Mitte März die Verkaufsgespräche bei Pebeyre in Cahors.

Das Haus Pebeyre gehört zu den renommiertesten Trüffelhändlern der Grande Nation. Qualitätsfetischisten wie Bernard Pacaud vom Pariser Spitzenlokal L'Ambroisie vertrauen ihm blind, denn Pebeyres schwarze Trüffeln sind stets von bester Qualität: kugelrund, schwarz, von fester Konsistenz und mit dem typischen Duft nach frischer Erde, Pilzen oder Nüssen. Trüffelpuristen schwören auf den puren Genuss: Ein paar Scheiben auf einem Stück geröstetem Brot – allenfalls ein paar Tropfen Olivenöl sind da noch erlaubt. Große Köche veredeln die Ware z. B. zur Poularde en »demi-deuil« (in Halbtrauer, also mit Trüffelscheiben unter der Haut). Doch nur 10 bis 15% der Trüffel sind in Form, Farbe, Konsistenz und Aroma erstklassig.

Noch dazu machen sich die schwarzen Diamanten vermehrt rar: Vor dem ersten Weltkrieg wurden in Frankreich noch um die 1000 Tonnen Périgord-Trüffeln pro Jahr gefunden, heute sind es gerade noch 25 bis 60 Tonnen. Züchten lässt sich der Tuber melanosporum nicht, man kann lediglich versuchen, es ihm so bequem wie möglich zu machen: Schwarze Trüffeln gedeihen am liebsten unter Eichen und bevorzugen unter Treibhausbedingungen eine konstante Luftfeuchtigkeit von 15%. Die Erde in ihrer Umgebung sollte einen PH-Wert von acht aufweisen sowie reich an Kalk und organischen Stoffen sein.

Achtung – Fälschungen

Der steigenden Nachfrage steht ein rapide schwindendes Angebot gegenüber. Bei den hohen Kilopreisen wird der Tuber melanosporum so zum idealen Objekt der Begierde für Fälscher, Nepper und windige Geschäftemacher. So werden beispielsweise minderwertige Sorten wie der außen schwarze, aber innen weiße Truffe de Saint-Jean (Tuber aestivum) oder der Sommertrüffel Tuber Uncinatum, der auch Truffe de Bourgogne genannt wird, auf chemischem Weg tiefschwarz gefärbt, mit einem Spritzer Trüffelöl aromatisiert und zum Truffe de Périgord umetikettiert. Sommertrüffeln schmecken aber streng genommen nach nichts. Nur wenn man sie reichlich über Kartoffeln hobelt und mit etwas grobem Salz bestreut, sorgen sie für einen zartnussigen Eindruck.

Trüffelöl kommt auch beim Verkauf der China-Trüffel zum Einsatz, dem Alptraum jedes seriösen Trüffelhändlers. »Sieht aus wie eine Trüffel, fasst sich an wie eine Trüffel – ist leider extrem geschmacksarm«, klagt Pebeyre. »Nur ein Biologe kann anhand der Form der Sporen bestimmen, ob er eine China-Knolle oder einen echten Tuber melanosporum unter dem Mikroskop hat.« Um die 120 Euro pro Kilo zahlt ein Importeur für die Ware aus Fernost, den Köchen werden ca. 300 Euro abgeknöpft – falls der Großhändler den Herrn am Herd überhaupt den Ursprung seiner Ware offenbart. In der Saison 94/95 überschwemmte die minderwertige China-Knolle den Markt, von Paris über London bis Berlin suchten viele Gäste vergeblich auf ihren teuren Tellern nach einem Hauch von Trüffelduft. »Das liegt am schlechten Wetter im Périgord,« meinte der Maître d'Hôtel dann entschuldigend.

Selbst echte Trüffeln sind ihren hohen Preis selten wert, wenn sie aus der Dose kommen: Sie werden ca. drei Stunden lang in 112° heißem Wasser sterilisiert und verlieren dabei nicht nur 25% ihres Gewichts, sondern mindestens ebenso viel Aroma. Noch geschmacksärmer sind die getrüffelten Würste und Pasteten: »Die meisten Hersteller trüffeln höchstens zu 3% – falls überhaupt echte Trüffeln in die Wurst wandern«, erklärt Pebeyre.»Um die teure Zutat richtig schmecken zu können, braucht man mindestens 8%.«

Trüffeln haben ihren Preis

Vorsicht bei Schnäppchen-Preisen! Die Trüffeln sind dann oft gefälscht. Professioneller Nepp ist trotzdem selten: Seriöse Händler wachen über Qualität. Trüffelkenner Chabert empfiehlt: »Am besten man kauft die schwarzen Köstlichkeiten gereinigt und sortiert bei einem seriösen Trüffelsammler.« Bis März kann man sich jeweils mit der Ware eindecken – dann ist Schluss mit dem Genuss.

Nicht immer werden die Trüffeln so übersichtlich wie hier feil geboten. Auch wenn sie noch so verlockend schimmern, sollten die teuren Knollen vor dem Kauf geprüft werden. Manche Händler drehen den Kunden aromenarme China-Trüffel an.

Augen zu, Nase unter Hochspannung: Die schwarze Trüffel riecht nach Erde und Nüssen.

Für ein Rührei mit Trüffeln die Eier am besten ganz langsam im Wasserbad garen, Trüffelspäne dann darüber hobeln. In der Provence gehört zum Rührei eine ordentliche Portion der aromatischen Knolle.

Languedoc-Roussillon

Der diskrete Charme der Provinz

Wer den Weg von Montpellier nach Collioure auf der Autoroute hinter sich bringt, sieht nicht das wahre Languedoc. Das beginnt dort, wo die Strandmeilen enden und die Küstenhotels langsam am Horizont verschwinden. Die Seele der Region liegt zwischen Rebfeldern, Katharerfestungen und karstigen Hängen.

Languedoc-Roussillon

Der diskrete Charme der Provinz

Ob Jolle oder Zweimaster: An der Küste des Languedoc wird noch gefischt.

Majestätische Festungsmauern, die langsam im Nebel der Morgensonne auftauchen. Ein Horizont voller Erker, Zinnen und sorgfältig abgemessenen Steinblöcken. Das ist die Festung von Carcassonne. Narbonne, das ist auf dem Weg nach Süden nur eine Durchgangsstation. Die Küstenstädte wie La Grande Motte sind reine Bettenburgen des Massentourismus. Doch nach Carcassonne kommt fast jeder Besucher der Region Languedoc-Roussillon – und sei es nur, um von Ritterlegenden zu träumen. Carcassonne ist eines der wenigen Highlights der Region. Den schmalen Küstenstreifen sehen die meisten Besucher von außerhalb als kurzen Weg ins nahe Spanien. Das Languedoc-Roussillon verfügt weder über den ebenso legendären wie glamourösen Ruf der Côte noch über den Sympathiebonus der Provence.

Sicher, da gibt es Montpellier mit seiner Place de la Comédie, der begehrtesten Aussichtsterrasse der Stadt, und dem kurios-pompösen Antigone-Viertel des katalanischen Star-Architekten Ricardo Bofill.

Oder Perpignan, eine kleine, lebendige Metropole, deren schmale Straßen oft an das nahe Spanien erinnern. Das Künstlerdorf Céret, das einiges von seiner ursprünglichen Schönheit eingebüßt hat. Und schließlich Collioure, einen urigen Fischerort mit engen Gassen, über die Wäscheleinen gespannt sind.

Collioure gilt als Hauptstadt der Anchovis. Die kleinen blauen Fischchen findet man in den Fachgeschäften von Desclaux oder Roque.

Lieblingsgerichte des Languedoc

Zu den kulinarischen »Denkmälern« der Region gehört das winzige Castelnaudary, rund 40 Kilometer westlich von Carcassonne. Das Dorf ist eine der drei Hauptstädte des kalorienkräftigen Nationalgerichts Cassoulet, eigentlich ein Bohneneintopf. Mit Gänseschmalz und Speck wurden hier nach bester Tradition weiße Bohnen und Schwein stundenlang geschmort.

Im Gegensatz zu Carcassonne, wo statt des Borstentiers Hammel oder Rebhuhn in den Topf wandern, oder Toulouse, wo Enten- und Gänseconfit sowie Knoblauchwurst für vollen Geschmack sorgen. Was das Cassoulet in Frankreich so berühmt machte, waren nicht nur seine kulinarischen Qualitäten und seine unbestreitbaren Vorteile als Magenfüller an kalten Tagen: Seit gut 100 Jahren wandert der Eintopf in Konserven, ist damit eines der ersten Fertiggerichte. Wer echtes Cassoulet kosten möchte, sollte einen kleinen Umweg in Kauf nehmen, etwa zur Auberge du Poids Public im winzigen Saint-Felix-Lauragais. Früher wurde auf der öffentlichen Waage vor dem Haus am Markttag das Vieh abgewogen – aber das ist über dreißig Jahre her. Heute serviert Claude Taffarello hier regionale Gerichte mit dem Charme der guten, alten Zeit: Foie Gras Terrine, gesalzen, gepfeffert und bei Tisch mit in heißem Wasser gewärmtem Messer in Scheiben geschnitten. Ravioli von confierten Entenmägen mit Gemüsen. Pilze aus den nahen Wäldern. Und natürlich ein uriges Cassoulet nach Art von Toulouse mit Wurst und Speck. »Viermal erhitzen wir das – nur so gelingt der Eintopf.«

Doseneintopf und Fisch im Glas als kulinarische Aushängeschilder einer Region? Wer es beim Lesen des Kapitels belässt, ohne die entsprechenden Gerichte zu kosten, mag das so verlockend wie einen Ausflug zum Burgergrill um die Ecke finden.

Von Grisettes und Pelardon

Doch man braucht einfach nur etwas Spürsinn, um exzellente Zutaten zu finden: Da gibt es die Grisettes de Montpellier, kleine Kugeln aus Honig und Lakritze, bestreut mit Rohrzucker. Sète gilt als wichtigster Tunfischhafen Frankreichs. Die schmackhaften, kleinen Pélardon Ziegenkäse findet man bei jedem gut sortierten Fromager. Süßholzwurzel, auch Lakritzwurzel genannt, wird in Uzès angebaut. Selbst in kleinen

Stille Tage am Canal du Midi. Hier kann man Hausboote mieten und im Rhythmus des Wassers gemächlich die Region durchqueren.

Rund um die Kirche kauern erdbraune Häuschen. Das Hinterland des Languedoc-Roussillon hat der Tourismus noch nicht erreicht.

In Sète wird so mancher dicker Fisch an Land gezogen. Morgens herrscht hier ein quirliges Durcheinander, nachmittags ruhiges Palaver, am Abend wird's romantisch.

Besuchen sie unsere Weinkeller: Nicht nur rund um Banyuls findet sich diese Aufforderung häufig am Straßenrand.

Der lange Schatten der iberischen Halbinsel: In Perpignan gibt es stimmungsvolle Marktstraßen, Stockfisch gehört zu den Spezialitäten.

Karstig und streng wirkt das Hinterland. Hier findet man die Festungen der Katharer.

Die Abbaye de Fontfroide gilt als Meisterwerk der sakralen Baukunst.

Der Hafen der Anchovis-Hauptstadt Collioure: Heute wird hier kaum mehr gefischt, eher geplanscht und gebadet.

Vor dem Opernhaus von Montpellier liegen die beliebtesten Caféterrassen der Stadt. Die Metropole des Languedoc ist eine typische Universitätsstadt, das Publikum meist sehr jung.

Les Arceaux: Beeindruckender Äquadukt in Montpellier. Darunter findet ein Markt statt.

Kirche und Kreuzgang der Zisterzienserabtei von Valmagne wurden im 13. und 14. Jahrhundert errichtet, der Rest stammt aus dem 17. Jahrhundert.

Kulinarische Mitbringsel aus der Region: Gesalzene Anchovis, Banyulsessig und eingelegte Muscheln überstehen auch die Heimfahrt.

Dörfern können kaum bekannte Gaumen-Überraschungen warten: das Halleluja von Castelnaudary etwa, ein länglicher Biscuit nach einem Rezept aus dem 18. Jahrhundert. Die Bitterroise aus Béziers, eine Brioche mit Orangenblütenwasser mit Korinthen und Apfelmarmelade. Die Bougnette, eine Art große Frikadelle aus Schweinefleisch, die – warm oder kalt serviert – seit dem 14. Jahrhundert in den Bergdörfern des Hérault zubereitet wird.
Aus den 7500 Hektar des Bassins von Thau stammen Austern. Eine besondere Köstlichkeit sind die flachen, die Huîtres plates, die kaum exportiert werden.
Und doch konnte das Languedoc, kulinarisch gesehen, von seinen Traditionen nie recht profitieren. Fast scheint es, als schäme man sich hier der simplen, lokalen Spezialitäten. In der Provence oder an der Côte wird jeder Wirt seinen Sou fassum als den besten des Mittelmeers anpreisen. Seine Trüffeln sind natürlich die aromatischsten des ganzen Südens, das Rezept für seine Tapenade hat ihm die Großmutter anvertraut. Im Languedoc hingegen wird das Rezept der Großmutter nur im Familienkreis aufgetischt.

Schatzkammer für Liköre und mehr

Nur ein Erzeugnis des Languedoc kennt garantiert jeder: Perrier-Mineralwasser.
Eine kleine Schatzkammer ist die Region auch für Liköre, Spirituosen und Aperitifs: den Wermut Noilly Prat, der jedem Küchenchef bestens bekannt ist. Den leicht bitteren Byrrh, der seit 1873 mit Wein aus Malaga, Orangen- und Kaffeeextrakten, Zimt und Kräutern produziert wird. Die traditionsreiche Cataroise de Béziers mit Aromen von Haselnüssen, Pflaumen und Honig, von dem heute nur noch 300 bis 500 Hektoliter hergestellt werden. Den Cartagène-Likör aus Most der regionalen Rebsorten wie Grenache Noir, Mourvèdre, Syrah und Cinsault. Den süßen Digestif namens Micheline, der 1900 auf der Weltausstellung in Paris einen Preis für sein Rezept aus Koriander, Melisse, Zimt, Muskatnuss, Kardamom, Gewürznelke, Wasser und Alkohol gewann. Nussliköre wie den von Benoît Serres. In der Destillerie werden seit 1841 für den aromatischen Nusslikör grüne, unreife Perigord-Walnüsse jedes Jahr im Juli in Eau de Vie eingelegt. Ganze vier Jahre dauert es, bis der Schnaps den Nussgeschmack angenommen hat.

Aus Carcassonne stammt seit 1885 der Or-Kina, ein Aperitif aus Weißwein, Orangen, Zitronen, Kamille und Enzian. Mit dem Slogan »Wer Or-Kina nicht getrunken hat, hat nicht getrunken,« war der Likör zu Belle Epoque Zeiten auch in Paris ein voller Erfolg.

Die Küche des Languedoc-Roussillon schaut im Norden Richtung Provence, im Süden nehmen die spanisch-katalanischen Einflüsse zu. Seeteufel-Bourride und Aigo boulido sind typisch für Montpellier, auch den Stier-Schmortopf Gardiane de Taureau findet man noch in einigen Restaurants. Austern und Miesmuscheln aus Bouzigues bevölkern die Meeresfrüchteplatten. In Sète gibt es ebenfalls die Fischsuppe Bourride, Tintenfische mit Sauce Rouille, gefüllte Miesmuscheln oder gratinierte Langusten ebenso wie das »Arme-Leute-Gericht« namens Soupe rouge aus kleinen Fischen und Schwimmkrabben.
Rund um Perpignan hingegen waren die Köche seit jeher echte Aromen-Abenteurer: »À la catalane« (nach katalanischer Art) heißen in der Region fast alle spanisch inspirierten Gerichte. Ein einheitliches Rezept gibt es nicht, dafür sind die Überraschungen auf dem Teller um so größer: Das Civet de Langouste à la catalane ist ein Langustenragout, flambiert mit Eau de Vie, leicht geschmort mit Banyuls-Süßwein, garniert mit Tomate, Knoblauch, Schalotten und einer Prise Cayennepfeffer. Riz à la catalane ähnelt der Paella. Tauben à la catalane werden im Schmortopf mit Schinken, Knoblauch und Bitterorangen gegart.
Ein Festtagsgericht für den Ostermontag ist die Cargolade: Über Weinreben gegrillte Schnecken, mit Salz, Piment und zuweilen Kräutern gewürzt, werden mit einem Stück fast geschmolzenem Speck verspeist. Dazu gibt es Aioli und Röstbrot. Zur echten Cargolade gehört ein »zweiter Gang« mit Grillwurst, Lammkoteletts und Botifarres (Blutwurst).
Auch rustikale Bauernkost trifft man auf Kataloniens Speisekarten: Die Ollada ist ein Pot-au-feu von Schweinshaxe, traditionell zubereitet in der Olla (Schmortopf), in die Bullinada wandert neben Wolfsbarsch, Seeteufel, Drachenkopf, Piment und Kartoffeln sogar eine Spur Schweinefett. Das klingt gewagt, ist aber letztendlich kennzeichnend für eine Region, die von Jägern, Bauern und Fischern bestimmt wird.

Diese Walnüsse werden im Languedoc zu einem aromatischen Likör.

Fisch

Dorade, Rouget & Saint Pierre

Das Austernmesser fest in der Hand: Wer in einer französischen Brasserie Meeresfrüchteplatten zusammenstellt, kennt jeden Griff. Die flinksten Austernöffner werden in einem Wettbewerb gekürt.

»Venez, venez, venez«, klingt es von rechts. »Kommen Sie, kommen Sie.« Links verspricht man uns eine »très belle daurade« im rollenden Akzent des Südens. »Il n'est pas cher mon poisson« – »Mein Fisch ist auch gar nicht teuer«. Vor uns türmen sich die Meerestiere auf dem Markt von Nizza – aber wir könnten genau so gut auf dem Marché Forville in Cannes sein oder auf einem der Märkte zwischen Sète und Collioure. Selbst im mondänen Saint Tropez gibt es einen Fischmarkt in einer überdachten Passage in Hafennähe. »Vielleicht ist er nicht teuer«, meinen wir, »aber ist er denn auch gut?« Der Fischhändler schiebt die Augenbrauen zusammen, streicht sich die Hände an der Schürze ab. So eine Frage aus dem Mund eines Ausländers, mon Dieu, das geht an die Ehre. »Hier, schauen Sie sich mal die Dorade an. Ihr Fleisch ist fest, besonders in der Bauchgegend. Die Augen sind rund und stehen leicht vor, keine Spur von Blut. Die ist

Brasse (links), Seeigel, Rotbarben – drei Köstlichkeiten des Meeres. Falls rohe Seeigel für Sie gewöhnungsbedürftig klingen: Probieren Sie die stacheligen Meeresbewohner warm mit einem Wachtelei in der Schale.

frisch. Die nehme ich ihnen sofort aus – dann am besten heute noch essen.« »Wieso heißen die kleinen Fische dort drüben auch Doraden?« fragt eine ältere Madame mit prallvollem Einkaufskorb. Der Fischhändler stöhnt und erklärt: »Die beste Sorte ist die Dorade Royale (Goldbrasse), mit silberner Schuppenhaut und weißem, magerem, aromatischem Fleisch. Dann folgt die Dorade rose (Meerbrasse), eher goldfarben mit schwarzen Flecken. Schmeckt nicht ganz so fein. Die Dorade grise (Streifenbrasse) ist billiger als die anderen Sorten und kleiner. Meist nur 300 bis 400 Gramm. Aber ein guter Kauf ist das nicht: Gräten, Kopf und sonstige Abfälle machen 50% des Gewichts aus. Wenn Sie mich fragen: Nehmen Sie besser eine schwere Dorade Royale von einem Kilo als vier Minifischchen zu 250 Gramm. Der Anteil an Gräten und Abfall ist letztendlich geringer, außerdem schmeckt die große Dorade besser.«
»Vendu« – verkauft, heute abend gibt es Dorade. Und morgen vielleicht Loup de Mer, den edlen

Der küstennahe Fischfang liefert die besten Meerestiere. Große Trawler bleiben lange auf See, ihr Frischfisch ist manchmal zehn Tage alt.

Auf dem Fischmarkt in Perpignan kaufen nicht nur Privatleute, sondern auch Profis. Jedes Meerestier wird nach Größe und Gewicht kalibriert.

Traditionelle Fischhändler präsentieren ihre Ware »im Ganzen«. Dann kann der Kunde anhand der Augen und Kiemen die Frische abschätzen.

Wolfsbarsch. Wie bei vielen Fischen hängt seine Qualität stark davon ab, wie er gefangen wurde: Ist er den Fischern irgendwo in den Tiefen des Meeres ins Netz gegangen, ersäuft er förmlich, wenn er an Bord geholt wird, seine Schwimmblase sowie die Blutgefäße rings um die Augen platzen. Im Handel erkennt man diese Barsche am schlaffen Bauch und den roten Augen – keine gute Ware. Besser ist der geangelte Loup: Am festen, harten Fleisch, besonders am Bauch, und der glänzenden grauen Farbe erkennt man Qualität. Alte Wolfsbarsche haben eingefallene Augen und schlaffes Fleisch.

Und dann der Saint Pierre, der Petersfisch. Sein Name kommt vom schwarzen Fleck, den er an jeder Seite trägt: Der Legende nach ist dies der Daumenabdruck des heiligen Petrus. Frischen Petersfisch erkennt jeder problemlos. Binnen drei Tagen stumpft sein anfangs leuchtendes Grau ab, an der Rückenflosse tritt eine zähschleimige Flüssigkeit aus. Im frischen Zustand hingegen verfügt er über klare schwarze hervorstehende Augen, die Rückenflosse steht fast senkrecht. Nur wenn sie richtig spitz wirkt, ist der Petersfisch erst vor kurzem aus dem Meer gezogen worden. Obwohl der Petersfisch, wie alle Meeresbewohner, länger angeboten wird, ist er von April bis Juli besonders gut. Zwischen 1 und 1,2 Kilo sollte ein Saint Pierre schon wiegen – das klingt nach viel, aber der riesige Kopf, Gräten und Flossen sorgen für gut 60 % Abfall beim Filetieren.

Der Klassiker der Küche des Südens ist die Rouget de Roche (Streifenbarbe). Schon Escoffier veröffentlichte 1933 in seinem Guide Culinaire nicht weniger als 17 Rouget-Rezepte. Die wahren Rouget-Liebhaber essen die kleinen Fische am liebsten frisch aus dem Meer: gegrillt, aber ungewaschen, ungeschuppt und nicht ausgenommen. Neben dem Fleisch gilt ihnen besonders die Leber als Delikatesse.

Aber Rotbarbe ist nicht gleich Rotbarbe: Edelste Sorte sind die erwähnten Streifenbarben, also die Rougets de Roche, die besonders im September die Auslagen der Fischhändler schmücken. Die etwas weniger feinen roten Meerbarben werden von Mai bis Juli angeboten. Zum Glück gibt es einen sichtbaren Unterschied: Rougets de Roche haben eine eher runde »Stirn«, rote Meerbarben blicken etwas kantiger drein. Die erste Rückenflosse der Streifenbarbe ist braungelb, die der roten Meerbarbe ist fast farblos.
Beide Fische sind höchst empfindlich, beim Kauf sollte man unbedingt darauf achten, dass keine Schuppen vom Fisch abfallen und keine Risse oder Beschädigungen im Bauchbereich vorliegen. Die Augen der frischen Rotbarbe stehen oval hervor und sind transparent. Schimmern die Augen des Fisches rot oder verliert er seine Farbe, ist der Fisch zu alt.
Und ganz wichtig: auf die Größe der Tiere achten. Rotbarben aus Atlantik oder Mittelmeer sind in der Regel zwischen 10 und 25 cm lang. Die kleineren gelten gleichzeitig als die schmackhaftesten. Größere Exemplare werden z. B. vor der Küste des Senegal gefischt. Sie schmecken bei weitem nicht so fein wie ihre europäischen Vettern.
Auch die scheinbar alltägliche Sardine kann eine Köstlichkeit sein. Köche bevorzugen kleine, schön bläuliche Exemplare, überalterte Sardinen erkennen Sie an Beschädigungen im Bauchbereich, verlorenen Schuppen und braun angelaufenen Kiemen. Der recht fette Sommerfisch (Fangzeit: April–September) schmeckt sowohl gegrillt als auch gebraten und mariniert.

Miesmuscheln und Austern sind Spezialitäten – besonders in der südfranzösischen Stadt Bouzigues.

Zwischen Seeigeln und Schwimmkrabben findet sich oft ein Meeresbewohner von besonders kuriosem Aussehen: der Drachenkopf (Rascasse). Der Name ist eher noch geschmeichelt. Ein brauner bis roter Rascasse kann über 30 cm lang und zwei bis drei Kilo schwer werden. Wer einmal einen Drachenkopf zu filetieren versucht hat, fragt sich nachher, wo dieser Fisch eigentlich keine Gräten hat. Schon deshalb ist der Rascasse ein idealer Fisch für eine zünftige Bouillabaisse.
Im Schönheitswettbewerb auf dem Fischregal kann höchstens der Seeteufel mit dem Drachenkopf konkurrieren. Nomen est omen, einige Händler finden das auch Lotte oder Baudroie genannte Meerestier so hässlich, dass sie den Anblick des Kopfes ihren Kunden nicht zumuten wollen. In frischem Zustand ist das Fleisch des Seeteufels weiß und das Blut kräftig rot. Bei altem Fisch hat sich das Fleisch gelblich und das Blut braun verfärbt. Der Seeteufel hat nur eine stabile Rückengräte, die Filets lassen sich gut auslösen.
Noch zarter und feiner als die Filets sind die Lottebäckchen am Haupt des hässlichen Meerestie-

res. Sie sind zwar nur etwa so groß wie ein Zwei-Euro-Stück, dafür aber um so köstlicher.

Tunfisch provenzalisch, oder Toun findet man an der gesamten Mittelmeerküste. Gängig ist die »rote Sorte« mit kräftig rotem Fleisch (es gibt auch eine »weiße« Variante, deren Fleisch weiß-rosa ist). Tunfisch oxydiert schnell, der Händler sollte Ihnen deshalb nach Möglichkeit eine frische Scheibe direkt vom Fisch herunterschneiden. Unangenehmer Geruch und schlaffes Fleisch sind ernst zu nehmende Alarmzeichen, die auf einen schon etwas betagten Toun hindeuten.
Richtig zubereitet ist der Tunfisch das Steak des Meeres: Er schmeckt nicht wirklich nach Fisch, sondern nach besonders zartem Kalbfleisch – und kann deshalb wie ein gutes Steak mit etwas Olivenöl, Zwiebeln, Tomaten, Thymian oder Lorbeer zubereitet werden. Die Fischer selbst bevorzugen Bauchlappen vom Tunfisch: Sie sind fetter, aber auch kräftiger im Aroma und ideal für den Grill.

An der Küste des Languedoc bereichern Austern und Miesmuscheln aus Bouzigues den Speisezettel, auch Kalmare, Sepias und Tintenfische in fast allen Formen und Größen finden sich auf jedem Markt. Doch wo ist der Stockfisch aus den vielen provenzalischen Rezepten? Ohne Stockfisch keine Brandade. Der Fischhändler lacht: »Der wird seit jeher vor Neufundland gefangen.« Zwischen dem 16. und dem 18. Jahrhundert war fast die Hälfte der französischen Fischer hinter dem Kabeljau her, der anschließend zu Konservierungszwecken gesalzen und luftgetrocknet wurde. In Bordeaux und Sète wurde eingesalzener Kabeljau, so genannter Morue verte, ebenfalls getrocknet.
»Et voilà!« Der Händler reicht uns die Tüte mit unserer filetierten Dorade herüber. »Haben Sie an mich gedacht?« fragt ein schlanker Herr in weiß hinter uns. Der Mann am Fischstand reicht ihm wortlos zwei kuriose Krustentiere, eine Art kopflose Languste. »Cigales de Mer – Meerzikaden« sagt er mit Verschwörerblick. »Schmeckt wie Languste, nur besser. Ist aber ganz selten. In der ganzen Region holen unsere Fischer gerade mal 100 Kilo pro Jahr aus dem Wasser. Manche Köche schicken sogar Taucher auf die Jagd nach Cigales. Wenn sie mal eine im Restaurant finden, greifen Sie zu. Aber erzählen Sie bloß nicht, dass ich welche habe. Die Cigales sind nur für meine Freunde – und natürlich für mich.«

Dorade, Wolfsbarsch und Lotteschwänze: Der Zusatz »sauvage« auf dem Preisschild heißt, dass die Ware tatsächlich noch im Meer gefangen wurde und nicht von einer der zahlreichen Aquafarmen stammt.

Hafenpanorama in Cannes: Auch wo der Tourismus herrscht, wird noch gefischt.

Meeresfrüchte, Austern und Miesmuscheln preist diese »Beschilderung« in Sète.

Ein echter Fischer weiß, wie er seine Ware anbietet: Was nicht für Küche und Märkte bestimmt ist, wird zu maritimen Souvenirs.

Poivrons rôtis aux anchois

Gegrillte Paprikaschoten mit Sardellen

Zubereitungszeit: 1 Std.
Pro Portion ca.: 220 kcal

Zutaten für 4 Personen:
150 g Sardellenfilets (Anchovis) in Salz
4 große rote Paprikaschoten
1 kleines Bund Petersilie
3–4 Knoblauchzehen
1 EL Essig (z.B. Banyulsessig)
5 EL Olivenöl
Salz, Pfeffer

Die Sardellenfilets kalt abspülen und ca. 1 Std. in kaltem Wasser wässern. Dabei das Wasser so oft wie möglich wechseln.

Inzwischen den Backofen auf 250° (Umluft 230°) vorheizen. Die Paprikaschoten halbieren, putzen und waschen. Die Hälften mit der Schnittfläche nach unten auf das Backblech legen und im heißen Ofen ca. 15 Min. backen, bis die Haut der Paprika Blasen wirft und dunkel wird.

Schoten aus dem Ofen nehmen und ca. 10 Min. stehen lassen. Inzwischen die Petersilie waschen und trockenschütteln. Die Blättchen abzupfen und fein hacken. Den Knoblauch schälen und ebenfalls fein hacken. Den Essig mit dem Öl zu einer cremigen Sauce verschlagen, mit Salz und Pfeffer würzen.

Die Haut der Paprikaschoten abziehen, die Schoten in Streifen schneiden und in eine flache Schale oder auf einem großen Teller legen. Mit der Sauce begießen. Petersilie und Knoblauch mischen und darüber streuen. Die Sardellen gut abtropfen lassen und auf den Paprikaschoten anrichten.

Escalivada

Gemüse aus dem Ofen

Zubereitungszeit: 20 Min.
Backzeit: 50–60 Min.
Pro Portion ca.: 250 kcal

Zutaten für 4 Personen:
2 Auberginen (ca. 500 g)
4 Zucchini (ca. 400 g)
je 1 rote und grüne Paprikaschote
4 Tomaten (ca. 400 g)
4 rote oder weiße milde Zwiebeln
6 fleischige Knoblauchzehen
6 Zweige Thymian
2 Lorbeerblätter
Salz, Pfeffer
8 EL Olivenöl
1/2 Bund Petersilie
2 EL Zitronensaft oder Weißweinessig

Den Backofen auf 200° vorheizen. Auberginen und Zucchini waschen und putzen. Das Gemüse der Länge nach in 1 cm dicke Scheiben schneiden. Die Paprikaschoten halbieren und putzen, die Hälften jeweils in 3 Stücke schneiden. Die Tomaten halbieren, die Zwiebeln schälen und in dicke Scheiben schneiden. Den Knoblauch schälen. Die Kräuter waschen und trockenschütteln.

Das Gemüse dachziegelartig in die Fettpfanne des Backofens schichten und mit Salz und Pfeffer würzen, Knoblauch und Kräuter dazwischen verteilen. 100 ml Wasser angießen und 6 EL Öl darüber gießen. Das Gemüse im heißen Ofen (Mitte, Umluft 180°) 50–60 Min. backen, bis es schön gebräunt ist.

Die Petersilie waschen und trockenschütteln. Die Blättchen abzupfen und sehr fein hacken. Den Zitronensaft mit dem übrigen Öl verrühren. Petersilie untermischen. Das Gemüse lauwarm abkühlen lassen, mit der Petersilienmischung bestreuen und abkühlen lassen.

Das Ofengemüse schmeckt als Vorspeise ebenso gut wie als Beilage. Sie können es auch mit Fenchel oder Staudensellerie zubereiten. Dazu Fenchelknolle in Streifen, Selleriestangen in mundgerechte Stücke schneiden.

Einfach alltäglich war Ziegenfrischkäse in früheren Zeiten für die südfranzösischen Bauern. Heute gilt er mit Recht als Delikatesse.

Pain à la Tomate, *das im Roussillon auch Pa amb Tomàquet heißt, als kleinen Imbiss vor Ziegenkäseterrine oder Melonensuppe reichen. Für 4 Personen 4 Brotscheiben im 250° heißen Ofen in 4–5 Min. knusprig backen. 2 sehr reife Tomaten waschen und quer halbieren. 1 Knoblauchzehe schälen. Die Brote zuerst mit dem Knoblauch einreiben, dann die Tomaten mit der Schnittfläche nach unten ebenfalls über die Brotscheiben reiben. Die Brote salzen und mit Olivenöl beträufeln. Nach Belieben mit 1 Scheibe luftgetrocknetem Schinken oder 2–3 Sardellenfilets belegen.*

Gaspacho au melon

Kalte Melonensuppe

Zubereitungszeit: 30 Min.
Kühlzeit: mindestens 2 Std.
Pro Portion ca.: 210 kcal

Zutaten für 4 Personen:
1 größere rote Zwiebel
3 Knoblauchzehen, 5 Zweige Thymian
1 EL Olivenöl
150 ml Banyuls (ersatzweise Portwein)
2 TL Honig
1/2 große Zuckermelone (Charentais, ca. 650 g)
150 ml Mineralwasser, Salz, Pfeffer
1 EL Essig (z.B. Banyulsessig oder anderer Weinessig)
50 g Serranoschinken in dünnen Scheiben

Zwiebel und Knoblauch schälen und fein würfeln. Thymian waschen, Blättchen abstreifen. Zwiebel, Knoblauch und Thymian im Öl bei mittlerer Hitze unter Rühren ca. 5 Min. dünsten. Dann Banyuls und Honig dazugeben und alles bei schwacher bis mittlerer Hitze ca. 10 Min. leise kochen lassen. Etwas abkühlen lassen.

Melonenhälfte putzen, schälen und in Würfel schneiden. Melonenstücke mit der Zwiebelmischung so fein wie möglich pürieren und mit dem Mineralwasser verdünnen. Suppe mit Salz, Pfeffer und dem Essig abschmecken und mindestens 2 Std. kühl stellen.

Vor dem Servieren Serranoschinken in feine Streifen schneiden. Die kalte Suppe nochmals abschmecken und mit dem Schinken bestreut servieren. Dazu passt Toastbrot oder Baguette.

Terrine de chèvre

Ziegenkäseterrine mit Paprikacoulis

Zubereitungszeit: 40 Min.
Kühlzeit: 4 Std.
Bei 6 Personen pro Portion ca.: 340 kcal

Zutaten für 1 Kastenform von 18 cm Länge:
Für die Terrine:
je 1 Zweig Thymian, Petersilie und Estragon
2 Knoblauchzehen
4 Blatt helle Gelatine, 300 g Ziegenfrischkäse
100 g Crème fraîche, 3 EL fruchtiges Olivenöl
1 TL abgeriebene Zitronenschale
Salz, Pfeffer, 1 Prise Zucker
Für den Paprikacoulis:
2 große rote Paprikaschoten
1 Zwiebel, 2 Knoblauchzehen, 4 EL Olivenöl
je 2–3 Zweige Thymian, Rosmarin und Bohnenkraut
1 Lorbeerblatt, 2 EL Weinessig
80 ml trockener Weißwein oder Gemüsefond
Salz, Pfeffer, 1/2–1 TL Honig

Für die Terrine Kräuter waschen und fein hacken. Knoblauch schälen, halbieren, in feine Scheiben schneiden.

Gelatine ca. 10 Min. in kaltem Wasser einweichen. Frischkäse mit Crème fraîche und Öl glatt rühren. Kräuter, Knoblauch und Zitronenschale untermischen, alles mit Salz, Pfeffer und Zucker abschmecken.

Gelatine tropfnass in einen kleinen Topf geben und bei schwacher Hitze schmelzen, aber nicht kochen lassen. Gelatine mit wenig Käsecreme verrühren, dann unter den Rest der Käsemasse mischen. Kastenform mit Klarsichtfolie auskleiden. Käsemasse in der Form glatt streichen, mindestens 4 Std. kühl stellen.

Paprika waschen, halbieren, putzen und klein würfeln. Zwiebel und Knoblauch schälen und fein hacken. Mit Paprika im Öl andünsten. Kräuter waschen und mit Lorbeer, Essig und Wein dazugeben, alles zugedeckt bei schwacher Hitze ca. 15 Min. schmoren.

Kräuter entfernen, Paprika mit Salz, Pfeffer und ca. 1/2 TL Honig abschmecken und abkühlen lassen. Zum Servieren Terrine vorsichtig stürzen, Folie abziehen. Terrine in Scheiben schneiden, mit Paprikacoulis auf Tellern anrichten und mit etwas Honig beträufeln.

Ankunft des Tagesfangs im Hause Roque. Bevor die Anchovis silbern glitzernd im Glas landen, durchlaufen sie verschiedene Formen der Konservierung.

Die echten Anchois de Collioure werden von Hand filetiert.

Anchovis
Klein, fein und voller Würze

»Hart gekochte Eier, Paprika, eine Vinaigrette – und dazu die Anchovis aus dem Hafen von Collioure. Das ist der typische Salat der Region und für uns Katalanen der Himmel auf Erden.«

So lobt Didier Banyols aus dem Banyols & Banyols, einem hübschen Bistro in der Altstadt von Perpignan, den Salade catalane.
Collioure entpuppt sich als uriger Fischerort mit engen Gassen, über die Wäscheleinen gespannt sind, und einem sympathischen Boulevard, an dem sich Café neben Café drängt. Die Sardellen finden wir etwas weiter im Stadtinneren: Sie kommen von Desclaux oder von Roque. 10 bis 15 cm messen die grünblauen Fischchen mit den silbernen Flanken. Gefangen werden sie von April bis Mai sowie von September bis Oktober. Früher wurden dazu elegante katalanische Barken eingesetzt, heute sind es moderne Fischerboote. In mondlosen Nächten kann man mit etwas Glück den Pêche au Lamparo beobachten. Eine starke Lampe zieht dabei die nach Licht strebenden Fische förmlich ins Netz.
Einmal gefangen, werden sie zuerst in Salzfässern mit 200 Kilo Fassungsvermögen gelagert. Einen Tag bis einen Monat später werden Kopf und Innereien entfernt, dann lagert der Fisch 3 Monate in Fässern von 300 Kilogramm Inhalt: eine Schicht Salz, eine Schicht Anchovis, beschwert mit einem Gewicht von 30 bis 40 Kilo. Anchois au Sel (Sardellen in Salz) werden danach einfach mit frischer Lake in Gläser eingelegt. Für Sardellen in Öl hingegen werden die Fischchen nochmals gewaschen, von Hand filetiert und 24 Stunden auf Papier getrocknet. Jedes Glas trägt den Schriftzug »Anchois de Collioure« – was manchmal nicht ganz stimmt: Weil Port-Vendres die Nachfrage nicht befriedigen kann, werden Anchovis aus Saint-Jean-de-Luz, La Turballe, Lorient und Saint-Gilles-Croix-de-Vie angekauft.
Wir nehmen ein Glas mit Anchovis in Salz. Die Verkäuferin gibt uns noch einen Tipp auf den Weg: »Vergessen Sie zu Hause das Entsalzen nicht: Eine Stunde lang in kaltem Wasser – und wechseln Sie das Wasser alle 15 Minuten,« mahnt Madame und drückt uns ein Blatt mit Rezepten in die Hand: Frittierte Anchovis, Anchoviscreme, Anchovistoast. Wir werden länger als 60 Minuten warten müssen: Den himmlischen, katalanischen Salat gibt es erst zu Hause.

Salade catalane

Tomaten-Zwiebel-Salat mit Sardellen

Der Salat schmeckt auch mit grünen Oliven sehr gut und ohne Eier – auch wenn die im Original niemals fehlen.

Zubereitungszeit: 35 Min.
Pro Portion ca.: 270 kcal

Zutaten für 4 Personen:
2 rote Paprikaschoten
2 Eier
6 feste kleine Tomaten
2–4 milde weiße Zwiebeln (je nach Größe)
1 Hand voll Salatblätter (Romana- oder Kopfsalat)
1 TL Senf
3 EL Rotweinessig
Salz, Pfeffer
6 EL Olivenöl
20 Sardellenfilets (Anchovis) in Öl
1 EL schwarze Oliven nach Belieben

Für die Paprikaschoten Backofen auf 250° (Umluft 230°) vorheizen. Schoten waschen, halbieren und putzen. Mit den Schnittflächen nach unten auf ein Backblech legen und im heißen Ofen (Mitte) ca. 15 Min. backen, bis die Haut Blasen wirft und schwarz wird. Paprikaschoten kurz abkühlen lassen, häuten und in Streifen schneiden. Inzwischen die Eier in 8–10 Min. hart kochen, kalt abschrecken, schälen und achteln oder vierteln.

Die Tomaten waschen und achteln. Die Zwiebeln schälen und ebenfalls achteln oder in Ringe schneiden. Die Salatblätter waschen, trockenschwenken und in mundgerechte Stücke zupfen.

Senf mit Essig, Salz und Pfeffer verrühren. Das Olivenöl unterschlagen, bis eine cremige Sauce entstanden ist. Sardellenfilets abtropfen lassen.

Paprikastreifen mit Tomaten, Zwiebeln, Salat und Oliven mischen und auf Tellern anrichten. Mit Sauce beträufeln, mit Sardellenfilets und Eiern garnieren und servieren.

Rillettes d'espadon

Schwertfischpaste

Zubereitungszeit: 30 Min.
Kühlzeit: 2 Std.
Bei 6 Personen pro Portion ca.: 100 kcal

Zutaten für 4–6 Personen:
1 Schalotte, 1 Knoblauchzehe
1 Stange Staudensellerie
1 Möhre
je 2 Zweige Thymian, Rosmarin und Salbei
1 Lorbeerblatt
1 TL Pfefferkörner
1/4 l trockener Weißwein, Salz
1 Scheibe Schwertfisch (ca. 200 g)
1 EL Olivenöl
1 EL Crème fraîche
1 EL Zitronensaft, Pfeffer

Schalotte und Knoblauch schälen und grob zerkleinern. Den Sellerie waschen und putzen, die Möhre schälen. Das Gemüse in Stücke schneiden.

Die Kräuterzweige waschen und mit dem Gemüse, der Schalotte und dem Knoblauch in einen Topf geben. Lorbeer, Pfefferkörner und Weißwein dazugeben, alles salzen und zum Kochen bringen.

Den Sud zugedeckt bei mittlerer Hitze ca. 15 Min. leise kochen lassen. Den Fisch kalt abspülen und trockentupfen. Im Sud bei schwacher Hitze zugedeckt ca. 6 Min. ziehen lassen, dabei einmal umdrehen. Den Fisch offen im Sud abkühlen lassen.

Dann den Fisch herausnehmen und in Stücke schneiden. Schalotte und Knoblauch aus dem Sud fischen. Den Thymian herausnehmen und die Blättchen abstreifen. Fisch mit Schalotte, Knoblauch, Thymian, 4 EL vom Kochsud, Öl, Crème fraîche und Zitronensaft fein pürieren. Rillettes mit Salz und Pfeffer abschmecken und ca. 2 Std. kühl stellen. Mit geröstetem Weißbrot servieren.

Salade de lotte aux pêches

Seeteufelsalat mit Pfirsich

Zubereitungszeit: 35 Min.
Kühlzeit: 1 Std.
Marinierzeit: 1 Std.
Pro Portion ca.: 240 kcal

Zutaten für 4 Personen:
500 g sehr frisches Seeteufelfilet ohne Mittelgräte
2–3 Pfirsiche (je nach Größe)
4 Zitronen
4 EL fruchtiges Olivenöl
Salz, Pfeffer
1 milde weiße oder rote Zwiebel
1/2 Bund Basilikum

Das Seeteufelfilet in Frischhaltefolie wickeln und ca. 1 Std. anfrieren lassen. Dann Pfirsiche halbieren. Vom Stein befreien, in dünne Scheiben schneiden und auf einer Platte auslegen. Seeteufelfilet mit einem scharfen Messer oder der Aufschnittmaschine in hauchdünne Scheiben schneiden. Scheiben auf den Pfirsichen verteilen. Zitronen auspressen. 2 EL Saft mit dem Öl, Salz und Pfeffer mischen und über die Fischscheiben träufeln. Pfirsiche und Fisch mit Klarsichtfolie abdecken und 1 Std. im Kühlschrank marinieren.

Dann die Zwiebel schälen, vierteln und in sehr feine Streifen schneiden. Die Basilikumblättchen abzupfen und mit Küchenpapier abreiben. In kleine Stücke zupfen. Pfirsich- und Seeteufelscheiben mit Zwiebelstreifen und Basilikum bestreuen. Salat eventuell nochmals mit Salz und Pfeffer würzen und mit knusprigem Weißbrot servieren.

Im Sommer schmeckt diese feine und ungewöhnliche Vorspeise mit roh mariniertem Seeteufel besonders gut. Dann haben auch aromatische Pfirsiche Hochsaison.

Poissons bleus werden Fettfische in Südfrankreich genannt, weil ihre Haut so schön bläulich schimmert. Außer aromatischen Sardinen zählen dazu auch Makrelen, Tunfisch und Schwertfisch.

Artischocken mit kleinen Köpfen *sind so zart, dass sie in ihrer Mitte noch kein Heu gebildet haben und auch roh ein echter Genuss sind. Besonders fein schmecken die länglichen Exemplare mit den violetten Blättern, die man in Südfrankreich vor allem im Frühling auf allen Märkten kaufen kann.*

Calamars aux artichauts

Tintenfisch mit Artischocken

Zubereitungszeit: 35 Min.
Marinierzeit: 1–2 Std.
Pro Portion ca.: 270 kcal

Zutaten für 4 Personen:
6 Zweige Thymian
2 Knoblauchzehen
2 EL Zitronensaft
Salz, Pfeffer
7 EL Olivenöl
4 kleine violette Artischocken (beim Einkauf fragen, ob man sie roh essen kann)
400 g kleine Tintenfische
1 EL schwarze Oliven
50 ml trockener Weißwein
Zitronenschnitze zum Servieren

Thymian waschen und trockenschütteln, die Blättchen abstreifen. Knoblauch schälen und in hauchdünne Scheiben schneiden. Zitronensaft mit Salz, Pfeffer und 4 EL Olivenöl verrühren.

Artischocken waschen, die äußeren Blätter großzügig entfernen. Stiele spitz zuschneiden, Blattspitzen mit der Schere kürzen. Die Artischocken längs halbieren und in sehr dünne Scheiben schneiden oder hobeln. Sofort mit Zitronenöl, Thymianblättchen und Knoblauch mischen und 1–2 Std. im Kühlschrank marinieren lassen.

Tintenfische waschen, putzen und in reichlich kochendem Salzwasser 1 Min. blanchieren (Zeit erst rechnen, wenn das Wasser wieder kocht). Tintenfische in einem Sieb kalt abschrecken, abtropfen lassen und halbieren.

Das übrige Öl in einer Pfanne erhitzen. Die Tintenfische darin bei starker Hitze unter Rühren 3–5 Min. braten, bis sie eine schöne Farbe haben. Mit Salz und Pfeffer würzen. Die Oliven untermischen, mit dem Wein ablöschen.

Die warmen Tintenfische mit den Artischocken mischen und auf Tellern anrichten. Mit Zitronenschnitzen garniert servieren.

Sardines marinées aux aubergines

Marinierte Sardinen mit Auberginen

Zubereitungszeit: 45 Min.
Marinierzeit: 4 Std.
Kühlzeit: 2 Std.
Pro Portion ca.: 320 kcal

Zutaten für 4 Personen:
Für die Sardinen:
250 g frische Sardinen, 1 EL Zitronensaft
1 TL Meersalz (Fleur de sel)
1 EL Olivenöl
Für die Auberginenwürfel:
1 große Aubergine (ca. 460 g)
2 Knoblauchzehen
1 TL Fenchelsamen, 6 EL Olivenöl
75 ml Banyuls (ersatzweise Portwein)
1 TL Tomatenmark, Salz, Pfeffer
4 Scheiben Toastbrot
Zitronenschnitze, Salbeiblätter oder Kirschtomaten zum Servieren
Öl für die Förmchen

Sardinen waschen, schuppen, ausnehmen und entgräten. Sardinen mit einem großen Messer sehr klein würfeln. Zitronensaft mit dem Meersalz verrühren, Öl und Sardinen untermischen. Die Sardinen zugedeckt ca. 4 Std. marinieren.

Aubergine schälen und klein würfeln. Knoblauch schälen und fein hacken. Auberginenwürfel mit Fenchelsamen und Knoblauch in 4 EL Öl bei mittlerer Hitze unter Rühren ca. 10 Min. braten. Mit Banyuls ablöschen, Tomatenmark untermischen. Aubergine salzen, pfeffern und offen weitere 10 Min. garen, bis die Flüssigkeit verdampft ist. Abkühlen lassen.

Vier Förmchen von je ca. 1/8 l Inhalt mit Öl ausstreichen. Sardinen in die Förmchen verteilen. Auberginen darauf verteilen und etwas andrücken. Ca. 2 Std. kühl stellen.

Brotscheiben in Förmchengröße schneiden, im übrigen Öl goldbraun braten und auf Teller legen. Die Sardinen-Auberginen-Masse mit einem Messer vom Förmchenrand lösen und auf die Brotscheiben stürzen. Mit Zitronenschnitzen, Kräutern oder Kirschtomaten garniert servieren.

Diese exklusive und feine Vorspeise *ist eine Spezialität des Restaurants Chez Philippe in Marsaillan, einem kleinen Ort, in dem auch der aromatische Noilly Prat hergestellt wird. Die Blini, die im Restaurant den zarten Fisch begleiten, werden hier durch ein saftiges Zucchinibrot ersetzt – es ist einfacher zu machen und ebenso köstlich. Bereiten Sie es zu, während der Lachs mariniert.*

Saumon mariné

Marinierter Lachs mit Noilly-Prat-Schaum

Zubereitungszeit: 1 Std.
Marinierzeit: 4 Std.
Pro Portion ca.: 370 kcal

Zutaten für 4 Personen:
Für den Lachs:
1/2 unbehandelte Zitrone
1 Stück frischer Meerrettich (ca. 1/2 cm)
200 g sehr frischer Lachs
Salz, Pfeffer
1 Prise gemahlener Koriander
75 g geräucherter Lachs
1 EL Crème fraîche
Öl für die Förmchen
Für den Noilly-Prat-Schaum:
2 Schalotten, 1 Knoblauchzehe
100 ml Fischfond
50 ml trockener Weißwein
75 ml Noilly Prat
100 g Sahne, 40 g kalte Butter
Salz, Pfeffer
Kräuterblättchen zum Garnieren

Für den Lachs die Hälfte der Zitronenschale sehr dünn abschneiden und fein hacken. Saft auspressen. Meerrettich schälen und sehr fein hacken. Den frischen Lachs waschen, trockentupfen. Gräten mit einer Pinzette herauslösen. Lachsfleisch in sehr kleine Würfel schneiden und mit Zitronenschale, 1 EL Saft, Meerrettich, Salz, Pfeffer und Koriander mischen und zugedeckt 4 Std. kühl stellen.

Dann den Räucherlachs fein schneiden und mit Crème fraîche unter den marinierten Lachs mischen. Masse abschmecken und in vier geölte Förmchen füllen.

Für den Schaum Schalotten und Knoblauch fein hacken. Mit Fischfond und Wein ca. 10 Min. bei mittlerer Hitze kochen lassen. Sieben, mit Noilly Prat und Sahne auf etwa die Hälfte einkochen lassen. Die Butter in Flöckchen untermixen. Mit Salz und Pfeffer abschmecken.

Lachsmasse vom Rand der Förmchen lösen, auf Teller stürzen. Sauce nochmals aufschäumen, neben die Lachsmasse gießen. Mit Kräutern garniert und Zucchinibrot servieren.

Pain de courgettes

Zucchinibrot

Zubereitungszeit: 30 Min.
Ruhezeit: 1 Std.
Insgesamt ca.: 1160 kcal

Zutaten für 1 Brot:
15 g frische Hefe
1/2 TL Honig, 1 EL Olivenöl
Salz, 300 g Mehl, 2 junge Zucchini (ca. 200 g)
3 Zweige Thymian
je 2 Stängel Petersilie und Basilikum
Backpapier für das Blech

Hefe zerkrümeln und mit ca. 180 ml lauwarmem Wasser und Honig verrühren. Mit Öl und 1/2 TL Salz zum Mehl geben und gut verkneten. Zugedeckt an einem warmen Ort ca. 1 Std. gehen lassen.

Backofen auf 230° (Umluft 200°) vorheizen. Backblech mit Backpapier auslegen. Zucchini waschen, putzen und fein raspeln. In einem Küchentuch gut ausdrücken. Kräuter waschen und ohne die groben Stiele fein hacken.

Teig mit Zucchini und Kräutern mischen. Auf dem Backblech zu einem 1 cm dicken Fladen ausrollen. Im heißen Ofen (Mitte) 20–25 Min. backen. Lauwarm servieren.

Beignets de morue

Stockfischbällchen

Ruhezeit: 1–2 Tage
Zubereitungszeit: 40 Min.
Pro Portion ca.: 450 kcal

Zutaten für 4 Personen:
400 g Stockfisch
4 Knoblauchzehen
4 Stängel Petersilie
1 Stück unbehandelte Zitronenschale
4 Sardellenfilets (Anchovis) in Öl
50 g Semmelbrösel, 2 Eier
Salz, Pfeffer
Chilipulver
Olivenöl zum Frittieren

Stockfisch mit kaltem Wasser bedecken. 1–2 Tage darin einweichen, dabei das Wasser möglichst oft auswechseln, damit der Fisch Salz verliert.

Dann den Fisch abtropfen lassen, in frisches kochendes Wasser geben und ca. 5 Min. bei schwacher Hitze kochen lassen. Abtropfen und abkühlen lassen.

Knoblauch schälen und fein hacken. Petersilie waschen, Blättchen zusammen mit der Zitronenschale sehr fein zerkleinern. Die Sardellenfilets abtropfen lassen und klein schneiden.

Den Fisch häuten, entgräten, fein zerkrümeln und mit den klein geschnittenen Zutaten, Semmelbröseln und Eiern zu einem Teig verkneten. Mit wenig Salz (Fisch und Sardellen sind würzig), Pfeffer und 1 Prise Chilipulver abschmecken und zu aprikosengroßen Bällchen rollen.

Bällchen im heißen Öl portionsweise ca. 4 Min. frittieren. Mit einem Schaumlöffel aus dem Fett heben und auf Küchenpapier gut abfetten lassen. Die Bällchen warm servieren. Dazu schmecken Zitronenschnitze und Aioli.

Œufs farcis aux anchois

Gefüllte Eier

Zubereitungszeit: 25 Min.
Pro Portion ca.: 280 kcal

Zutaten für 4 Personen:
7 große Eier
6 Sardellenfilets (Anchovis) in Öl
1/2 kleine rote Chilischote
1 TL Tomatenmark
3 EL Aioli (Seite 92, ersatzweise Mayonnaise aus dem Glas mit Knoblauch)
2 TL Essig
Salz, Pfeffer
Salatblätter und kleine Tomaten zum Garnieren

Die Eier in ca. 10 Min. hart kochen, kalt abschrecken, abkühlen lassen und schälen.

Inzwischen die Sardellenfilets abtropfen lassen und in feine Würfel schneiden. Die Chilischote waschen, putzen, entkernen und sehr fein hacken. Eier längs halbieren und die Eigelbe herauslösen. Das Eiweiß von 1 Ei fein hacken.

Eigelbe mit einer Gabel zerdrücken und mit Tomatenmark, Aioli und Essig verrühren. Sardellen, Chili und Eiweiß untermischen und mit Salz und Pfeffer abschmecken. Die Masse in die Eiweißhälften füllen.

Salatblätter waschen und trockenschwenken, Tomaten waschen und vierteln. Salat und Tomaten auf einer Platte auslegen. Die Eier darauf anrichten und servieren.

Pikante Vorspeise oder feiner Imbiss: Die gefüllten Eier kann man gut vorbereiten und auch auf einem Buffet anbieten.

Primeurs braisés

Gebratenes Frühlingsgemüse

Zubereitungszeit: 45 Min.
Pro Portion ca.: 250 kcal

Zutaten für 4 Personen:
1 kg gemischtes Frühlingsgemüse (z. B. kleine violette Artischocken, Radieschen, weiße Rübchen, junge Möhren, dicke Frühlingszwiebeln, Zucchini – eventuell mit Blüten – und neue Kartoffeln)
8 EL Olivenöl
1/2 Bund Petersilie
Salz, Pfeffer
1 Prise geriebene Muskatnuss oder gemahlener Koriander

Das Gemüse putzen, waschen oder unter fließendem Wasser abschaben. Von den Artischocken die äußeren Blätter großzügig entfernen. Stiele spitz zuschneiden, Blattspitzen mit der Schere kürzen, die Artischocken achteln. Radieschen und Rübchen je nach Größe ganz lassen oder halbieren. Dickere Möhren der Länge nach vierteln. Frühlingszwiebeln ganz lassen, halbieren oder vierteln, Zwiebelgrün abschneiden und beiseite legen. Kleine Zucchini ganz lassen, größere längs durchschneiden. Die Kartoffeln vierteln.

Das Öl in einer großen Pfanne erhitzen. Die Kartoffeln und die Artischocken hineingeben und unter Rühren bei mittlerer Hitze ca. 5 Min. braten.

Dann das übrige Gemüse hinzufügen und zugedeckt weitere 10–12 Min. braten, bis alle Gemüse bissfest sind. Dabei ab und zu durchrühren.

Das Zwiebelgrün fein schneiden. Die Petersilie waschen und fein hacken. Gemüse mit Salz, Pfeffer und Muskat oder gemahlenem Koriander abschmecken und mit Zwiebelgrün und Petersilie bestreut servieren.

Pommes de terre aux anchois

Kartoffeln mit Sardellen

Zubereitungszeit: 40 Min.
Pro Portion ca.: 230 kcal

Zutaten für 4 Personen:
800 g kleine fest kochende Kartoffeln
Salz
1 Zwiebel
4 Knoblauchzehen
je 3 Zweige Thymian und Bohnenkraut
4 EL Olivenöl
10 Sardellenfilets (Anchovis) in Öl
1/2 Bund Petersilie
1 EL Zitronensaft
2 TL Anchoiade (Seite 26)
Pfeffer

Die Kartoffeln waschen und mit der Schale in Salzwasser in 15–20 Min. knapp bissfest kochen. Abgießen, etwas auskühlen lassen und schälen. Kartoffeln je nach Größe halbieren oder vierteln.

Zwiebel und Knoblauch schälen. Die Zwiebel vierteln und in feine Streifen schneiden, den Knoblauch in dünne Scheiben schneiden. Thymian und Bohnenkraut waschen und trockenschütteln, die Blättchen abstreifen oder abzupfen.

Das Öl erhitzen, die Kartoffeln darin 5 Min. braten. Kräuter, Zwiebel und Knoblauch bei schwacher bis mittlerer Hitze weitere 5 Min. mitbraten, bis die Kartoffeln gebräunt sind.

Inzwischen Sardellenfilets abtropfen lassen und klein schneiden. Petersilie waschen. Blättchen abzupfen und fein hacken. Sardellen und Petersilie unter die Kartoffeln mischen und alles kurz weiterbraten.

Den Zitronensaft und die Anchoiade untermischen und die Kartoffeln mit Salz und Pfeffer abschmecken.

Die würzigen Kartoffeln schmecken als Beilage zu Fleisch und Fisch und sind mit Salat auch ein kleines Hauptgericht.

Pilze, die man auf den Grill legen will, sollten groß sein. Statt Steinpilzen schmecken auch große Champignons, Egerlinge oder Parasolpilze.

Ob Steinpilze, Pfifferlinge *oder andere würzige Pilze – vor allem im Sommer und Herbst bereichern sie viele Gerichte des Südens. Im Roussillon kommen in der Nähe von Amélie-les-Bains besonders viele Pilze vor. Außerhalb der Saison lässt sich die Tourte aux Girolles auch mit Artischocken zubereiten. Dazu kleine Artischocken putzen, achteln und statt der Pfifferlinge mit Kräutern, Zwiebeln und Tomaten kurz braten.*

Cèpes grillés

Gegrillte Steinpilze

Zubereitungszeit: 25 Min.
Pro Portion ca.: 150 kcal

Zutaten für 4 Personen:
8 Steinpilzhälften (ca. 300 g)
6 Knoblauchzehen
1/2 Bund Petersilie
3 Zweige Thymian
6 EL Olivenöl
Salz, Pfeffer
Zitronenschnitze zum Servieren

Pilze mit einem feuchten Küchentuch gut abreiben. Knoblauch schälen und fein hacken. Petersilie und Thymian waschen und trockenschütteln. Petersilie fein hacken und mit Knoblauch und 3 EL Öl mischen. Thymianblättchen abstreifen und mit restlichem Öl mischen.

Holzkohle- oder Backofengrill anheizen. Die Pilze mit Salz und Pfeffer würzen und mit dem Thymianöl einpinseln. Die Pilze auf dem heißen Grillrost oder unter den Grillschlangen (ca. 10 cm Abstand) ca. 4 Min. grillen. Wenden und weitere 4 Min. grillen.

Pilze noch einmal wenden, mit der Petersilienmischung bestreichen und noch 2 Min. grillen. Die heißen Pilze mit Zitronenschnitzen servieren.

Tourte aux girolles

Gedeckte Pfifferlingstarte

Zubereitungszeit: 1 Std. 15 Min.
Backzeit: 40 Min.
Bei 4 Personen pro Portion ca.: 750 kcal

Zutaten für 1 Tarteform von 28 oder 30 cm Ø:
Für den Teig:
300 g Mehl + Mehl für die Arbeitsfläche
1 1/2 TL Salz, 150 g kalte Butter
1 Ei + 1 Eigelb zum Bestreichen, 1 EL Milch
Für die Füllung:
50 g durchwachsener Räucherspeck
1 Zwiebel, 6 Knoblauchzehen
1/2 Bund Petersilie, 4 Zweige Thymian
600 g frische Pfifferlinge
3 Tomaten, 1 EL Olivenöl, Salz, Pfeffer
2 EL Crème fraîche, 1 großes Ei

Für den Teig Mehl und Salz mischen. Butter, Ei und eventuell etwas Wasser unterkneten. Zu einer Kugel formen, in Klarsichtfolie wickeln und 1 Std. kühl stellen.

Inzwischen für die Füllung den Speck ohne Schwarte und Knorpel in kleine Würfel schneiden. Zwiebel und Knoblauch schälen und fein hacken. Kräuter waschen und fein schneiden. Die Pfifferlinge kurz kalt waschen, gut abtrocknen und putzen. Je nach Größe halbieren oder vierteln. Tomaten häuten, entkernen und klein würfeln.

Speck im Öl unter Rühren ca. 5 Min. braten. Pilze dazugeben und bei starker Hitze 10–15 Min. braten, bis die Flüssigkeit, die sich dabei bildet, wieder verdampft ist. Zwiebel, Knoblauch und Kräuter kurz mitbraten, Tomaten untermischen. Alles salzen und pfeffern, Crème fraîche mit dem Ei untermischen.

Backofen auf 180° vorheizen. Den Teig noch einmal durchkneten. Etwas mehr als die Hälfte abnehmen und zwischen zwei Lagen Klarsichtfolie rund und dünn ausrollen. Die Form mit dem Teig auskleiden. Pilzmischung auf dem Teig verteilen. Übrigen Teig ebenfalls rund und dünn ausrollen und auf die Füllung legen. Ränder gut zusammendrücken.

Tarte im heißen Ofen (Mitte, Umluft 160°) ca. 20 Min. backen, Eigelb mit der Milch verquirlen, die Tarte damit bestreichen und 20 Min. weiterbacken. Warm, lauwarm oder abgekühlt servieren.

Die Pakete voller Gigas-Austern werden zuerst nach Größe sortiert.

Austern so weit das Auge reicht: Wenn »geerntet« wird, kennt dieser Austernfischer keine Feiertage.

Austern
Rare Delikatessen

An der Küste rund um Bouzigues bietet sich ein eigenartiges Bild: Holzgestelle in Tischform ragen weit ins Meer, bis zu tausend Fäden hängen von jedem Tisch ins Meer hinein. An diesen Schnüren wachsen sie, die Austern aus Bouzigues.

»Culture en suspension« (Hängekulturen) heißt diese Art der Austernzucht in Frankreich. Nur die flachen Austern (Huître plate – Ostrea edulis) sind eine typisch einheimische Sorte. Die bekannteren Creuses sind sozusagen »Gastarbeiter«: Von 1883 bis 1970 gedieh hier die portugiesische Auster (Crossostrea angulata). Eine verheerende Krankheit raffte die Austern dahin, Ersatz kam durch die widerstandsfähigere Gigas (Crassostrea gigas) aus Japan. Auch heute noch kommen die jungen Austern aus Nippon oder von der Atlantikküste.

Nur in Monaten mit »r« zu verzehren, rät der Volksmund zum Thema Austern. Tatsächlich fällt die Paarungszeit der delikaten Schalentiere in die »r«-losen Monate, sie schmecken dann manchmal etwas »milchiger«.

Fragil, rar und teuer sind die erwähnten flachen, fast runden Austern – sie genießt man am besten direkt in der Region. Denn sie schließen sich weniger gut und eignen sich kaum für den Transport. Teuer sind sie schon deshalb, weil sie nur sehr langsam wachsen.

Tipp für beide Austernsorten: Direkt nach dem Öffnen sollte man das innen angesammelte Wasser weggießen und die Schalentiere ein wenig ruhen lassen. Das während der Wartezeit austretende Wasser schmeckt wesentlich besser.

Vorsicht bei gelb verfärbten Schalen oder bei grüngelb verfärbtem Fleisch. Austern, die spielend leicht zu öffnen sind, sollte man gleich aussortieren. Sie sind während des Transports abgestorben – die delikaten Schalentiere werden jedoch stets lebend verzehrt.

Kauft man Austern ganz frisch, kann man sie ohne weiteres ein paar Tage im Gemüsefach des Kühlschranks bei vier bis fünf Grad aufbewahren – sofern sie gut verschnürt sind, um sie vom »Gähnen« (dem Öffnen der Schalen) abzuhalten. Nur auf einem Bett aus gestoßenem Eis sollte man sie nicht aufbewahren, auch wenn zahllose Brasserien ihre Meeresfrüchteplatten derart anrichten. Geeiste Austern leiden nämlich im Geschmack, ebenso wie zu stark erhitzte: Wer seine Austern zubereiten möchte, sollte darauf achten, sie nur warm und nicht etwa heiß zu servieren.

Keine Tische im Meer, sondern Hängekulturen: Diese Holzkonstruktionen halten die Schnüre, an denen die Austern wachsen.

Huîtres au muscat

Austern in Muscatsauce

Für Austernfans, die die feinen Meeresfrüchte einmal anders essen wollen, und für alle, die Austern nicht roh schlürfen mögen.

Zubereitungszeit: 25 Min.
Pro Portion ca.: 180 kcal

Zutaten für 4 Personen:
1 dünne Stange Lauch
150 ml Muscat oder anderer Süßwein
24 Austern
2 Knoblauchzehen
4 Stängel Petersilie oder Basilikum
100 g Crème fraîche
Salz, Pfeffer
1 TL Zitronensaft

Den Lauch waschen und putzen, die weißen Teile in feine Ringe schneiden. Mit dem Muscat in einem Topf erhitzen und auf etwa die Hälfte einkochen lassen. Durch ein Sieb gießen.

Die Austern unter fließendem Wasser kalt abbürsten und mit einem Austernmesser öffnen. Die Austern mit einem Messer aus den Schalen lösen.

Den Knoblauch schälen und sehr fein hacken. Die Petersilie waschen und trockenschütteln, die Blättchen ebenfalls fein hacken.

Den Weinsud mit der Petersilie, dem Knoblauch und der Crème fraîche in einem weiten Topf erhitzen. Mit Salz, Pfeffer und dem Zitronensaft abschmecken. Die Austern einlegen und zugedeckt ca. 1 Min. im Sud pochieren. Mit dem Sud servieren. Dazu Baguette servieren, auch zum Dippen der Sauce.

Loup de mer et mousseline

Wolfsbarsch mit Kartoffel-Oliven-Püree

Zubereitungszeit: 40 Min.
Pro Portion ca.: 455 kcal

Zutaten für 4 Personen:
800 g vorwiegend fest kochende Kartoffeln
Salz, 100 g grüne Oliven ohne Stein
2 Wolfsbarsche (je ca. 400 g, vom Händler filetieren, aber nicht häuten lassen)
Pfeffer, 100 ml Gemüsefond
8 EL Olivenöl
Zitronenschnitze zum Garnieren

Kartoffeln schälen, waschen und würfeln. In Salzwasser zugedeckt bei mittlerer Hitze in ca. 20 Min. weich kochen.

Inzwischen die Oliven sehr fein hacken. Die Wolfsbarschfilets kalt waschen und trockentupfen, mit Salz und Pfeffer würzen.

Die gegarten Kartoffeln abgießen, mit dem Gemüsefond mischen und mit dem Kartoffelstampfer fein zerdrücken. 6 EL Olivenöl und die Oliven untermischen. Das Püree mit Salz und Pfeffer abschmecken und zugedeckt auf der abgeschalteten Herdplatte warm halten.

Das übrige Öl in einer großen beschichteten Pfanne erhitzen. Den Fisch auf der Hautseite bei starker Hitze anbraten. Fisch bei mittlerer Hitze ca. 3 Min. weiterbraten, bis die Haut gut gebräunt ist. Umdrehen, den Herd abschalten und den Fisch noch ca. 1 Min. in der Pfanne ziehen lassen. Mit dem Püree auf Tellern anrichten und mit Zitronenschnitzen garniert servieren. Dazu schmeckt auch Ratatouille (Seite 40) oder Escalivada (Seite 159).

Variante: Chili-Püree

Statt Oliven 2–3 rote Chilischoten waschen, putzen und klein würfeln. Mit dem Olivenöl unter das Püree mischen.

Rougets à la Sètoise

Rotbarben mit Gemüse

Zubereitungszeit: 50 Min.
Pro Portion ca.: 450 kcal

Zutaten für 4 Personen:
je 2 rote und grüne Paprikaschoten
500 g Tomaten, 2 Zwiebeln
8 Knoblauchzehen
je 2 Zweige Thymian, Salbei oder Bohnenkraut
6–8 EL Olivenöl
Salz, Pfeffer, Chilipulver
4–8 Rotbarben (je nach Größe)
1/2 Bund Petersilie
4 große Scheiben Weißbrot

Für die Paprikaschoten Backofen auf 250° (Umluft 230°) vorheizen. Schoten waschen, halbieren und putzen. Mit den Schnittflächen nach unten auf dem Backblech im heißen Ofen (Mitte) ca. 15 Min. backen, bis die Haut Blasen wirft. Kurz abkühlen lassen, häuten und in Streifen schneiden. Den Ofen auf 180° (Umluft 160°) herunterschalten.

Inzwischen Tomaten überbrühen, häuten und in kleine Würfel schneiden. Zwiebeln und Knoblauch schälen und fein hacken. Die Kräuter waschen und fein hacken.

Zwiebeln, Knoblauch und Kräuter in 2 EL Öl kurz anbraten. Tomaten offen bei mittlerer Hitze ca. 15 Min. leise kochen lassen. Mit Salz, Pfeffer und Chili abschmecken und in eine feuerfeste Form geben.

Die Rotbarben kalt waschen und trockentupfen. Innen und außen salzen und pfeffern. Petersilie waschen, in die Fische füllen. Fische auf die Tomatensauce legen, mit 2–3 EL Öl beträufeln, im Ofen (Mitte) ca. 15–20 Min. (je nach Größe) backen.

Die Hälfte des übrigen Öls erhitzen. Brotscheiben darin knusprig braten, auf Teller verteilen. Paprikastreifen im restlichen Öl kurz anrösten, salzen. Rotbarben und Tomaten auf das Brot setzen, mit Paprikastreifen garnieren.

Fischgerichte stehen in der quirligen Hafenstadt Sète in vielen Variationen auf der Speisekarte. Bei diesem Rezept werden die Rotbarben mit saftigem Gemüse und knusprigem Brot serviert.

Ein Rezept, *das die gemeinsamen Wurzeln der südfranzösischen und italienischen Küche beweist. Vor allem in Ligurien und an der Toskanaküste findet man Cozze ripieni, die mit einer sehr ähnlichen Füllung zubereitet werden. Der Unterschied: In Frankreich gibt's dazu Aioli (Seite 92) und Baguette und manchmal auch Safran in der Sauce.*

Moules farcies

Gefüllte Miesmuscheln

Zubereitungszeit: 1 Std.
Pro Portion ca.: 300 kcal

Zutaten für 4 Personen:
1,5 kg Miesmuscheln (möglichst große)
1/4 l trockener Weißwein oder Fischfond
2 Lorbeerblätter
1 TL Fenchelsamen
2 Scheiben unbehandelte Zitrone
Salz
1 Stange Lauch
4 Knoblauchzehen
2 Zweige Thymian
250 g gemischtes Hackfleisch
1 TL Tomatenmark
1 Eier
Salz, Pfeffer
Chilipulver
600 g Tomaten

Die Muscheln unter fließendem kaltem Wasser waschen. Geöffnete Muscheln aussortieren und wegwerfen.

Den Wein oder Fond mit 200 ml Wasser, Lorbeer, Fenchel, Zitronenscheiben und Salz zum Kochen bringen. Die Muscheln hineingeben und zugedeckt bei starker Hitze 3–5 Min. kochen lassen, bis sie sich öffnen. Muscheln abtropfen lassen, geschlossene wegwerfen. Den Sud sieben und beiseite stellen.

Den Lauch putzen und gründlich waschen, den weißen Teil sehr fein schneiden. Knoblauch schälen und fein hacken. Den Thymian waschen und trockenschütteln, die Blättchen abstreifen.

Hackfleisch mit geschnittenem Lauch, Knoblauch, Thymian, Tomatenmark und Ei gut verkneten und mit Salz, Pfeffer und Chilipulver abschmecken.

Die Stielansätze aus den Tomaten herausschneiden. Tomaten überbrühen, kalt abschrecken, häuten, entkernen und in kleine Würfel schneiden.

Die Tomaten mit ca. 125 ml Muschelsud in einem Topf zum Kochen bringen. Die Muschelschalen auf der Seite ohne Muschel mit Hackfleischmasse füllen. Schalen etwas zusammendrücken. Die Tomatensauce mit Salz und Pfeffer abschmecken und die Muscheln vorsichtig darauf setzen. Zugedeckt bei schwacher Hitze ca. 15 Min. im Tomatensud garen. Die Muscheln mit dem Sud servieren. Dazu schmecken Brot oder auch Reis.

Variante: Moules aux citrons – Muscheln im Zitronensud

3 kg Miesmuscheln waschen, geöffnete aussortieren und wegwerfen. In einem Topf 1/4 l trockenen Weißwein mit 1/4 l Wasser, 1 unbehandelten Zitrone in dünnen Scheiben, 6 gehackten Knoblauchzehen und einigen Kräuterzweigen (Thymian, Minze und Petersilie) zum Kochen bringen, mit Salz und Pfeffer würzen. Die Muscheln darin zugedeckt bei starker Hitze ca. 5 Min. kochen, bis sie sich geöffnet haben. Geschlossene Muscheln wegwerfen, geöffnete mit dem Sud und reichlich Baguette servieren.

Honig, Gewürze und Rotwein verbinden sich zu einer aromatischen Sauce, die besonders gut zum Seeteufel mit seinem würzigen festen Fleisch passt.

Wie in vielen anderen Gegenden, *die hügelig bis bergig sind und dennoch am Meer liegen, gibt es auch im Roussillon die Tradition, Produkte aus Meer und Land im Kochtopf zu vereinen. Ob das nun Huhn und Garnelen sind oder eben Fisch mit der würzigen Chorizo-Wurst aus dem nahen Spanien.*

Lotte en sauce douce

Seeteufel in süßer Sauce

Zubereitungszeit: 30 Min.
Pro Portion ca.: 220 kcal

Zutaten für 4 Personen:
4 Seeteufelschwänze oder 4–8 Scheiben Seeteufel (insgesamt ca. 700 g)
1 EL Zitronensaft
1 Zwiebel
2 Knoblauchzehen
1 kleine rote Chilischote
Salz, Pfeffer
2 EL Olivenöl
1 TL Fenchelsamen
je 1/2 TL gemahlene Gewürznelken, Koriander, Senfpulver und Muskatnuss
je 1/4 TL Zimt und gemahlener Anis
1/8 l trockener Rotwein
2 EL Weinessig (z. B. Banyulsessig)
1–2 EL Honig

Den Seeteufel kalt abspülen, gut trockentupfen und mit dem Zitronensaft beträufeln. Zwiebel und Knoblauch schälen und sehr fein hacken. Die Chilischote waschen, putzen, nach Belieben entkernen und ebenfalls sehr fein hacken.

Den Seeteufel mit Salz und Pfeffer würzen. Das Olivenöl in einer Pfanne erhitzen und den Seeteufel darin rundherum kräftig anbraten. Wieder aus der Pfanne nehmen. Zwiebel, Knoblauch und Chilischote im Bratfett bei schwacher Hitze ca. 5 Min. dünsten.

Alle Gewürze dazugeben und kurz mitbraten. Dann Bratsatz mit dem Wein ablöschen und damit lösen. Den Essig und 1 EL Honig untermischen. Sauce 3–5 Min. unter Rühren leise kochen lassen und mit Salz und Pfeffer und eventuell noch etwas Honig abschmecken. Seeteufel in der Sauce wenden und zugedeckt bei schwacher Hitze ca. 8 Min. darin ziehen lassen, dabei noch einmal wenden. Seeteufel mit der Sauce servieren.

Cabillaud aux écailles de chorizo

Kabeljau mit Wurst

Zubereitungszeit: 30 Min.
Pro Portion ca.: 420 kcal

Zutaten für 4 Personen:
600 g Kabeljaufilet
1 EL Zitronensaft
Salz, Pfeffer
150 g Chorizo (spanische Paprikawurst, nach Belieben mild oder scharf)
1 Zwiebel
4 Knoblauchzehen
2 Zucchini
2 reife feste Tomaten
4 EL Olivenöl
2 EL schwarze Oliven
1/8 l trockener Weißwein oder Fischfond
1/2 Bund Petersilie

Den Fisch kalt abspülen und trockentupfen. In ca. 2 cm große Stücke schneiden, mit dem Zitronensaft beträufeln und mit Salz und Pfeffer würzen.

Die Chorizo häuten und in dünne Scheiben schneiden. Zwiebel und Knoblauch schälen. Zwiebel vierteln und in Streifen schneiden. Knoblauch in dünne Scheiben schneiden. Die Zucchini waschen, putzen und würfeln. Die Stielansätze aus den Tomaten herausschneiden. Tomaten überbrühen, kalt abschrecken, häuten und in Würfel schneiden.

In einer Pfanne die Hälfte des Öls erhitzen. Die Wurst darin mit der Zwiebel und dem Knoblauch bei mittlerer Hitze unter Rühren 3–4 Min. braten, bis sie leicht braun wird. Die Zucchiniwürfel 1–2 Min. mitbraten. Dann die Tomaten, die Oliven und den Wein untermischen und alles mit Salz und Pfeffer würzen. Offen bei schwacher Hitze ca. 5 Min. garen.

Gleichzeitig das übrige Öl in einer anderen Pfanne erhitzen. Die Kabeljaustücke darin unter vorsichtigem Wenden 3–4 Min. braten. Die Petersilie waschen und die Blättchen fein hacken. Kabeljau vorsichtig mit der Chorizomischung vermengen und mit der Petersilie bestreut servieren.

Das traditionelle Gericht *kostet wenig Geld, aber etwas Zeit. Doch die Mühe lohnt sich: Durch die langen Garzeiten werden die Zwiebeln herrlich goldbraun und die Füllung wird wunderbar aromatisch.*

Oignons farcis

Zwiebeln mit Schweinefleischfüllung

Zubereitungszeit: 50 Min.
Schmor- und Backzeit: 1 Std. 15 Min.–1 Std. 25 Min.
Pro Portion ca.: 350 kcal

Zutaten für 4 Personen:
9 mittelgroße Zwiebeln
4 EL Olivenöl
2 TL Puderzucker
300 g Schweineschulter ohne Schwarte
1 Möhre
1 Stange Staudensellerie
1/4 l trockener Rotwein (ersatzweise Fleischbrühe)
Salz, Pfeffer
2 Zucchini
1 rote Paprikaschote
1 Fleischtomate
2 Knoblauchzehen
4 Zweige Thymian
4 getrocknete Tomaten in Öl
2 EL Pinienkerne
2 TL Senfkörner
3 EL Semmelbrösel
Chilipulver
1 Prise Zimt

8 Zwiebeln waschen, am Wurzelansatz flacher schneiden und mit der Schale nebeneinander in eine feuerfeste Form setzen. Mit 2 EL Olivenöl einpinseln und mit dem Puderzucker bestäuben. Ofen auf 220° (Umluft 200°) schalten und die Zwiebeln darin ca. 45 Min. backen, bis sie weich und gebräunt sind.

Inzwischen das Fleisch in möglichst kleine Würfel schneiden. Restliche Zwiebel und Möhre schälen. Sellerie waschen und putzen. Gemüse sehr fein zerkleinern.

1 EL Öl in einem Topf erhitzen. Zwiebel und Gemüse darin gut anrösten. Fleisch untermischen und kurz mitbraten, dann mit dem Wein ablöschen, salzen, pfeffern und zugedeckt bei schwacher Hitze ca. 45 Min. schmoren.

Zwiebeln aus dem Ofen nehmen und etwas abkühlen lassen. Fleisch und Gemüse abtropfen lassen, Sud dabei auffangen.

Zucchini und Paprika waschen, putzen und in sehr kleine Würfel schneiden. Die Tomate überbrühen, häuten und in kleine Würfel schneiden. Knoblauch schälen und fein hacken. Thymian waschen und trockenschütteln und abstreifen. Zucchini, Paprika, Tomate, Knoblauch und Thymian mit dem Weinsud in einer feuerfesten Form mischen und mit Salz und Pfeffer abschmecken.

Von den Zwiebeln mit einem scharfen Messer jeweils einen Deckel abschneiden. Die Zwiebeln bis auf 2 Schichten aushöhlen. Das ausgehöhlte Zwiebelfleisch sehr fein hacken. Die getrockneten Tomaten abtropfen lassen und sehr fein schneiden.

Die Pinienkerne in einer Pfanne im übrigen Öl goldbraun rösten. Mit dem Fleisch und dem mitgeschmorten Gemüse, 2 EL Zwiebelfleisch, den Senfkörnern, den getrockneten Tomaten und den Semmelbröseln gut verkneten und mit Salz, Pfeffer, Chili und Zimt pikant abschmecken. Mischung in die ausgehöhlten Zwiebeln füllen.

Das übrige Zwiebelfleisch mit dem Gemüse in der Form mischen. Die gefüllten Zwiebeln hineinsetzen und im heißen Ofen bei 180° (Umluft 160°) noch einmal 30–40 Min. backen, bis das Gemüse in der Form gar ist. Dazu schmeckt Baguette oder Kartoffelpüree.

Unentbehrlich für ein Cassoulet sind im Languedoc die eingemachten Entenkeulen, die man dort überall beim Metzger offen kaufen oder im Supermarkt in großen Dosen erstehen kann.

Blutwurst *bekommt man in Frankreichs Süden bei jedem Metzger. Außer Boudin noir, dunklen Blutwürsten, gibt es dort auch Boudin blanc, eine Wurst, die mit Ei gemacht wird, ganz hell ist und kalt als Aufschnitt gegessen wird. Die dunklen Blutwürste schmecken mit gebratenen Äpfeln besonders gut. Wer das Gericht schneller zubereiten möchte, steckt die Zutaten nicht auf Spieße, sondern brät sie in der Pfanne.*

Confit de canard

Entenkonfit

Zubereitungszeit: 40 Min.
Ruhezeit: über Nacht
Garzeit: 1 Std.
Abkühlzeit: 1 Std.
Pro Entenkeule (ohne Fett) ca.: 490 kcal

Zutaten für 4 Personen:
4 Entenkeulen
3–4 Zweige Thymian
2 Lorbeerblätter, 3 EL grobes Salz
1,5 kg frischer Schweinespeck
6 Knoblauchzehen

Die Entenkeulen kalt abspülen und trockentupfen. Thymian waschen und trockenschütteln, die Blättchen abzupfen. Die Lorbeerblätter fein zerkrümeln.

Thymian und Lorbeer mit dem Salz mischen, die Entenkeulen damit rundherum einreiben. In einer Form zugedeckt im Kühlschrank über Nacht ziehen lassen.

Am nächsten Tag den Speck in kleine Würfel schneiden, in einem Topf bei mittlerer Hitze ausbraten, bis sich im Topf sehr viel Fett gesammelt hat und die Stücke klein und knusprig geworden sind. Die Stücke mit dem Schaumlöffel aus dem Fett heben.

Die Entenkeulen ins heiße Fett geben und darin bei schwacher Hitze zugedeckt 45 Min. garen.

Dann Knoblauch schälen und mit ins Fett geben. Weitere 15 Min. garen. Die Entenkeulen herausnehmen und in eine Form geben, in der sie gerade Platz haben. Das Fett sieben, erneut erhitzen, über die Entenkeulen gießen und erstarren lassen. Die Entenkeulen schmecken warm und kalt. Wenn Sie sie für das Cassoulet (Seite 188) verwenden, müssen Sie sie – im Gegensatz zu frischen Keulen – nicht vorgaren.

Boudin noir aux pommes

Blutwurst mit Äpfeln

Zubereitungszeit: 25 Min.
Backzeit: 10 Min.
Pro Portion ca.: 460 kcal

Zutaten für 4 Personen:
4 säuerliche Äpfel (z. B. Boskoop, ca. 800 g)
1 EL Zitronensaft
400 g feste Blutwurst
Pfeffer
3 Schalotten
3 Knoblauchzehen
je 4 Zweige Bohnenkraut und Oregano
3 EL Olivenöl
1/8 l Noilly Prat
1 Prise Zimt, Salz

Die Äpfel schälen, vierteln, entkernen und nochmals quer teilen. Apfelstücke mit dem Zitronensaft mischen.

Die Blutwurst häuten und in 1 cm dicke Scheiben schneiden und abwechselnd mit den Apfelstückchen auf 8 große Spieße stecken. Mit Pfeffer würzen.

Schalotten und Knoblauch schälen und in dünne Scheiben schneiden. Kräuter waschen und trockenschütteln, die Blättchen abzupfen.

Den Backofengrill anheizen. 1 EL Öl in einer backofentauglichen Pfanne erhitzen.

Schalotten, Knoblauch und Bohnenkraut darin kurz anbraten. Mit dem Noilly Prat ablöschen, mit Salz, Pfeffer und ganz wenig Zimt abschmecken. Die Spieße auf die Mischung setzen. Mit dem übrigen Öl beträufeln.

Die Spieße im heißen Ofen (Mitte) ca. 10 Min. grillen, bis Äpfel und Blutwurststücke schön gebräunt sind.

TIPP

Nehmen Sie für dieses Gericht feste Blutwurst, die bei uns oft Speckwurst heißt. Weiche Blutwurst, die man zusammen mit Leberwurst gart, ist nicht geeignet.

Seit ewigen Zeiten *streiten Castelnaudary, Carcassonne und Toulouse darum, wer das Cassoulet erfunden hat. Gehaltvoll, köstlich und ein echtes Wintergericht ist es da wie dort. Traditionell wird Cassoulet mit eingemachten Gänse- oder Entenkeulen zubereitet. Ein Rezept dafür finden Sie auf Seite 187. Fertiges Confit können Sie hier zu Lande selten kaufen. Wir haben deshalb frische Keulen mitgeschmort. Sie schmecken ebenfalls wunderbar und machen das ohnehin üppige Gericht ein wenig bekömmlicher.*

Cassoulet

Reichhaltiger Bohneneintopf

Quellzeit: über Nacht
Zubereitungszeit: 2 Std. 15 Min.
Backzeit: 45 Min.
Bei 10 Personen pro Portion ca.: 970 kcal

Zutaten für 8–10 Personen:
500 g getrocknete weiße Bohnen
250 g durchwachsener Räucherspeck
6 Zwiebeln, 10 Knoblauchzehen
4 Gewürznelken, 2 Lorbeerblätter
500 g frischer Schweinebauch ohne Schwarte
1/2 Bund Thymian
Salz, Pfeffer
500 g Tomaten, 6 EL Öl oder Schmalz
3/4 l trockener Weißwein
2 Entenkeulen
1/4 l Geflügelfond oder Hühnerbrühe
1 kg Lammschulter ohne Knochen
500 g rohe Bratwurst
1 Bund Petersilie
150 g Semmelbrösel

Die Bohnen mit Wasser bedeckt über Nacht quellen lassen. Am nächsten Tag abgießen und in einen Topf füllen. Speck längs in dicke Scheiben schneiden und dazugeben. 1 Zwiebel und 2 Knoblauchzehen schälen. Zwiebel mit den Gewürznelken bestecken und mit Lorbeer und Knoblauch zu den Bohnen geben. Alles mit Wasser bedecken und zum Kochen bringen. Die Bohnen zugedeckt bei schwacher Hitze in 1–1 1/4 Std. weich garen.

Inzwischen den Schweinebauch trockentupfen. Thymian waschen. Blättchen abstreifen und mit Salz und Pfeffer mischen. Schweinebauch damit rundherum einreiben. Tomaten überbrühen, häuten und fein würfeln.

2 Zwiebeln und 2 Knoblauchzehen schälen und fein hacken. In einem Topf 2 EL Öl oder Schmalz erhitzen. Das Schweinefleisch darin rundherum kräftig anbraten. Zwiebeln und Knoblauch kurz mitbraten. Tomaten und die Hälfte des Weins dazugeben und das Fleisch zugedeckt bei schwacher Hitze 30–40 Min. schmoren.

Gleichzeitig auch die frischen Entenkeulen mit einem scharfen Messer und der Geflügelschere jeweils in 3–4 Stücke schneiden und in Fond oder Brühe 30–40 Min. schmoren. Inzwischen das Lammfleisch von Sehnen und größeren Fettstücken befreien und in kleine Würfel schneiden. Übrige Zwiebeln und Knoblauchzehen schälen und fein würfeln. Lammfleisch in 2 EL Öl oder Schmalz in 2 Portionen anbraten. Zwiebeln und Knoblauch dazugeben, mit dem restlichen Wein und 1/4 l Wasser aufgießen, salzen, pfeffern und das Lammfleisch zugedeckt bei schwacher Hitze 25–30 Min. schmoren.

Backofen auf 200° vorheizen. Den Speck aus den Bohnen nehmen. Eine Auflaufform damit auslegen. Vorgegarte Entenstücke aus dem Fond nehmen und darauf verteilen. Das vorgegarte Schweinefleisch in 2 cm dicke Scheiben schneiden. Bohnen abgießen, salzen und pfeffern und die Hälfte davon auf den Entenkeulen verteilen. Lamm- und Schweinefleisch auf die Bohnen geben, die Garflüssigkeit vom Schweinefleisch und den Entenfond darüber gießen. Die übrigen Bohnen auf das Fleisch geben.

Wurst auf den Bohnen verteilen. Petersilie waschen, Blättchen fein hacken, mit den Semmelbröseln mischen und auf dem Cassoulet verteilen. Restliches Öl oder ausgelassenes Schmalz darüber träufeln.

Cassoulet im heißen Ofen (Mitte, Umluft 180°) ca. 45 Min. backen. Falls die Oberfläche dabei zu schnell bräunt, Form mit Alufolie abdecken. Während der letzten 10 Min. Cassoulet offen garen und die Kruste an manchen Stellen aufbrechen. Vor dem Servieren 10–15 Min. ruhen lassen. Dazu passt Baguette.

Die Entrecôtes sollten 3–4 cm dick sein, damit sie schön saftig bleiben. Im Sommer das Fleisch grillen und die Sardellenbutter dazu reichen.

Traditionell *werden die Fleischbällchen bis zu drei Stunden geschmort und mit gekochten weißen Bohnen gegessen. Aber auch nach einer Stunde Garzeit haben sie das feine Aroma der Sauce schon aufgesogen. Gut schmecken dazu Kartoffelpüree oder einfach nur frisches Brot. Sie können die Bällchen aus reinem Rinderhack zubereiten oder auch einmal eine Mischung aus Schwein oder Rind und gehacktem Lammfleisch probieren.*

Entrecôte au beurre d'anchois

Lendensteak mit Sardellenbutter

Zeit zum Wässern: 1 Std.
Zubereitungszeit: 20 Min.
Pro Portion ca.: 500 kcal

Zutaten für 4 Personen:
60 g Sardellenfilets (Anchovis) in Salz
100 g weiche Butter
2 TL Zitronensaft
Salz, Pfeffer
2 Entrecôtes (Rinderlendenscheiben, je 3 cm dick)
2 EL Öl
1/2 Bund Petersilie
2 EL grüne Oliven

Die Sardellenfilets kalt abspülen und ca. 1 Std. in kaltem Wasser wässern. Dabei das Wasser so oft wie möglich wechseln.

Dann die Sardellen abtropfen lassen und trockentupfen, die Mittelgräte, falls nötig, entfernen. Die Sardellen sehr fein hacken und mit der Butter, dem Zitronensaft, wenig Salz und Pfeffer gründlich verkneten.

Fettschicht vom Fleisch einschneiden. Fleisch trockentupfen und im heißen Öl pro Seite 1 Min. kräftig anbraten. Die Hitze auf mittlere Stufe zurückschalten und die Hälfte der Sardellenbutter in die Pfanne zum Fleisch geben. Das Fleisch noch ca. 8 Min. braten (es ist dann medium). Dabei ab und zu wenden und häufig mit der Butter beschöpfen.

Das Fleisch aus der Pfanne nehmen, in Alufolie wickeln und ca. 5 Min. ruhen lassen.

Inzwischen Petersilie waschen. Blättchen sehr fein hacken und mit der übrigen Sardellenbutter verkneten. Die Oliven im Bratfett kurz erwärmen.

Fleisch jeweils halbieren und mit den Oliven auf vorgewärmten Tellern verteilen. Die Sardellenbutter in Stücke schneiden und auf dem warmen Fleisch zerlaufen lassen. Rasch servieren.

Boles de picolat

Fleischbällchen in Tomatensauce

Zubereitungszeit: 50 Min.
Garzeit: 1 Std.
Pro Portion ca.: 560 kcal

Zutaten für 4 Personen:
10 g getrocknete Steinpilze
1 Scheibe altbackenes Weißbrot (ca. 40 g)
4 Knoblauchzehen, 3–4 Stängel Petersilie
2 Sardellenfilets (Anchovis) in Öl
1 kleines Stück unbehandelte Zitronenschale
500 g gemischtes Hackfleisch
1 großes Ei, Salz, Pfeffer
500 g Tomaten, 2 Zwiebeln
4 Zweige Thymian
100 g grüne Oliven ohne Stein
300 g Möhren, 4 EL Olivenöl
1/8 l trockener Weißwein, 1 TL Honig

Steinpilze ca. 30 Min. in 1/4 l lauwarmem Wasser einweichen. Dann herausnehmen und klein schneiden. Das Einweichwasser durch eine Filtertüte gießen.

Inzwischen Brot entrinden und ca. 10 Min. in lauwarmem Wasser einweichen. 2 Knoblauchzehen schälen. Petersilie waschen, sehr fein hacken. Sardellenfilets mit der Zitronenschale ebenfalls sehr fein zerkleinern.

Brot ausdrücken und zerpflücken, mit Hackfleisch und Ei in eine Schüssel geben. Geschälten Knoblauch durch die Presse dazudrücken. Petersilie und Sardellenmischung dazugeben, die Masse salzen und pfeffern und mit den Händen kräftig durchkneten. Fleischteig zu etwa tischtennisballgroßen Bällchen rollen.

Für die Sauce Tomaten überbrühen, häuten und klein würfeln. Zwiebeln und restlichen Knoblauch schälen und fein würfeln. Thymian waschen. Blättchen abstreifen. Oliven abtropfen lassen. Möhren schälen, längs vierteln, dann quer in ca. 5 cm lange Stücke schneiden.

Zwiebeln, Knoblauch und Thymian im Öl andünsten. Pilze kurz mitdünsten. Tomaten, Möhren und Oliven untermischen, Wein und Pilzeinweichwasser angießen. Die Sauce mit Salz, Pfeffer und Honig abschmecken. Fleischbällchen einlegen und bei sehr schwacher Hitze ca. 1 Std. schmoren, dabei einmal vorsichtig umrühren. Sauce nochmals abschmecken und mit den Bällchen servieren.

Poulet aux crevettes

Huhn mit Garnelen

Zubereitungszeit: 1 Std.
Marinierzeit: 4 Std.
Pro Portion ca.: 530 kcal

Zutaten für 4 Personen:
4 große Hähnchenkeulen (je ca. 280 g)
4 fleischige Knoblauchzehen
1 kleine getrocknete Chilischote
6 EL Olivenöl, 4 EL Zitronensaft
1 EL Honig
4 EL Muscat, Banyuls oder anderer Süßwein
Salz, Pfeffer
8 kleine fest kochende Kartoffeln
8 große rohe Garnelen in der Schale
1/2 Bund Petersilie

Hähnchenkeulen am Gelenk in Unter- und Oberschenkel teilen, kalt abspülen und trockentupfen. Knoblauch schälen und in 1/2 cm dicke Stifte schneiden. Hähnchenkeulen mit einem spitzen Messer einstechen und mit den Knoblauchstiften spicken. Chilischote fein zerkrümeln und mit 4 EL Olivenöl, Zitronensaft, Honig und Wein verrühren. Hähnchenkeulen salzen, pfeffern, einlegen und 4 Std. kühl stellen. Dabei ab und zu wenden.

Kartoffeln schälen und eventuell halbieren. Backofen auf 200° vorheizen. Hähnchenkeulen nebeneinander in die Fettpfanne oder eine große Form legen, Kartoffeln dazwischen verteilen. Marinade darüber gießen. Hähnchen mit Kartoffeln im Ofen (Mitte, Umluft 180°) 45 Min. backen. Dabei Hähnchenkeulen mehrmals wenden.

Kurz vor Ende der Garzeit Garnelen waschen, nach Belieben aus den Schalen brechen und den schwarzen Darm entfernen. Garnelen im übrigen Öl von jeder Seite ca. 1 Min. braten. Mit Salz und Pfeffer würzen, zum Huhn geben und noch ca. 5 Min. mitgaren. Petersilie waschen. Blättchen fein hacken. Hähnchen und Garnelen mit Petersilie bestreuen.

Magrets de canard aux cerises

Entenbrust mit Kirschen

Zubereitungszeit: 30 Min.
Garzeit: 50–60 Min.
Pro Portion ca.: 550 kcal

Zutaten für 4 Personen:
2 fleischige Entenbrustfilets mit Haut (je ca. 360 g)
Salz, Pfeffer
350 g süße Kirschen, 1 rote Zwiebel
1 Zweig Rosmarin, 1 EL Olivenöl
150 ml Banyuls (ersatzweise Portwein)
1 TL Honig
1–2 EL Weinessig (z. B. Banyulsessig)

Backofen auf 80° (Umluft nicht empfehlenswert) einstellen. Entenbrustfilets mit Salz und Pfeffer würzen. Einen Bräter auf dem Herd heiß werden lassen. Filets mit der Haut nach unten hineinlegen und 3–4 Min. kräftig anbraten. Dann wenden und noch 1–2 Min. braten. Filets im Bräter in den Backofen schieben und insgesamt ca. 50 Min. darin garen.

Inzwischen Kirschen waschen und entsteinen. Zwiebel schälen, vierteln und in feine Streifen schneiden. Rosmarin waschen und trockenschütteln. Nadeln abzupfen.

Nach ca. 35 Min. Garzeit Zwiebel mit den Kräutern im Öl anbraten. Banyuls und Honig untermischen und alles offen bei mittlerer Hitze ca. 5 Min. leise kochen lassen. Kirschen untermischen und noch einmal ca. 5 Min. garen. Kirschen mit Essig, Salz und Pfeffer abschmecken.

Entenbrustfilets aus dem Ofen nehmen, kurz ruhen lassen, dann in feine Scheiben schneiden, mit dem Bratfond begießen und mit den Kirschen servieren. Dazu passen Baguette oder Reis.

Sanft gegarte Entenbrust und aromatische Kirschen – ein Festessen, das nur wenig Arbeit macht.

Der Wermut aus Marseillan ist nicht nur feiner Aperitif, sondern auch eine Hauptzutat klassisch-französischer Saucen.

Die Weine für den Noilly Prat müssen heiße Sommer und kalte Winter im Freien aushalten. Als »Anteil der Engel« bezeichnen Spirituosen-Fabrikanten die Verdunstung gern – im Languedoc muss es also eine große Anzahl beschwipster Himmelsboten geben.

Noilly Prat
Würzig, herb, subtil

Austern in Noilly Prat, Tomatensuppe mit Noilly Prat, Schneckenragout in Noilly Prat … Wer ein französisches Kochbuch aufschlägt, trifft schnell auf die für deutsche Zungen kaum auszusprechende Zutat.

Als Wermut wird der Noilly Prat im kulinarischen Lexikon bezeichnet, fast immer findet man auch ein paar Cocktailrezepte à la »Hälfte Champagner, Hälfte Noilly, etwas Cassis-Creme« dazu. Warum aber Noilly Prat statt herkömmlichen Wermut verwenden?

Weil Noilly würziger, herber und subtiler ist, sagen die Küchenchefs des Languedoc. Denn von hier stammt seit 1813 der Küchen-Wermut, genauer gesagt: aus Marseillan. Seine Hauptzutat: viel Geduld. Nicht weniger als drei Jahre dauert die Fabrikation jeder Flasche Noilly.

Als Basis dienen zwei Weine der Region: Picpoul de Pinet und Clairette. In Eichenholzfässern altern beide Weine separat rund acht Monate lang. Dann heißt es umziehen: In 600-Liter-Fässern setzen die Weine die Reifung fort. Und wieder heißt es warten, ein ganzes Jahr lang. Nur, dass Picpoul und Clairette nicht sorgfältig geschützt in einer Kelleranlage reifen. Die Fässer stehen im Freien, erleben sommerliche Hitzewellen und Winterfröste. Während der Reifung verstärkt sich das Aroma, denn rund 6 bis 8% der Flüssigkeit verdunstet.

Zu dieser Methode ließ sich Wermut-Erfinder Joseph Noilly davon inspirieren, dass sich Weine verändern, wenn sie längere Strecken zu Transportzwecken auf Schiffen reisen und den Elementen ausgesetzt sind. Die Farbe solcher Weine wird dunkler, ihre Aromen werden kräftiger.

Einige Monate werden die Fässer dann schließlich doch kühl in einem Keller gelagert, dann begegnen sich Picpoul und Clairette das erste Mal. Sie werden verschnitten, mit einer Mistelle genannten Mischung aus Traubensaft und Weinalkohol verfeinert und mit Fruchtsaft aus Zitrone und Himbeere abgerundet. Zusammen mit einer Mischung aus 20 Kräutern und Gewürzen lagert der Weinmix noch mal drei Wochen. Jeden Tag wird der »Hexenkessel« dabei gut durchgerührt. Schließlich gibt es zehn Wochen Ruhezeit für den Noilly. Noch einmal filtern – schon ist der Wermut reif für die Flaschen mit den riesigen weißen Lettern auf schwarzem Grund.

Fein-würzige Spezialität: Lapin au Noilly Prat.

In solchen 600-Liter-Fässern reifen Weine für Noilly Prat.

Lapin au Noilly Prat

Noilly Prat fehlt in keiner Profiküche. Auch diesem Kaninchen gibt er ungewöhnliches Aroma und dezente Würze.

Kaninchen in Noilly Prat

Zubereitungszeit: 1 Std. 10 Min.
Pro Portion ca.: 650 kcal

Zutaten für 4 Personen:
1 Kaninchen (küchenfertig, ca. 1,2 kg, vom Händler in 8 Stücke teilen lassen)
Salz, Pfeffer
4 milde Zwiebeln
4 Knoblauchzehen
2 unbehandelte Zitronen
6 EL Olivenöl
1/4 l Noilly Prat
100 g grüne Oliven
2 TL Honig

Kaninchenteile mit einem feuchten Tuch abreiben, um Knochensplitter zu entfernen. Trockentupfen und mit Salz und Pfeffer einreiben.

Zwiebeln schälen, vierteln und in nicht zu dünne Streifen schneiden. Knoblauch schälen und in feine Scheiben teilen. Zitronen waschen und halbieren.

Kaninchenteile im Öl rundherum gut anbraten. Die Stücke wieder herausnehmen. Dann Zwiebeln und Knoblauch im Fett kurz anbraten und mit dem Noilly Prat ablöschen.

Zitronen und Oliven untermischen. Sauce mit Salz, Pfeffer und dem Honig abschmecken. Die Kaninchenstücke einlegen und zugedeckt bei schwacher Hitze ca. 45 Min. schmoren. Abschmecken und servieren. Dazu schmeckt Kartoffel-Oliven-Püree (Seite 179) oder Baguette.

Fromage de brebis en gelée d'orange

Schafkäse mit Orangengelee

Zubereitungszeit: 40 Min.
Pro Portion ca.: 330 kcal

Zutaten für 4 Personen:
300 ml frisch gepresster Orangensaft (von ca. 4 Orangen)
1 Zweig Lavendel
1 kleines Stück rote Chilischote
50 ml Orangenlikör (Grand Marnier)
2 EL Zitronensaft
150 g Zucker
Schafkäse (z. B. Brebis des Pyrénées) zum Servieren

Den Orangensaft in einen Topf geben. Den Lavendel waschen und trockenschütteln. Das Chilistück waschen und sehr fein hacken.

Beides mit Likör, Zitronensaft und Zucker zum Orangensaft geben und unter Rühren zum Kochen bringen. Den Saft bei mittlerer Hitze ca. 30 Min. kochen, bis er anfängt zu gelieren, dabei häufig durchrühren.

Zum Schluss die Gelierprobe machen: Etwas Gelee auf einen kühlen Teller geben. Wird es rasch fest, ist das Gelee fertig. Geliert es nicht, Saft noch etwas weiterkochen lassen. Fertiges Gelee in ein Schälchen füllen und abkühlen lassen.

Zum Servieren Schafkäse in Stücke schneiden und mit Gelee und frischem Weißbrot servieren.

TIPP

Das Orangengelee schmeckt auch ausgezeichnet zu reifen Hartkäsesorten aus Kuh- oder Ziegenmilch.

Mousse de chèvre

Ziegenkäsemousse mit Beeren

Zubereitungszeit: 30 Min.
Kühlzeit: 3–4 Std.
Pro Portion ca.: 480 kcal

Zutaten für 4 Personen:
1/2 Vanilleschote
1/4 unbehandelte Orange oder Zitrone
150 g Ziegenfrischkäse
5 EL Zucker
200 g Sahne
2 sehr frische Eiweiße
Salz
400 g gemischte Beeren (z. B. Blaubeeren, Brombeeren, Himbeeren oder Johannisbeeren)
150 ml Banyuls (ersatzweise Portwein)
1 Zimtstange
3 EL Honig
4 Blättchen Basilikum

Die Vanilleschote der Länge nach aufschlitzen und das Mark mit dem Messerrücken herauskratzen. Orangen- oder Zitronenschale fein abreiben.

Den Ziegenfrischkäse mit 2 EL Zucker, dem Vanillemark und der Orangen- oder Zitronenschale gut verrühren. Die Sahne steif schlagen, dabei den restlichen Zucker einrieseln lassen. Die Eiweiße mit 1 Prise Salz steif schlagen. Zuerst die Sahne, dann den Eischnee unter die Frischkäsemasse mischen.

Ein feines Sieb mit einem Tuch auslegen und über eine Schüssel hängen. Die Käsemasse einfüllen und 3–4 Std. im Kühlschrank abtropfen lassen.

Die Beeren verlesen, möglichst nicht waschen. Banyuls mit der Zimtstange und dem Honig zum Kochen bringen und auf die Hälfte einkochen lassen. Die Beeren untermischen, einmal kurz aufkochen und vom Herd ziehen. Beeren in eine Schüssel füllen und abkühlen lassen.

Zum Servieren den Zimt aus den Beeren fischen. Die Basilikumblättchen in feine Stücke zupfen und unter die Beeren mischen. Von der Frischkäsemousse Nocken abstechen und auf Tellern verteilen. Das Beerenkompott daneben verteilen.

Einfach himmlisch schmecken die aromatischen Rouge de Roussillon. Leider sind die Aprikosen mit den roten Bäckchen auf unseren Märkten kaum zu bekommen.

Fruchtig-süße Kirschen *und nussige Maronen mit samtig-weichem Fleisch sind im Süden Frankreichs so beliebt, dass man ihnen zu Ehren sogar Feste feiert. Hochsaison haben sie zu unterschiedlichen Zeiten. Gut, dass man Maronen schon gekocht kaufen und so mit den Kirschen zu einem köstlichen Kuchen vereinen kann.*

Gratin d'abricots

Überbackene Aprikosen

Zubereitungszeit: 25 Min.
Backzeit: 30 Min.
Pro Portion ca.: 350 kcal

Zutaten für 4 Personen:
700 g Aprikosen
1 EL Zitronensaft
2 Eier
50 g Zucker
1 Päckchen Vanillezucker
1/8 l Muscat oder anderer Süßwein
100 g Ziegen- oder Kuhmilchfrischkäse
2 EL Mandelblättchen
2 EL flüssiger Honig
Minzeblättchen zum Garnieren

Die Aprikosen waschen, halbieren und vom Kern befreien. Die Hälften nebeneinander in eine feuerfeste Form legen und mit dem Zitronensaft beträufeln.

Den Backofen auf 200° vorheizen. Die Eier trennen. Die Eigelbe mit dem Zucker und dem Vanillezucker schaumig schlagen. Den Wein mit dem Frischkäse nach und nach gründlich untermischen. Die Eiweiße zu steifem Schnee schlagen und unterheben.

Die Creme gleichmäßig auf den Aprikosen verteilen. Die Mandelblättchen darüber streuen und den Honig darüber fließen lassen. Die Aprikosen im heißen Ofen (Mitte, Umluft 180°) ca. 30 Min. backen, bis der Guss goldgelb ist. Lauwarm mit Minzeblättchen garniert servieren.

Tarte aux marrons et cerises

Maronen-Kirsch-Tarte

Zubereitungszeit: 45 Min.
Kühlzeit: 30 Min.
Backzeit: 1 Std.
Bei 12 Stücken pro Stück ca.: 330 kcal

Zutaten für 1 Tarteform von 30 cm Ø:
Für den Teig:
225 g Mehl, 120 g kalte Butter
2 Päckchen Vanillezucker, Salz
Für den Belag:
500 g Kirschen (eventuell auch Sauerkirschen, dann 20–30 g mehr Zucker nehmen)
250 g gekochte vakuumverpackte Maronen
100 g Sahne, 70 g Zucker
2 Päckchen Vanillezucker
150 g Crème fraîche, 3 Eier

Für den Teig das Mehl mit der Butter in kleinen Stücken, dem Vanillezucker, 1 Prise Salz und ca. 2 EL eiskaltem Wasser zu einem glatten geschmeidigen Teig verkneten.

Den Teig zu einer Kugel formen und zwischen zwei Lagen Klarsichtfolie rund und dünn ausrollen. Die Form mit dem Teig auskleiden, dabei einen Rand hochziehen. Den Teig in der Form für 30 Min. ins Tiefkühlfach stellen.

Inzwischen die Kirschen waschen, entstielen und entkernen. Backofen auf 180° (Umluft 160°) vorheizen. Die Maronen zerkrümeln und im Mixer mit der Sahne fein pürieren. Mit dem Zucker, dem Vanillezucker und der Crème fraîche verrühren, nach und nach die Eier untermischen.

Den Teig im heißen Ofen (Mitte) ca. 10 Min. vorbacken. Dann die Kirschen auf dem Teigboden verteilen und mit der Maronencreme bedecken. Den Kuchen wieder in den Ofen stellen und ca. 50 Min. backen, bis die Creme fest und leicht gebräunt ist.

Pêches au Banyuls

Pfirsiche in Wein

Zubereitungszeit: 30 Min.
Pro Portion ca.: 290 kcal

Zutaten für 4 Personen:
1/4 l Banyuls (ersatzweise Portwein)
1 Zimtstange
2 Gewürznelken
1/2 unbehandelte Zitrone
50 g Zucker
4 EL würziger Honig
6 Pfirsiche

Den Wein mit dem Zimt und den Nelken in einen Topf geben. Zitronenhälfte dünn schälen. Schale mit dem Zucker und dem Honig in den Topf geben.

Den Wein zum Kochen bringen und offen bei mittlerer Hitze 10–15 Min. kochen lassen, bis er leicht dickflüssig wird.

Inzwischen die Pfirsiche überbrühen, kurz ziehen lassen und kalt abschrecken. Pfirsiche häuten, halbieren und vom Stein befreien.

Die Pfirsichhälften in den Weinsud legen und 2–3 Min. darin ziehen lassen. Dann wenden und noch einmal 2–3 Min. garen. Im Sud abkühlen lassen und mit Eis, Crème fraîche oder Keksen servieren.

Varianten:

Wer möchte, dass die Pfirsiche hell bleiben, ersetzt den roten Banyuls durch einen hellen Muscat, etwa von Rivesaltes oder auch einen aus dem Languedoc, z. B. aus Frontignan.

Auch Aprikosen lassen sich sehr gut in Banyuls einlegen.

Von August bis September haben Pfirsiche hier zu Lande Hochsaison. Die empfindlichen Früchte nicht im Kühlschrank aufheben. Sie fühlen sich in einem kühlen Raum am wohlsten. Länger als vier bis fünf Tage sollte man sie nicht aufbewahren.

Paradiesisch: Pfirsiche und Aprikosen

Gut 35 % der französischen Pfirsichproduktion gedeihen im Languedoc-Roussillon, gelbe Sorten wie Springcrest oder Maycrest ebenso gut wie weißfleischige Pfirsiche à la Red-Robin und Springtime. Die zahlreichen Pfirsichbauern überlassen das Wachsen der Früchte nicht einfach der Natur: Im April werden die Bäume »ausgedünnt«, von 100 Blüten bleiben dann gerade mal vier oder fünf, die zu echten Pfirsichen reifen dürfen.

Gute Pfirsiche sind mittelgroß oder klein. Sehr große schmecken oft wenig aromatisch, manchmal sogar mehlig. Gelbe Pfirsiche sind meist größer als weiße, aber auch süßer und nicht so fragil. Viele Köche ziehen die weißen Varianten vor. Duftig, fleckenlos und nur ein klein wenig weich sollten sie beide sein.

Die duftigen Abricots rouges des Languedoc-Roussillon werden von Anfang Juni bis Ende Juli geerntet – von den über 2500 Erzeugern der Region sind die meisten Kleinstbetriebe. Auf dem Markt sortieren echte Feinschmecker zunächst die grünen Aprikosen aus: Sie sind in der Regel fade. Gute Roussillon-Aprikosen leuchten rot-orange, sind ein wenig weich, jedoch nicht schwammig oder schlaff.

Crème catalane bekommt ihren besonderen Reiz durch die karamellisierte Zuckerschicht auf der Oberfläche. Unbedingt frisch aus dem Ofen und in den Förmchen servieren.

Crème catalane

Eiercreme

Zubereitungszeit: 35 Min.
Kühlzeit: 3–4 Std.
Bei 6 Personen pro Portion ca.: 200 kcal

Zutaten für 4–6 Personen:
1/2 unbehandelte Orange
1/4 TL Anissamen
1/2 Vanilleschote
1/2 l Milch
Salz, 4 Eigelbe, 1 Ei
70 g Zucker
1 EL Mehl
1 EL Speisestärke
4 EL Puderzucker

Orangenschale dünn abschneiden. Die Schale mit den Anissamen sehr fein hacken. Die Vanilleschote aufschlitzen und das Mark mit dem Messerrücken herauskratzen.

Die Vanilleschote und das Mark mit der Milch und 1 Prise Salz in einen Topf geben und erhitzen.

Die Eigelbe und das Ei in einer Metallschüssel mit dem Zucker cremig schlagen, das Mehl und die Speisestärke untermengen. Die Milch nach und nach unter Rühren dazufließen lassen. Die Creme über einem heißen Wasserbad unter Rühren erhitzen, bis sie dickflüssig ist. Sie darf nicht kochen, sonst gerinnen die Eigelbe.

Creme in eine Schüssel mit Eiswasser stellen und kalt rühren, die Orangenschale und die Anissamen untermischen.

Creme in vier bis sechs feuerfeste Förmchen füllen und 3–4 Std. in den Kühlschrank stellen. Vor dem Servieren den Backofengrill anheizen. Jede Creme im Förmchen dick mit Puderzucker bestäuben und unter den heißen Grillschlangen (ca. 10 cm Abstand) 5–8 Min. grillen, bis der Puderzucker karamellisiert und eine schöne Kruste bildet. Vorsicht, der Zucker verbrennt leicht.

Mousse au chocolat au Banyuls

Schokomousse mit Banyuls

Zubereitungszeit: 30 Min.
Kühlzeit: 2–3 Std.
Pro Portion ca.: 570 kcal

Zutaten für 4 Personen:
150 g Zartbitter-Schokolade
100 g Butter
3 sehr frische Eigelbe
50 ml Banyuls (ersatzweise Portwein)
150 g Sahne

Die Schokolade in Stücke brechen und in einer Tasse im heißen Wasserbad schmelzen. Immer wieder durchrühren, damit die Schokolade gleichmäßig schmilzt. Etwas abkühlen lassen.

Die Butter bei schwacher Hitze schmelzen, aber nicht braun werden lassen.

Die Eigelbe in einer Metallschüssel mit dem Banyuls schaumig schlagen, dann über einem heißen Wasserbad zu einer dickflüssigen Creme aufschlagen. Die Butter in einem dünnen Strahl unter die Eigelbcreme rühren, dann die Schokolade esslöffelweise untermischen.

Die Sahne steif schlagen und unterziehen. Die Mousse in Dessertschalen füllen und 2–3 Std. kühl stellen.

TIPP

Zur Mousse passen Brombeeren, aber auch Feigen sehr gut.

Gemüse
Die Frische des Südens

Ob Zucchiniblüten, Spargel oder Kürbis – die Märkte des Südens locken mit ebenso farbenprächtigen wie frischen Genüssen.

Mesclun Salat! Spargel aus Pertuis! Violette Roussillon-Artischocken! Lauragais-Bohnen! Zwiebeln aus den Cévennen! Im Süden Frankreichs ist man stolz auf die bunten Gemüse. Zahlreiche »Micro-Terroirs«, kleine und kleinste Regionen, sind für erstklassige Qualität berühmt.
Die Bauern aus Lauris etwa gelten als besonders bewandert im Anbau von grünem Spargel. Nicht, dass hier das Wetter besser ist als im Rest der Provence – angeblich wird hier das Savoir faire des Spargelanbaus seit 1880 von Vater zum Sohn weitergegeben. Auch wenn die moderne Technik hilft, in Lauris gibt es noch echte Handarbeit. Schon der Kritiker Curnonsky nahm den Spargel aus Lauris in den dreißiger Jahren in sein Werk »Trésor gastronomique de la France« (Kulinarischer Schatz Frankreichs) auf.
Im Gard und im Hérault findet man den raren Asperge de Sables (Sandspargel). Die Bauern der Region hatten herausgefunden, dass Wein und

Rosa Knoblauch hat seinen Preis: Das unverwechselbare Aroma hält sich bei dieser Sorte besonders lange, deshalb schwören viele Top-Köche auf Ail rose.

Spargel sich gut auf einem Gelände vertragen. Manchmal setzten sie auf einem Weinberg ein paar Jahre die Lese aus, um den Boden zu »entstressen«, dann wurde zwischen den Reben Spargel angebaut.

Die weißen Bohnen aus dem Laurageais sind eine unersetzliche Zutat für ein zünftiges Cassoulet. Rund um die Kleinstadt Revel gibt es die besten. Die Zwiebeln aus den Cevennen wiederum werden auf kleinen, von Feldsteinen umgebenen Terrassen rund um Saint-André-de-Majencoules, Vigan, Valleraugue oder im Tal von Saint-Martial angebaut. Hobbyköche rühmen die lange Haltbarkeit: Rund acht Monate kann man auf die im August und September geernteten und getrockneten Zwiebeln ohne größere Qualitätsverluste zurückgreifen.

Lediglich Mesclun ist keine Salatsorte, sondern eine Salatmischung aus Rucola, Löwenzahn, Feldsalat, Romaine, Brunnenkresse, Chicorée, Frisée, Kerbel, Petersilie und anderen Kräutern oder Salaten. Traditionell besteht Mesclun nur aus grünen Sorten, aber

Knackig-frische Lauchstangen auf dem Markt von Nizza.

Frische ist Trumpf: Die Verkäuferin empfiehlt, fragiles Gemüse wie etwa Zucchiniblüten am besten am Einkaufstag zuzubereiten.

Gesundes in Bestform: Im Süden schmeckt das Gemüse nicht nur, Genießer können auch in Farben und Formen schwelgen.

rote und gelbe Varianten sind auch zu finden. Seit 150 bis 200 Jahren wird Mesclun rund um Nizza angeboten – im Dialekt der Region heißt »mescla« so viel wie »Mischung«.

In gleichem Maße gute und mäßige Ware findet man ausgerechnet bei den Gemüsesorten, die den Ruf der Region ausmachen. Die Tomaten etwa: Kaum eine Provence-Reportage in einem Reisemagazin kommt ohne appetitliche Tomatentarte oder rote Tomaten als Farbtupfer aus.

Für den Hausbedarf raten viele Gemüsehändler der Region zu festfleischigen Strauchtomaten mit grünem, fest sitzendem Stängel. Letzterer sollte nicht ausgetrocknet sein. Bei Raumtemperatur können unreife Tomaten nachreifen.

Knoblauch findet sich auf den Märkten der Region in verschiedensten Farben und Varianten. Neben dem bekannten weißen Knoblauch gibt es rosa und rote Varianten. Ail vert (grüner Knoblauch) wird leicht unreif Ende April geerntet. Im »provenzalischen Duo« Tomate und Knoblauch ist er der Seniorpartner: Im 17. Jahrhundert ging der Konsum in Nordfrankreich stark zurück, in der Provence und dem Languedoc hingegen nahm er zu. Ende des 19. Jahrhunderts, zu Zeiten von Küchenchef Marius Morard ist Knoblauch aus den lokalen Gerichten nicht mehr wegzudenken: Aioli, Aigo boulido sowie ein Knoblauchpüree, das der Autor als provenzalischen Senf verstanden wissen möchte, finden sich in seinen Werken.

Artischocken kamen auf dem Umweg über Italien im 15. Jahrhundert in die Provence. Ihre geschmacklichen Qualitäten waren umstritten. »Eselsnahrung« waren sie für einige Autoren. Immerhin kann man ihre Qualität auf den Märkten von heute leicht feststellen: Der Stängel der Artischocke muss leicht zu brechen sein. Biegt er sich, trocknet die Artischocke bereits aus. Auch die Blätter sollten sofort brechen, wenn man versucht sie zu knicken. Schwer und fest sollen Artischocken sein und dabei ein klein wenig nach Rhabarber und grünen, unreifen Bananen riechen. »Offene« Artischocken mit schwarz »anlaufenden« Blättern sind zu reif.

Wenn sie auf dem Markt zu haben sind, sollten sie Karden kosten. Ursprünglich eine wilde Artischockenart, wurden die Cardons schon von den Römern in der Region angebaut. Als Wintergemüse werden Karden zu Weihnachten während des Gro Soupa, des Festessens, mit einer Anchovissauce serviert.

Die Auberginen kamen als kulinarisches Erbe Italiens in die Provence und über Spanien ins Languedoc. Die Araber brachten das Gemüse nach Europa, schon im 14. Jahrhundert existierten in Katalanien zahlreiche Rezepte: Auberginen in Mandelmilch, Auberginen gebraten, Auberginen gefüllt. Und in Montpellier aß man später so viele Auberginen »wie grüne Erbsen in Paris«, verraten Diderot und Alembert in ihrer Enzyklopädie. »Mérinjano« heißt das Gemüse auf gut provenzalisch, »albergínia« auf Katalonisch und »viédase« im Dialekt des Languedoc.

Zwei Sorten Auberginen findet man auf gutsortierten Märkten: Die lila Variante, die man am besten mit kräftiger, gleichmäßiger, aber nicht zu dunkler Farbe und fest sitzendem, schön grünem Stiel, fest und geschmeidig sowie ohne braune Flecken kauft. Daneben gibt es eierschalen-weiße Auberginen. Sie sind seltener und schmecken ein wenig sanfter – unterscheiden sich aber ansonsten nicht von ihren lila Artgenossen. Sind Auberginen erst mal angeschnitten, läuft ihr Fruchtfleisch braun an.

Paprika wiederum gehört zur Provence und ist unverzichtbar für eine zünftige Ratatouille. Auch er stammt ursprünglich aus Amerika und kam über Spanien und Italien in die Region. Dort gibt es heute die verschiedensten Sorten: Der grüne Précoce de Châteaurenard, der rote, fleischige Précoce de Lagnes, den man nur gegart servieren sollte, der kleine Antibois, der nach Trocknung oft zu Paprikapulver wird. Le petit Marseillais, relativ sanft im Geschmack, ist zuerst grün und wird bei voller Reife gelb bis orange. Die rote Sucette de Provence präsentiert sich weit pikanter.

Bleibt die Zucchini. Über Italien kam sie nach Nizza, wurde dort »Italiener-Kürbis« oder »Neapolitaner« genannt. Weil große Zucchini sich oft als faserig entpuppen, wählen Kenner kleine Exemplare, maximal so groß wie eine Banane und von dunkelgrüner Farbe. Ihr Stiel sollte leuchtend grün sein, mit sauberem, weißem Schnitt. Sie sind fest und verfügen über eine fleckenlose Haut. Von Mai bis Ende September gibt es sie auf den Märkten des Südens.

Eine kleine Köstlichkeit, die man nicht auf jedem Markt findet, sind die gelben Zucchiniblüten: Sie sind ideal zum Füllen, in Nizza werden sie seit jeher frittiert als Beignet serviert. Ein Bauerngericht, das in den 1980er Jahren in die Haute-Cuisine Einzug gehalten hat.

Auch hausgemachte Spezialitäten, Konfitüren und Marmeladen, fruchtige Saucen und eingekochte Gemüse finden sich auf fast allen Märkten.

Die Weine des Südens

Biowein von Romanin

Seine Hallen gelten als Kathedrale des Weins: Stabile Eichenholzfässer sind sorgsam im Halbkreis gestapelt. Zur Sommersonnenwende fällt ein Lichtstrahl durch eine Glaskuppel direkt in den Weinkeller: Jean-André Charial, Inhaber und Chefkoch des legendären Restaurants Oustau de Baumanière in Les Baux de Provence, kam durch eine Begegnung mit Jacques Pusais, dem Präsidenten des französischen Geschmacksinstitutes zum eigenen Weinberg. »Früher habe ich nur Wein ausgesucht, der unter dem Namen Baumanière verkauft wurde, jetzt bin ich drei Mal pro Woche in Romanin. Und während der Lese sogar täglich.« Vom Vorbesitzer übernahm Charial den biodynamischen Anbau nach der Steiner-Methode. Keine Chemie zur Schädlingsbekämpfung, für den Beginn der Lese wird gar ein Astrologe konsultiert. Nicht weniger als 12 Rebsorten werden auf Romanin angebaut: Rolle, Ugni-Blanc, Clairette, Bourboulenc und Sauvignon für die Weißen, Syrah, Grenache, Mourvèdre, Cabernet Sauvignon, Counoise, Carignan und Cinsault für die Roten.

Dem roten Romanin stehen die Sterne günstig: Ein kräftiger Wein, der seine Rebsorten Syrah und Cabernet Sauvignon nicht verleugnen kann, mit Aromen von roten Früchten und Holz.

Oder wie Jean-André Charial sagt: »Ein Wein der Alpilles mit dem Duft der Olivenbäume, elegant, komplex, aromatisch.«

Der Rebell von Trévallon

Ein paar Kilometer weiter öffnet Eloi Dürrbach uns eine Bouteille 90er Trévallon, probiert kritisch den eigenen Wein, der im Restaurant nicht unter 150 bis 250 Euro die Flasche zu haben ist. Ein tiefer Schluck – flüssige Seide, kräftig und harmonisch wie kaum ein anderer Wein der Region. »Pas mal«, meint Dürrbach lachend. »Nicht schlecht für einen Vin du Pays, einen Landwein.« Trévallon gleicht mehr einem gepflegten Bauernhof, als einem der repräsentativen Weingüter, wie man sie aus dem Bordelais kennt – und ist trotzdem in der Region legendär. Denn Dürrbach macht nicht nur guten Wein: Sein Vater war Maler und Bildhauer, ein Freund von Picasso und Léger, er selbst gilt den Winzern der Region als ein kleiner Rebell: Schließlich verteidigt er seine Vision des Weinmachens seit Jahren gegen die zuständigen Behörden.

Die Appellation Les Baux verweigert ihm die Aufsichtsbehörde INAO konsequent. »Zu viel Chardonnay für die Weißen gepflanzt, zu viel Cabernet Sauvignon bei den Roten, sagen sie. Dabei gab es Chardonnay hier schon vor der Reblauskrise.«

So gehören seine Landweine zu den teuersten Frankreichs, die Nachfrage übersteigt jedes Angebot und selbst bekannte Lokale müssen sich mit den Bouteillen Trévallon zufrieden geben, die Dürrbach ihnen zuteilt.

Wein aus Südfrankreich. Vor zwanzig, dreißig Jahren waren das praktische Fünf-Liter-Kanister aus dem Supermarkt oder namenlose Rosés, die jeder vor Ort charmant fand, und die auf der heimatlichen Terrasse in München oder Hamburg dann ganz anders schmeckten als unter provenzalischer Sonne. Inzwischen hat in ganz Südfrankreich eine wahre Weinbau-Revolution stattgefunden. Und wer hätte früher geahnt, dass die Entdeckungen von heute aus Languedoc und Roussillon kommen.

Weltberühmt – Châteauneuf-du-Pape

Nie in Frage stand die Qualität der Weine aus Châteauneuf-du-Pape. Als ehemaliger Papstwein sind die Gewächse aus dem Süden von Orange weltberühmt – und selbst für strenge Anti-Alkoholiker von kulturellem Interesse. Vom Papstschloss stehen allerdings nur zwei dürftige Mauerreste, das Dorf scheint ausschließlich aus größeren und kleineren Weinhändlern zu bestehen. Zwischen Châteauneuf, Bédarrides und Courthézon aber steht Weinschloss neben Weinschloss. Bis zu dreizehn Rebsorten (neben roten auch weiße Sorten) dürfen in eine Flasche Châteauneuf, wirklich gute Winzer beschränken sich hier auf einen Ertrag von 35 Hektolitern pro Hektar Reben – oder weniger. Wer einen echten Papstwein kosten möchte, muss schon deshalb die billigen Touristentropfen meiden, die am Straßenrand für ein paar Francs angeboten werden.

Rot, weiß und Rosé – der Süden bietet alle Farben und Geschmacksrichtungen von sehr trocken bis sehr süß.

An den kleinen Straßen des Weinbaugebiets finden sich die großen Namen der Apellationen: Château Mont-Redon mit seinem hochwertigen roten und weißen Châteauneuf-du-Pape. Vor rund 2000 Jahren standen hier schon römische Reben.

Das Château la Nerthe ist ein umwerfend schönes Weingut mit Park und Kellern aus dem 17. bis 18. Jahrhundert. Mistral widmete ihm die Zeilen: »Wenn der Most aus Nerthe im Glas vibriert und lacht…«. Auch heute noch gehören die roten und weißen Châteauneufs-du-Pape dieser Domaine (aus Grenache, Mourvèdre, Syrah und neun anderen Rebsorten) zu den allerbesten der Gegend.

Ein optischer Telegraf gab der Domaine du Vieux Telégraphe seinen Namen. Heute ist die Domaine berühmt für ihre kräftigen, traditionellen roten Châteauneufs-du-Pape aus den Rebsorten Grenache (70%), Syrah (15%) und Mourvèdre (15%). Lese von Hand und geringe Hektarerträge (31 Hektoliter im Durchschnitt) sind hier noch selbstverständlich, mit nur 20000 abgefüllten Flaschen ist der weiße Telégraphe eine kleine Rarität.

Kein Schild weist den Weg zum Château Rayas, einem der allerbesten Châteauneufs. Gerade mal 15000 Flaschen verlassen das Weingut pro Jahr, der Rote wird ausschließlich aus Grenache erzeugt, der Weiße besteht aus Clairette und Grenache Blanc.

Auf der Domaine Paul Autard lohnen neben den Weinen auch die Keller eine Visite: Es sind in gehärteten Sand gegrabene Tunnel mit alten Eichenfässern.

Sämtliche dreizehn zugelassenen Châteauneuf-Rebsorten werden auf dem Château de Beaucastel angebaut: Grenache, Mourvèdre, Syrah, Cinsault, Vaccarese, Counoise, Terret Noir, Muscardin, Clairette, Picpoul, Picardin, Bourboulenc und Roussanne. Seit 1964 haben Beaucastels Reben keine Pestizide, Herbizide oder Kunstdünger gesehen! Die Trauben werden von Hand gelesen, entrappt und nach Rebsorten getrennt ausgebaut. So erzeugen Jean-Pierre und Francois Perrin mit viel Sorgfalt ihren roten Châteauneuf-du-Pape, einen lagerfähigen, komplexen Wein voller Aromen. Auch die weiße Variante (aus 80% Roussanne, 15% Grenache Blanc) ist eine Kostprobe wert.

Herausragend auch die Gewächse vom Clos des Pape. Die Weine aus Paul Avrils Domaine findet man in zahlreichen exzellenten Restaurants der Region. Neben dem erstklassigen Roten ist hier auch der rare weiße Châteauneuf-du-Pape berühmt.

Beaumes de Venise und Rasteau

Aus der näheren Umgebung stammen die Süßweine von Beaumes de Venise und Rasteau. Der goldgelbe Beaumes de Venise aus der Rebsorte Muscat duftet nach Zitronenblüten. Mit stolzen 15% Vol. ist er kein ausgesprochenes Leichtgewicht, wird in der Region gern zum Aperitif mit etwas Melone oder als Entrée zu Foie Gras gereicht. Drei Weintypen gibt es in der Region: Der normale Tradition, auch Muscat des Papes genannt, der Carte d'Or, eine Selektion der besten Parzellen oder Grundweine, sowie der Muscat Bois Doré, der im Eichenholzfass ausgebaut wird. Die Domaine des Bernardins gilt als eines der besten Weingüter der Region.

Auch der Rasteau aus der Rebsorte Grenache Noir ist ein feiner Aperitif-Wein. Die Bestimmungen der Appellation sind besonders streng: Gerade mal 30 Hektoliter pro Hektar dürfen die Winzer einfahren. Eine Kostprobe wert sind z.B. die Weine der Domaine Gourt de Mautens.

Die Provence: Bandol, Cassis, Palette, Tavel u.a.

Manchmal lohnt im Süden der Besuch eines Weinguts schon wegen der Aussicht: Die »Unkraut-Domaine«, Domaine de Malherbe, deren Reben sich bis ins Meer zu erstrecken scheinen, liegt direkt gegenüber der Festung Fort de Bregancon, wo Staatschef Jacques Chirac seinen Urlaub verbringt. Ihre Adresse: »chemin du Bout du Monde« – Weg am Ende der Welt. Für Mireille Ferrari ist es die Postanschrift, die Domaine de Malherbe an der Pointe du Diable ihr privates Paradies, eine regelrechte Mini-Oase: Schnittige, weiße Yachten scheinen direkt vor Weintrauben zu ankern. Reihen von Zypressen und kleinere Pinienwälder, eben Provence pur. Der Impressio-

Die Fässer der Domaine de Trévallon bekommen nur wenige Besucher der Region zu Gesicht. Eloi Dürrbachs Weine sind höchst begehrt.

Die Felsfestung von Les Baux wacht über das provenzalische Rebland.

Mit Wachs versiegelt: Getreu der Tradition verzichtet der Winzer zuweilen auf Metall- oder Plastikkapseln.

Diese Fässer sind nicht für zukünftigen Trinkgenuss bestimmt.

Die Reben der Domaine Richeaume des deutschen Winzers Dr. Henning Hoesch.

nist Henri Edmond Cross hat die – damals noch gartenlose – Idylle 1893 mehrfach auf Leinwand gebannt. Auch wenn die Originale heute im Museum von Nancy ausgestellt werden: Hinter dem Weingut steht wie eh und je die »Cross'sche Eiche« aus einem seiner Gemälde. »Wein gab es auf unserer Domaine schon seit dem 17. Jahrhundert«, erläutert Mireille Ferrari. »Damals versorgte Malherbe die Soldaten in der Vauban'schen Festung von Bregançon mit Rebensaft und Getreide. Seit 1940 gehören 22 Hektar Reben, 30 Hektar Wald – alles denkmalgeschützt – unserer Familie.« Den Ferraris aus Lyon wohlgemerkt, Spezialisten des Textilhandels, deren Urgroßvater freilich vor fünf Generationen aus demselben Dorf, aus dem auch der legendäre Automobilbauer mit Vornamen Enzo stammt, einwanderte. Weil Rebstöcke, die schwer an ihren Trauben tragen, zwar viel Saft, aber wenig Aroma liefern, werden auf Malherbe nur kleine Mengen gelesen: Gerade mal 30 Hektoliter pro Hektar. Das entspricht vier oder fünf Traubenkämmen pro Rebstock, ist wesentlich weniger als bei den Nachbarn und reicht mit Mühe für 70000 Flaschen Roten, Weißen und Rosé.

Eine kleine Sehenswürdigkeit ist auch das Château Sainte Roseline. Der Makler Bernard Teillaud investierte rund 16 Millionen Euro in die Verschönerung der Domaine und die Verbesserung der hauseigenen Gewächse. Seine Kellerei wurde vom prominenten Architekten Wilmotte mitgestaltet, direkt nebenan liegt eine historische Wallfahrtskapelle mit dem Leichnam der Sainte Roseline und einem Mosaik von Chagall: Seine vier Meter hohe »Mahlzeit der Engel« stiftete Marguerite Maeght, die die Foundation Maeght aufgebaut hat.

Bis Ferrari und Teillaud zur absoluten Spitzenklasse gehören, wird noch einige Zeit vergehen. Einstweilen sind andere Weingüter führend: Das Château Pibarnon in La Cadière d'Azur ist über die Jahre zum Klassiker der Appellation Bandol geworden, seine Roten aus der Rebsorte Mourvèdre sind weit über die Region hinaus bekannt. Wer das Weingut des Grafen von Saint-Victor besucht, bekommt vielleicht auch eine kleine Kuriosität zu kosten: Den Schnaps Vieux Marc de Mourvèdre, der 14 Jahre lang in Eichenholzfässern reift.

Château Simone in Meyreuil ist mit seinen 17 Hektar ein vergleichsweise winziges Weingut, gehört aber mit seiner Palette zu den Lieblingen von Küchenchefs und Sommeliers der Region. Seine Weine sind auf den Weinkarten der Spitzenrestaurants zu finden. Rot- und Roséweine werden zum Großteil aus den Rebsorten Grenache, Mourvèdre und Cinsault erzeugt, bei den Weißen dominiert Clairette.

Hervorragenden Côtes de Provence findet man u.a. im Château Real Martin. Besonders die Roten aus 50% Grenache und 50% Syrah sind begehrt.

Zwei der profilierten Provence-Winzer stammen aus deutschen Landen: Im Château Revelette hat es Peter Fischer, »Uhu«-Klebstoff-Erbe, in kurzer Zeit zum erfolgreichen Weinbauer gebracht. Der Grand Rouge aus den Rebsorten Cabernet Sauvignon und Syrah ist ein schönes Beispiel für seine Winzerkünste.

Die Domaine Richeaume von Dr. Henning Hoesch ist ein wahres Mustergut. Bekannte Architekten gestalteten das Weingut. Chemische Hilfsmittel sind hier beim Weinbau strengstens verboten, gedüngt wird stattdessen mit dem Kompost einer Schafherde. Die biologisch erzeugten Trauben reifen in neuen Holzfässern zu einem hervorragenden Côtes de Provence Syrah.

Languedoc: Corbières, Fitou, Faugères, Minervois und viele mehr

Westlich von Montpellier beginnt eine der interessantesten und vielseitigsten Weinbauregionen Frankreichs. Schon die Griechen pflanzten hier Reben. Volle Sommersonne begünstigt seit dem späten 19. Jahrhundert die Lese der Gros rouges, anspruchsloser, aber oft alkoholreicher Landweine.

Doch in den letzten Jahren hat es im Languedoc-Roussillon eine wahre Weinbau-Revolution gegeben. Heute findet man überall erstklassige, manchmal gar legendäre Gewächse.

Mit rund 320000 Hektar bildet das Languedoc zusammen mit dem Roussillon das größte Anbaugebiet des Landes, französische Quellen sprechen sogar vom weltgrößten Weinbaugebiet. Rein statistisch gesehen steht hier jeder dritte französische Rebstock. In der Region gibt es jede

Gläser für vier: Vorbereitung für eine zünftige Weinprobe.

Die Weinberge von Maury: Hier wachsen die Trauben für delikate Süßweine.

Die Glasballons sind typisch für die Weine von Mas Amiel. Heiße Sommer und kalte Winter muss der Wein hier in freier Natur durchstehen.

Viermal Mas Amiel: Süßwein verschiedenen Alters, in Weiß und Rot.

Nicht nur zur herbstlichen Lese, sondern rund ums Jahr fällt Arbeit für die Winzer an.

Eichenholzfässer auf Mas Amiel.

Die Caves Banyuls bei Collioure:
Wer sich telefonisch anmeldet, darf solche Weingüter auch besichtigen.

Weinlese im Roussillon: Madame wird den Tag damit verbringen, nur die optimal gereiften Trauben zu lesen.

Reben soweit das Auge reicht:
Das Languedoc-Roussillon gehört zu den Aufsteigern unter Frankreichs Weinbauregionen.

Menge Appellationen – Corbières, Fitou und Minervois sind die bekanntesten, Muscat de Lunel oder Clairette de Bellegarde bilden eher die Exoten. Doch man sollte im Languedoc weniger auf das Etikett als auf den Produzenten vertrauen. Denn hier liegt Frankreichs »Spielwiese« für junge, ambitionierte Winzer. Das Languedoc-Roussillon ist ein Mosaik diverser Terroirs, wo unterer Durchschnitt neben herausragenden Gewächsen existiert. Aber der Trend geht klar nach oben: Kaum ein Monat vergeht, ohne dass Weinbars und Top-Restaurants in Paris, Monaco oder Brüssel nicht neue Languedoc-Gewächse auf die Karte setzen. Die Weine sind im Vergleich zu gleichrangigen Gewächsen aus dem Bordelais bezahlbar und verblüffen mit ihrer Qualität selbst Weinsnobs. Solch önologischer Aufstieg schlägt sich auch in den Immobilienpreisen nieder: Allein von 1995 bis 2000 stieg der Preis der Weinbaudomänen um 123 % – und es geht weiter aufwärts.

Mas de Daumas Gassac in Aniane, die Domaine d'Aupilhac in Montpeyroux, Château La Voulte-Gasparets in Boutenac, wo die Rebstöcke für die Cuvée Romain Pauc rund 45 bis 90 Jahre alt sind, die Domaine Pujol in Saint-Frichoux, die Domaine Piccinini in La Livinière – sie alle stehen für die neue Generation von Winzern im Languedoc-Roussillon. Und sie sind nicht allein. Da gibt es Primo Palatum in Morizès, dessen Winzer Xavier Copel über Weingüter unter gleichem Namen in Spanien und Portugal, Bordeaux und Cahors verfügt, die Domaine Léon Barral in Cabrerolles, die Prieuré Saint-Jean-de-Bébian in Pézenas, wo seit 1152 Weinbau betrieben wird, oder die Domaine Gauby Gérard – Muntada in Calce – oder den fast schon legendären Grange des Pères, der ebenfalls aus Aniane stammt.

Winzer Laurent Vaillé arbeitete einst als Physiotherapeut, sein Weinwissen erwarb er 1987 bis 1989 bei Eloi Dürrbach von der erwähnten Domaine de Trévallon, anschließend 1990 bei

Gérard Chave und schließlich 1991 bei Jean-Francois Coche-Dury. Heute bewirtschaftet er gut elf Hektar, die mit den Rebsorten Syrah, Mourvèdre und Cabernet Sauvignon sowie Roussanne, Marsanne und Chardonnay bepflanzt sind. Und weil sowohl Cabernet Sauvignon als auch Chardonnay-Reben in der Region für Weine mit AOC-Gütesiegel verboten sind, gelten Vaillés Gewächse ganz offiziell als einfache Landweine. Seit 1992, dem ersten Jahrgang, hat sich der Grange des Pères Rouge aus 40 % Syrah, 40 % Mourvèdre und 20 % Cabernet Sauvignon als einer der elegantesten Weine der Region etabliert: Jede Rebsorte wird getrennt in 228-Liter-Holzfässern ausgebaut. Von diesen Fässern wiederum ist gut ein Drittel neu, ein weiteres Drittel ein Jahr alt, das letzte Drittel hat bereits zwei Jahre in den Weinkellern verbracht. Filtern und Schönen hat sich der Weinmacher untersagt, pro Hektar Rebfläche werden gerade mal 20 bis 25 Hektoliter Trauben gelesen. Schon deshalb ist der Grange des Pères inzwischen eine gesuchte Rarität, die man auf den Weinkarten der besten Restaurants leichter findet als bei manchem Händler.

Lese abgeschlossen: Diese Körbe müssen schnellstmöglich in die Kellerei.

Champagners Urahn

Im Jahre des Herrn 1531 gelang es den Benediktinermönchen von Saint-Hilaire das erste Mal einen Weißwein zum Perlen zu bringen. Sein Name: Blanquette de Limoux. Auch Champagnerliebhaber müssen anerkennen, dass der berühmte »Perlweinerfinder« Dom Pérignon erst 1668 Kellermeister der Abtei von Hautvillers in der Champagne wurde. Mauzac-, Chardonnay- und Chenin-Trauben wachsen heute rund um Limoux, mit 80 % für jede Bouteille dominiert der Mauzac. Vinifiziert wird genau wie in der Champagne, von der schonenden Pressung der Trauben, die 4000 Kilogramm Beeren in 2500 Liter Most verwandelt, bis zur zweiten Gärung in der Flasche und schließlich zur richtigen Assemblage (Verschnitt) der Cuvée. Eine wahre Alchemie, bei der Grundweine aus verschiedensten Lagen und bis zu zehn unterschiedlichen Jahrgängen (in der Regel sind es nur drei) vom Kellermeister zum »Wunschgeschmack« vermählt und mit mehr oder minder starker Dosage (in Wein gelöstem Zucker) gesüßt werden. Ausnahme ist der rare Blanquette Méthode Ancestrale: Für den gibt es keine Assemblage von Grundweinen und erst recht keinen gezuckerten Liqueur de tirage. Den Zucker muss die Mauzac-Traube ganz allein mitbringen. Angeblich gelingt diese delikate Mischung am besten während bestimmter Mondphasen im März.

Roussillon: Die edlen Süßen aus Maury, Rivesaltes und Banyuls

Wenn zum Abschluss eines gelungenen Menüs eine Schokotorte oder –mousse auf den Tisch kommt, dann reichen die besten Lokale zwischen Lille und Collioure dazu gern ein winziges Glas Maury, Rivesaltes oder Banyuls. Herrliche Süßweine aus dem Roussillon. Auf dem Weingut Mas Amiel bei Maury etwa bietet sich ein ungewöhnliches Bild: In Glasballons, den so genannten Bonbonnes, werden die Weine ein Jahr lang sommerlicher Hitze, kühlendem Regen und direktem Sonnenlicht ausgesetzt – das Geheimnis der dichten Aromen, etwa von Karamell. Dabei hat die Domaine klein angefangen: Im Jahre 1818 gewann ein gewisser Monsieur Etienne Amiel das Weingut angeblich während eines Kartenspiels. Verlierer war ausgerechnet der Erzbischof von Perpignan. Amiel verdiente sein Geld als Müller, bis ihn ein Monsieur Gouzy zum Weinmachen bekehrte. Der Rest ist Geschichte – Mas Amiel avancierte schnell zu einem der Lieblingsweine des Königs von Portugal. Die Geheimnisse des Mas Amiel, das sind die Lese der Grenache-Noir-Trauben von Hand, das Jahr in den erwähnten Bonbonnes, gefolgt von 5 bis 20 Jahren in Eichenholzfässern. So ein 20-jähriger Mas Amiel duftet intensiv nach Mokka, Feigen und Nüssen, Leder und Gewürzen – und ein fülliges Schokodessert gehört zu den wenigen Gerichten, die sich neben solcher Aromenfülle behaupten können.

Menüvorschläge

Nicht ohne Grund gilt Frankreich als Paradies für Feinschmecker, kann man doch nicht nur zu festlichen Anlässen ein Menü genießen, sondern auch im Alltag. Meist werden drei Gänge angeboten, bei der Bewirtung lieber Gäste können es aber im Land der Gourmets auch einmal bis zu zehn sein. Hier ein paar Ideen für Menüs, die Ihren Gästen, aber auch der Familie sicher schmecken werden.

Ravioli aux olives

Schnelle Menüs

Beignets de fleurs de courgettes (Seite 31)
Crevettes au pastis (Seite 49)
Figues au chèvre (Seite 65)

Tapenade verte (Seite 95, mit geröstetem Brot und Gemüsesticks serviert)
Entrecôte au beurre d`anchois (Seite 191)
Als Beilage: Haricots verts à la niçoise (Seite 41) oder Salat und Baguette
Frische Früchte
2–3 Käsesorten

Pain à la tomate (Seite 160)
Cabillaud aux écailles de chorizo (Seite 183)
Gratin d`abricots (Seite 199)

Einfache Menüs

Crudités (Seite 27)
Poulet aux gousses d`ail (Seite 127)
Als Beilage: Tian de légumes (Seite 44) und Baguette
Figues au chèvre (Seite 65)

Tapenade verte oder noire (Seite 95)
Agneau au riz vert (Seite 59)
Pêches gratinées (Seite 63)

Salade de pissenlits (Seite 101)
Magrets de canard aux cerises (Seite 193)
Pêches au Banyuls (Seite 201)

Menüs, die sich gut vorbereiten lassen

Caviar d`aubergines (Seite 33)
Boles de picolat (Seite 191, vor dem Servieren kurz erwärmen, als Beilage Baguette servieren)
Crème catalane (Seite 202)

Terrine de chèvre (Seite 161)
Calamars farcis aux blettes (Seite 115, Tintenfische vorbereiten und füllen, in den Kühlschrank stellen und vor dem Essen nur noch schmoren, als Beilage Baguette und eventuell einen kleinen Salat servieren)
Mousse au chocolat au Banyuls (Seite 202)

Gaspacho au melon (Seite 161)
Cassoulet (Seite 188, alles vorbereiten und in den Ofen schieben, kurz bevor die Gäste kommen)
Pêches au Banyuls (Seite 201)

Escalivada (Seite 159)
Daube de bœuf (Seite 121, fertig garen und abkühlen lassen, vor dem Servieren erwärmen)
Als Beilage: Ratatouille (Seite 40, lauwarm serviert) und Baguette
Tarte aux abricots (Seite 134)

Vegetarische Menüs

Salade de tomates au fromage de chèvre (Seite 25)
Soupe au pistou (Seite 37)
Crème catalane (Seite 202)

Escalivada (Seite 159)
Als Beilage: Socca (Seite 29)
Gratin de courge (Seite 109)
Glace au miel et thym (Seite 133)

Aigo boulido (Seite 37)
Ravioli aux olives (Seite 39)
Tarte aux blettes (Seite 69)

Salade à la tapenade (Seite 103)
Tarte Tatin aux tomates (Seite 99)
Als Beilage: Blattsalat und Baguette
Mousse au chocolat au Banyuls (Seite 202)

Menüs mit Fisch

Salade de lotte aux pêches (Seite 165)
Pot-au-feu de thon (Seite 116)
Als Beilage: Baguette
Crème catalane (Seite 202)

Poivrons rôtis aux anchois (Seite 159)
Rougets en papillotes (Seite 47)
Als Beilage: Ratatouille (Seite 40) oder Escalivada (Seite 159) und Baguette
Tarte au citron (Seite 67)

Brandade de morue (Seite 113)
Lotte aux olives (Seite 116)
Als Beilage: Estouffade de tomates (Seite 45) und Baguette
Pêches gratinées (Seite 63)

Salade camarguaise (Seite 103)
Loup de mer et mousseline (Seite 179)
Als Beilage: Ratatouille (Seite 40)
Glace au miel et thym (Seite 133)
Dazu: Pignolats (Seite 69)

Festliche Menüs

Mit drei Gängen:
Terrine provençale (Seite 96, mit einer kleinen Salatbeilage und Baguette)
Dorade à l`orange (Seite 51)
Als Beilage: Pommes de terre au four (Seite 105)
Gâteaux au chocolat chaud (Seite 63)

Saumon mariné und Pain de courgettes (Seite 168)
Magrets de canard aux cerises (Seite 193)
Als Beilage: Primeurs braisés (Seite 173) und Baguette
Glace au miel et thym (Seite 133)

Rillettes d`espadon (Seite 165), mit geröstetem Brot und Cocktailtomaten serviert
Canard au miel (Seite 131)
Pêches au Banyuls (Seite 201)

Mit vier Gängen:
Mesclun (Seite 25)
Bouillabaisse (Seite 111)
Lapin roulé aux tomates (Seite 60)
Tarte au citron (Seite 67)

Salade de lotte aux pêches (Seite 165)
Escalivada (Seite 159)
Pintade aux légumes (Seite 129)
Als Beilage: Baguette
Gâteaux de châtaignes (Seite 134)

Mesclun (Seite 25)
Sardines tièdes aux tomates (Seite 31)
Gigot d`agneau au tian (Seite 124)
Sorbet au citron et au basilic (Seite 65)

Mit fünf Gängen:
Tapenade noire und Tapenade à la tomate (Seite 95, jeweils auf gerösteten Brotscheiben serviert)
Tarte Tatin aux tomates (Seite 99)
Cailles au raisin (Seite 129)
Dorade au sel (Seite 55)
Als Beilage: Escalivada (Seite 159)
Sorbet au citron et au basilic (Seite 65)

Rougets en papillotes

Ideen für ein Picknick im Freien

Von dem Picknick werden 6–8 Personen satt. Kaufen Sie dazu Baguette (etwa 3 Stangen) und eventuell etwas Käse oder auch Salami oder Schinken.

Salade niçoise (Seite 27)
Tapenade (alle drei, Seite 95), mit Gemüsesticks und Baguette
Fougasse (Seite 101)
Pissaladière (Seite 35)
Tarte aux blettes (Seite 69)

Ideen für ein südfranzösisches Büfett

Dieses Fest reicht für 12–14 Personen. Servieren Sie dazu Baguette (etwa 4 Stück) und ein paar Käsesorten (etwa 150 g pro Person). Außerdem passen frische Früchte gut zum Büfett.

Olives à l`huile (Seite 29)
Œufs farcis aux anchois (Seite 171, doppelte Menge zubereiten)
Beignets de morue (Seite 171, doppelte Menge)
Trouchia (Seite 33)
Tourte aux girolles (Seite 175)
Escalivada (Seite 159, doppelte Menge)
Salade camarguaise (Seite 103, doppelte Menge)
Tarte aux marrons et cerises (Seite 199)
Crème à la lavande (Seite 133, doppelte Menge)

Creme à la levande

Speisen und Spezialitäten *Das kleine Lexikon erklärt Ihnen typische Zutaten der südfranzösischen Küche, die bei uns nicht so bekannt sind, und nennt auch (vor allem süße) Spezialitäten, die man sich aus dem Südfrankreich-Urlaub mitbringen kann.*

Agneau

Aioli

Agneau
Lamm, bekannt sind die Lämmer aus der Crau oder aus Sisteron. Gutes Lamm ist blassrosa oder fast weiß mit schneeweißer, fester Fettschicht. Letztere darf beim Anfassen nicht unter den Fingern rollen. Ein alter Metzgertrick: Hände anwärmen und über die Fettschicht gleiten lassen. Ist das Lamm zu alt, hat man anschließend typischen Hammelgeruch an den Fingern.

Agrume
Zitrusfrucht

Ail
Knoblauch, unersetzbarer Bestandteil der Küche des Südens. Schön fest soll frischer Knoblauch sein, von matter Farbe und ohne braune Flecken. Hohle, leere Stellen im Inneren sprechen immer für schlechten Knoblauch, auch wenn die Außenseite noch so schön wirkt.

Wer keinen Knoblauch mag, sollte die Zehe versuchsweise in zwei Hälften teilen und den Keim in der Mitte entfernen – anschließend schmeckt die kleine Knolle nicht ganz so intensiv. Jenseits des Languedoc wächst der berühmteste Knoblauch Frankreichs: L'ail rose de Lautrec (Rosa Knoblauch aus Lautrec bei Toulouse).

Aioli
Knoblauchmayonnaise, oft zur Bouillabaisse gereicht; als Grand Aioli ein vollwertiges Gericht mit Fisch, Fleisch oder Gemüsen zu gleichnamiger Mayonnaise, die man auch fertig zubereitet kaufen kann (Rezept Seite 92).

Anchoiade
Anchovispaste mit Olivenöl und Knoblauch (Rezept Seite 26).

Araignée de mer
Seespinnen, auch Meerspinnen oder Teufelskrebse genannt. Man erhält sie von Mai bis Juli und von Oktober bis Dezember, im Sommer sollte man die Weibchen, im Winter die Männchen bevorzugen. Die Qualität erkennt man kurioserweise auch an der Farbe: Vermeiden sie weiße und rote Exemplare und kaufen sie lieber ocker- bis rostfarbene Seespinnen. Für den Hausgebrauch ist das Meerestier kaum geeignet: Seespinnen ausnehmen dauert extrem lange. Auch ein guter Koch braucht dazu mindestens 15 Minuten.

Artichaut
Artischocke. Anders als im Rest Frankreichs werden im Süden vor allem die kleinen violetten Artischocken angeboten und zubereitet, die man im Ganzen und – wenn sie sehr jung sind – sogar roh essen kann. Die besten sind im späten Winter und im Frühjahr zu haben. Von den Artischocken werden so viele Blätter abgelöst, bis man sie am unteren (hellen) Ende leicht beißen kann. Dann das obere Ende der restlichen Blätter großzügig abschneiden und die Artischocken der Länge nach auseinander schneiden. Ist in der Mitte Heu zu sehen, dieses mit einem kleinen Messer entfernen. Den Stiel übrigens nicht abbrechen, sondern spitz zuschneiden. Profitipp für große Artischocken: Vor dem Zubereiten den Stiel (Fuß) mit einer festen Kreisbewegung abreißen und nicht mit dem Messer abschneiden (klappt am besten an einer Tischkante, wenn der Fuß unten liegt). Beim Schneiden mit dem Messer verbleiben nämlich Fasern im Artischockenherz, die für einen bitteren Beigeschmack sorgen.

Bagna caouda
warme Sauce aus Knoblauch, Olivenöl und Anchovispüree, in die Crudités, Selleriestangen und andere Gemüse, gestippt werden. Wird traditionell am 24. Dezember serviert. (Rezept Crudités, Seite 27).

Banon
Weichkäse aus Schaf-, Ziegen oder Kuhmilch, befeuchtet mit Marc de Provence, meist eingewickelt in Bohnenkraut, Kastanien- oder Eichenblätter (siehe auch Reportage Seite 18).

Bar
Wolfsbarsch, besonders edler und schmackhafter Meeresbewohner. Seine Qualität hängt auch davon

ab, wie er gefangen wurde: Ist er den Fischern irgendwo in den Tiefen des Meeres ins Netz gegangen, ertrinkt er förmlich, wenn er an Bord geholt wird. Seine Schwimmblase sowie die Blutgefäße rings um die Augen platzen. Im Handel erkennt man diese Barsche am schlaffen Bauch und den roten Augen – keine gute Ware. Besser ist der geangelte Barsch: Am festen, harten Fleisch (besonders am festen Bauch) und der glänzenden grauen Farbe erkennt man Qualität.

Basilic
Basilikum wird in Südfrankreich für die Zubereitung von Pistou, der dem Pesto ähnlichen Paste verwendet, aber auch für Gemüsegerichte und Salate.

Baudroie
Seeteufel. Hässlich, aber wohlschmeckend und noch dazu leicht zu entgräten, weil der auch Lotte genannte Fisch nur über eine Zentralgräte verfügt. Frisch ist sein Fleisch fast schneeweiß, das Blut hingegen schön rot. Je länger die Lotte in der Auslage altert, desto gelber verfärbt sich das Fleisch, das Blut des Fisches läuft dagegen langsam braun an.

Beignets
frittierte Krapfen, in der Provence gerne mit Auberginen, Lammhirn (Cervelle d'Agneau) oder Zucchiniblüten (Fleurs de Courgettes) zubereitet.

Berlingot de Carpentras
harte Fruchtbonbons auf Basis von Fruchtsirup. Letzterer wird auf 140–150° erhitzt, kühlt auf Marmor, der mit einem Öl des gewünschten Aromas abgerieben wurde.

B(l)ette
Mangold. Ist ein Wintergemüse und wird in der Provence nicht nur als Omelette oder zusammen mit Fleisch zu feinen Klößen, sondern auch zusammen mit Äpfeln zu einem aromatischen Kuchen verarbeitet.

Bouquet garni
Wird es in einem Rezept erwähnt, ist immer eine Mischung aus frischen Kräutern gemeint. Sie werden zu einem Sträußchen zusammengebunden, damit man sie nach dem Garen wieder aus dem Topf fischen kann. In der Provence enthält das Bouquet garni meist Thymian, Rosmarin, Lavendel und Lorbeer und kann durch Majoran, Basilikum, Fenchel- oder Bohnenkraut ergänzt werden. Es kocht nicht nur in der Suppe mit, sondern auch im Gemüseragout, in der Tomatensauce oder im Fleischeintopf Daube.

Brebis
Mutterschaf, Hartkäse vom Schaf mit würzig-aromatischem Geschmack, der je nach Region, aus der er stammt, variieren kann (siehe auch Reportage Seite 18).

Brousse
Frischkäse aus Schafs- oder Kuhmilch (siehe auch Reportage Seite 18).

Bulot
Meeresschnecke

Cachat
Ziegen- oder Schafskäse, mariniert in Fruchtschnaps oder anderem Alkohol (siehe auch Reportage Seite 18).

Caille
Wachtel. Sie ist das kleinste Feldhuhn mit einer Länge von etwa 18 cm. Wachteln kommen wild vor, werden aber vor allem in Frankreich auch gezüchtet. Sie sind nicht nur wegen ihrer kleinen Eier beliebt, sondern bei Feinschmeckern auch wegen ihres feinen aromatischen Fleischs. Innerhalb eines Menüs serviert man pro Person eine Wachtel. Will man sie als Einzelgericht anbieten, sollte man pro Person zwei zubereiten. Wachteln bekommen Sie im Geflügelgeschäft und in den Lebensmittelabteilungen größerer Kaufhäuser.

Calamar
Tintenfisch. Es gibt große und kleine Exemplare, mit vielen oder wenigen Fangarmen, außerdem die dicken Pulpi mit kräftigen Armen samt Saugnäpfen. Am besten schmecken kleine und zarte Tintenfische, große brauchen eine längere Garzeit. Kaufen Sie am besten küchenfertig vorbereitete Meerestiere.

Calissons
Mandelgebäck mit kandierten Melonen aus Aix. Ruht auf einer Oblate und wird schon im 12. Jahrhundert urkundlich erwähnt – wenn auch nicht in der Provence, sondern in Padua. (Rezept Seite 139).

Chèvre
Ziege, Ziegenkäse (siehe auch Reportage Seite 18).

Gefüllter Calamar

Calissons

Cèpe
Steinpilz. Im Sommer und Herbst wird er bei ausreichend Regen wie auch der Pfifferling auf allen Märkten angeboten. Steinpilze werden im Ganzen gegrillt, gebraten oder auch in Stücken im Ragout mitgeschmort. Dafür können Sie auch getrocknete Steinpilze verwenden, die fast noch mehr Aroma haben. Die Pilze dafür in lauwarmem Wassert weich werden lassen. Frische Steinpilze werden bei uns inzwischen fast immer aufgeschnitten angeboten, damit man auf einen Blick erkennen kann, ob sie wurmfrei sind. Bei solchen Pilzen unbedingt darauf achten, dass die Schnittstellen frisch und nicht angetrocknet sind. Steinpilze nicht waschen, sondern nur mit einem feuchten Küchenpapier abreiben oder mit einem kleinen Messer säubern.

Citron

Citron
Zitrone. Die besten französischen Zitronen kommen aus Menton, viele Köche verwenden aber auch spanische Ware. Menton-Zitronen werden einzeln und nicht im Netz verkauft, um die Qualität jeder einzelnen Frucht begutachten zu können (siehe auch Info Seite 66).

Cochon
Schwein, im Languedoc wesentlich beliebter als in der Provence. Geruchsarmes, festes Fleisch ohne Feuchtigkeit gilt als das beste – und natürlich sollten die Schweine auf dem Bauernhof im Freien gehalten worden sein. Besonders wenn der Bauer seine Tiere mit Eicheln und Kastanien ernährt – was man leider als Verbraucher nicht nachprüfen kann – ist Wohlgeschmack garantiert. Schweinefleisch darf ruhig fett sein, französische Feinschmecker schätzen gerade auch die fetten Sorten.

Daube

Confit
eingemacht; bei Fleisch: in Fett eingelegt. Beliebt sind eingelegte Gänse- und Ententeile (Confit d'Oie, Confit de Canard; Rezept Seite 187).

Coulis
konzentrierter Saft oder Püree aus Gemüse (z.B. Tomaten) oder Obst.

Daube
Schmortopf von Rindfleisch und Gemüse.

Dorade oder Daurade
Brasse, Dorade. Glänzende, runde, leicht hervorstehende Augen sind ein Qualitätszeichen. Doraden sollte man im Ganzen kaufen und erst beim Fischhändler ausnehmen und schuppen lassen. Die edelste Sorte heißt Dorade Royale (Goldbrasse), mit silberner Schuppenhaut und weißem, magerem, aromatischem Fleisch. Auch Meerbrassen, manchmal Dorade rosé genannt, werden auf den Märkten der Region verkauft. Weniger wohlschmeckend ist die Dorade grise.

Eau de Vie
Branntwein.

Estévénoun
»Festtagsbrötchen« mit Olivenöl und Puderzucker, wird traditionell am 26. Dezember gegessen.

Estouffade
geschmortes Fleisch, Gemüse oder Geflügel.

Espadon
Schwertfisch. Er hat wie der Tunfisch festes Fleisch und keine Gräten und schmeckt in Stücken in einem Eintopf, vom Grill oder aus der Pfanne. Nicht zu lange garen, damit er nicht trocken wird.

Fenouil
Fenchel. Die Knollen mit dem leicht anisartigen Aroma kauft man am besten sehr weiß und recht fest. Sobald er braun anläuft, verfault er von innen heraus. Selbst braune Flecken sind ein Alarmzeichen: Solche Fenchel werden faserig und schlapp. Für Frische spricht hingegen ein »Kopfschmuck« aus grünen Blättern.

Fèves
dicke Bohnen. Das würzige Gemüse kommt im Frühjahr auf den Markt. Ganze junge dicke Bohnen knabbern die Provenzalen auch roh, größere hingegen können etwas bitter schmecken und werden deshalb von ihrer Haut befreit. Dazu die dicken Bohnen aus den Hülsen drücken und kurz in Salzwasser blanchieren. Kalt abschrecken und aus den Häutchen drücken. Dicke Bohnen vertragen sich gut mit violetten Artischocken, aber auch mit Erbsen oder grünen Bohnen. Bei uns – wo sie zumindest im Süden nicht so beliebt und bekannt sind – bekommen Sie sie am besten im griechischen oder türkischen Gemüsegeschäft.

Fleur de courgettes
Zucchiniblüte, wird meist gefüllt serviert (Rezept Seite 31).

Fleur de sel
feinstes Salz aus der Camargue. Die Salzkörnchen werden von Hand mit großen Kellen »geerntet« und für einige Stunden zum Abtropfen in der Sonne gelagert. Das Salz, das man in kleinen Dosen kaufen kann – die übrigens immer den Namen desjenigen tragen, der es eingefüllt hat, – zerreibt man leicht zwischen den Fingern und streut es dann über Tomaten oder anderes Gemüse, Salat, frisch gegrillten Fisch oder Fleisch. Es ist aromatisch und weniger salzig als andere Salzarten.

Girolle
Pfifferling. Die kleinen Pilze am besten ganz kurz in kaltem Wasser schwenken und gut abtropfen lassen. Verunreinigungen mit einem Messerchen entfernen.

Grondin oder Rouget grondin
Knurrhahn. Er hat einen auffallenden Kopf und eine kräftig rote Färbung. Der Fisch mit dem intensiven Aroma ist wichtiger Bestandteil der Bouillabaisse, hat allerdings sehr viele Gräten.

Huître
Auster. Kommen am Mittelmeer z. B. aus Bouzigues. Die meisten europäischen Austern stammen von der japanischen Sorte Gigas ab. Auch vermeintlich identische Austern schmecken unterschiedlich, je nachdem in welcher Region und welchem Wasser sie gezüchtet wurden. Fragil, rar und teuer sind die flachen, fast runden Austern, die Huîtres plates mit zartem Haselnussaroma (siehe Info Seite 176).

Langouste
Languste. Eine gute Languste verfügt über relativ lange, frisch glänzende Antennen, ist schwer für ihre Größe, verfügt über einen intakten Panzer ohne Löcher oder gar fehlende Gliedmaßen sowie schimmernde Augen. Selten ein guter Kauf sind beim Traiteur vorgekochte Langusten, auch Tiefkühlware ist meist ihren Preis nicht wert.

Langoustine
auf gut Deutsch Kaisergranat, bekannter als Langustinos oder Scampi. Ein Minihummer, den man ebenfalls nicht tiefgefroren erwerben sollte. Finger weg von schlappen, weichen Exemplaren, denen vielleicht sogar eine Schere fehlt oder deren Krustenpanzer schwarze Flecken aufweist. Gute Langustinos sind 15 bis 20 Zentimeter lang und etwa daumendick, mit roten Scheren, schwarzen Augen und glänzendem rosa Panzer.

Laurier
Lorbeer

Lavande
Lavendel. Wird in Südfrankreich nicht nur für Duftsäckchen und Duftwasser verwendet, sondern auch zum Kochen, ob zu Lamm oder auch zu feinen Süßspeisen. Nicht nur die Blätter, sondern auch die hübschen Blüten kommen zum Einsatz. Besonders fein schmeckt auch Lavendelhonig (siehe auch Info Seite 131).

Loup de mer
Wolfsbarsch, im Süden der Name für den Bar (siehe dort). Wird in der Provence gern mit Fenchel gegrillt oder mit Oliven serviert.

Marjolaine
Majoran

Marrons
gewölbte Esskastanien, Maronen. Man kann sie inzwischen in fast allen Gemüsegeschäften und in der Gemüseabteilung größerer Supermärkte gekocht, geschält und vakuumverpackt kaufen. Wer sie dennoch selbst zubereiten möchte: Kastanien an der gewölbten Seite kreuzweise einschneiden und in kochendem Wasser garen, bis sie weich sind. Kalt abschrecken und die braune Schale abbrechen. Die darunter liegende Haut ebenfalls so gut wie möglich abziehen. Esskastanien mit mehreren Früchten in der stacheligen Hülle heißen Châtaigne.

Stockfischbällchen

Morue
Stockfisch, getrockneter Kabeljau, meist gesalzen und getrocknet. Vor dem Einsalzen und Trocknen werden die Fische in die beiden Filets geteilt. Durch das Einsalzen und/oder Trocknen werden sie für viele Monate haltbar gemacht. Vor der Zubereitung die Filets in Wasser 1–2 Tage weich werden lassen, bei gesalzenem Stockfisch das Wasser dabei häufig wechseln, damit der Fisch Salz verliert. Dann wird der Fisch je nach Rezept kurz gekocht und von der Haut und den dicken Gräten befreit, bevor man ihn weiter verarbeitet. Kaufen können Sie Stockfisch in spanischen, italienischen und portugiesischen Spezialiätengeschäften und in gut sortierten Fischgeschäften (eventuell nach Vorbestellung).

Morue fraîche
Kabeljau. Ein glänzender Leib zeugt von Qualität, außerdem sollten die kleinen »Bärte« in den Mund-

winkeln schön starr sein. Das feste Fleisch präsentiert sich in klarem Weiß, besonders guter Kabeljau geht den Fischern von Januar bis Mai ins Netz.

Gefüllte Miesmuscheln

Moules
Miesmuscheln, werden z. B. in Bouzigues gezüchtet. Miesmuscheln sind kalorienarm, reich an Jod, Eisen und Kalzium. Stammen sie allerdings aus stark verschmutzten Gewässern, können sie giftig sein oder Allergien auslösen. Vom Juli bis August schmecken die Meerestiere am besten, auch im Winter lohnt der Kauf. Nur im Frühjahr sollte man die Muscheln vom Teller verbannen: Während ihrer Reproduktionsphase sind die Tiere mager oder fade. Die Muschel sollte fest geschlossen sein, der »Panzer« feucht-glänzend schwarz schimmern: Nur frische – also noch lebende – Miesmuscheln schmecken. Wenn die Muskeln, die die Schalen gegeneinander pressen, nachgeben, die Muschel also »gähnt« oder wenn die Außenseite noch dazu trocken wirkt, leiden die Meerestiere eindeutig an Überalterung. Appetitlich blau schimmernde Schalen sind kein Zeichen für Qualität: Solche Miesmuscheln wurden oft gereingt und sind fragiler als ihre Artgenossen.

Navets
weiße Rübchen. Die feinste aller Rüben wird bei uns auch unter der Bezeichnung Mairübe angeboten. Sie ist weiß oder leicht rosa und im Frühjahr so zart, dass man sie im Ganzen zubereiten – braten, dünsten oder schmoren – kann.

Weißer Nougat

Noilly Prat
frz. Wermutmarke, oft verwendeter Saucen-Bestandteil (siehe auch Info Seite 194).

Nougat
in Frankreich keine Schokolade, sondern weiße, feste »Barren« aus Mandeln oder Haselnüssen, manchmal auch Trockenfrüchten mit Honig und karamellisiertem Zucker (siehe auch Info Seite 136).

Oursin
Seeigel, eine Delikatesse, die meist roh, aber auch gedämpft oder in der Schale gegart serviert wird.

Oursinade
Creme aus Rogen von Seeigeln, oft zu Fisch serviert.

Pastis
»Nationalgetränk«. Aperitif mit Anis- und Lakritzgeschmack (siehe auch Info Seite 48).

Petis gris
kleine Schnecken.

Pignolats
süßes Gebäck mit Mandeln und Pinienkernen (Rezept Seite 69).

Pintade
Perlhuhn. Es gehört nicht mit dem Huhn, sondern mit dem Fasan in eine Familie und wird vor allem in Frankreich gezüchtet. Perlhühner haben weiße Tupfen auf dem graubraunen Gefieder, was ihnen den Namen einbrachte. Sie liefern dunkles, feines Fleisch, das geschmacklich an Fasan erinnert. Man kann sehr kleine Perlhühner mit etwa 600 g Gewicht, aber auch größere kaufen. In der Regel werden von einem Perlhuhn zwei Personen satt.

Pissenlit
Löwenzahn. Sein Name »Mach ins Bett« weist auf eine seiner Eigenschaften hin: Löwenzahn entwässert und wird deshalb vor allem im Frühjahr gern gegessen, um den Körper nach den langen Wintermonaten wieder fit zu machen. Löwenzahn können Sie wild sammeln (darauf achten, dass er nicht neben stark befahrenen Straßen oder gedüngten Feldern und Wiesen wächst) oder in seiner kultivierten Form kaufen. Wilder Löwenzahn ist kleiner und intensiver im Geschmack. Nehmen Sie am besten junge Blätter. Ältere Blätter schmecken bitterer, was man aber etwas abmildern kann, wenn man sie etwa 10 Minuten in lauwarmes Wasser legt.

Pistou
dem Pesto ähnliche Würzpaste aus Knoblauch, Basilikum und Olivenöl.

Poutargue
getrocknete Meeräschenrogen. Dafür werden den Weibchen die Eitaschen möglichst ganz entnommen, eingesalzen, gepresst und getrocknet. Wie der Bottarga in Italien ist Poutarge inzwischen eine nicht ganz preiswerte Delikatesse. Der getrocknete Rogen wird fein gehobelt und auf geröstetes Brot gelegt oder wie in Italien auch über Nudeln oder Kartoffeln gehobelt.

Raîte
Würzpaste aus Tomatencoulis, Knoblauch, Lorbeer, Fenchel und Petersilie, in Olivenöl gekocht. Zum Stockfisch eines der traditionellen Weihnachtsgerichte der Provence.

Rascasse
Drachenkopf, hässlicher, aber aromatischer Fisch. Sehr grätenreich. Eine Zutat der Bouillabaisse.

Romarin
Rosmarin

Roquette
Rucola – wie in Italien auch in Frankreich eine beliebte Zutat im Salat. Man findet hier vor allem die länglichen, gewellten Blätter mit leicht pfeffrigem Aroma.

Rouget
bezeichnet Fische aus der Familie der Barben, eine Delikatesse sind die Rougets de Roche aus dem Mittelmeer. Daneben gibt es noch Rouget barbet, die rote Meerbarbe.

Rouille
rote Knoblauchmayonnaise mit Paprika, Safran, Olivenöl. Wird oft zur Fischsuppe gereicht (Rezept Seite 92).

Sarriette
Bohnenkraut. In Südfrankreich mit besonders würzigem, leicht pfeffrigem Geschmack und kleinen Thymian ähnlichen Blättern. Bei uns am besten durch eine Mischung aus Bohnenkraut und Thymian zu ersetzen.

Sauge
Salbei. Am besten schmecken die kleinen Blätter. Außerdem ist Salbei so intensiv, dass er zusammen mit anderen Kräutern nur vorsichtig zum Einsatz kommen sollte. Noch besser: Salbei solo verwenden.

Tapenade
Paste, ursprünglich aus schwarzen Oliven, Kapern und Anchovis, heute oft auch aus grünen Oliven (Rezepte Seite 95).

Tellines
besonders feine Muscheln aus der Camargue, die auch roh gegessen werden (siehe Info Seite 115).

Thon
Tunfisch. Er wird nicht nur frisch gebraten oder auf den Grill gelegt, sondern auch in Dosen eingemacht. Dabei gibt es ziemliche Qualitätsunterschiede. Am besten schmeckt hochwertiger roter oder heller Tunfisch, der in gutem Olivenöl eingelegt wurde.

Thym
Thymian

Tian
Ursprünglich heißt so eine Auflaufform aus Ton. Da man in ihr alle möglichen Gemüsegratins und Aufläufe, ob aus Auberginen, Zucchini, Paprika, Kürbis oder Tomaten zubereitet, haben diese Gemüsegerichte denselben Namen.

Treize desserts
Weihnachtstradition der Provence. Dessertteller mit 13 verschiedenen Zutaten: 4 Mandeln, Nüsse, Trockenfeigen, Rosinen oder Datteln, 4 frische Früchte, etwa Äpfel, Birnen, Orangen, Melonen, schwarzer und/oder weißer Nougat, trockene Biscuits, kandierte Früchte, traditionelle Brotsorten wie Fougasse oder Pompe à l'Huile (siehe auch Info Seite 137).

Truffe
Trüffel. Sie heißen Périgord–Trüffeln, lernen das Périgord aber meist nur als Durchreisende kennen und stammen zu etwa 80% aus der Provence. Hauptproblem beim Trüffelkauf sind Fälschungen und minderwertige Sorten: Der außen schwarze aber innen weiße Truffe de Saint-Jean (Tuber aestivum) oder der Sommertrüffel Tuber Uncinatum, der auch Truffe de Bourgogne genannt wird, wechseln auf chemischem Weg die Farbe zu tiefschwarz, werden mit einem Spritzer Trüffelöl aromatisiert und zum Truffe de Périgord umetikettiert. Extrem aromenarm ist auch die China-Trüffel (siehe auch Reportage Seite 140).

Vinaigre de Banyuls
in Eichenfässern gereifter, besonders aromatischer Essig aus Banyuls mit ca. 6% Säure.

Violets
Meeresfrüchte, die auch Meereskartoffeln genannt werden und nur am Mittelmeer vorkommen. Die weichen Früchte mit dem skurrilen Aussehen genießt man wie Austern und Seeigel roh.

Rougets

Thon

Adressen *Hier finden Sie »unsere« Restaurants, Boutiquen und Winzer. Eine kleine, subjektive Auswahl der Adressen, die wir auf unseren Reisen durch Südfrankreich besucht haben.*

Côte d'Azur

Restaurants

Alain Ducasse – Louis XV
Permanent kopiert doch nie erreicht. Alain Ducasse lancierte im Alleingang die Mode der mediterranen Küche, wurde ganz nebenbei jüngster Drei-Sterne-Koch Frankreichs und kocht neuerdings auch in Paris groß auf. Der Speisesaal wirkt mit seinen goldenen Platztellern fast wie ein Stück von Versailles.
Alain Ducasse – Louis XV, Hôtel de Paris, place du Casino, 98000 Monaco, Tel.: 00377 92 16 29 76

Auberge de la Madone
Ravioli von Peillon mit geschmortem Rindfleisch, Steinpilzfrikassee mit Pfifferlingen und kleinen Zwiebeln, im Topf gegartes Kaninchen mit Rosmarin – seit 50 Jahren serviert die Auberge in diesem Bergnest ursprüngliche Regionalküche.
Auberge de la Madone , 06440 Peillon,
Tel.: 0033 4 93 79 91 17

Bruno

La Bastide de Moustiers
Das zweite Zuhause von Spitzenkoch Alain Ducasse. Rustikale Leckereien à la geschmorte Gemüse mit Speck, gefüllte Fasanenhenne oder Milchschwein mit Polenta.
La Bastide de Moustiers, La Grisolière, Quartier Saint-Michel, 04360 Moustiers-Ste-Marie,
Tel.: 0033 4 92 70 47 47

La Bastide Saint-Antoine
Jacques Chibois bietet in einer herrlich restaurierten Bastide raffinierte mediterrane Küche der Spitzenklasse.
La Bastide Saint-Antoine , 48, avenue Henri Dunant, 06130 Grasse, Tel.: 0033 4 93 70 94 94

Bruno
Speisekarte oder Weinkarte gibt es nicht. Das Menü verkündet Bruno, ein gastlicher Monsieur, dessen stattliche 160 Kilo sich auf 1,90 Meter verteilen: Von Kartoffelsalat mit Sommertrüffeln bis Taube in Teigkruste mit Foie Gras sind die Trüffeln hier König. Fast zwei Tonnen der teuren Knollen werden pro Jahr in Brunos Küche verarbeitet.
Bruno, Campagne Mariette, 83510 Lorgues,
Tel.: 0033 4 94 85 93 93

Mas du Langoustier
Ein Provence-Paradies auf der idyllischen Ile de Porquerolles. Im Restaurant locken Brandade (Stockfischpüree) oder Rotbarben.
Mas du Langoustier, 3400 Ile de Porquerolles,
Tel.: 0033 4 94 58 30 09

La Mérenda
Dominique Le Stanc war früher Chef de Cuisine im prestigeträchtigen Negresco, tauschte Sterne, Hauben und Punkte gegen den Bistroherd. Erstklassige Regionalküche. Reservierung unmöglich, Stammgäste schauen zwei Stunden vor dem Essen vorbei, um einen Tisch zu bestellen.
La Mérenda, 4, rue de la Terrasse, 06300 Nice,
(kein Telefon)

Produkte

Alziari
Olivenöl, Oliven, Tapenade, Anchoiade und was immer man aus Oliven herstellen kann.
Alziari, 14, rue Saint-François de Paule, 06000 Nice

Henri Auer
Hausgemachte Marmelade und kandierte Früchte.
Henri Auer, 7, rue Saint-Francois de Paule,
06000 Nice

Wein

La Courtade
Die Bouteillen mit der Amphore auf dem Etikett gehören zu den wenigen Weinen der Region, die selbst im fernen Paris gern getrunken werden. Kein Wunder: Die Reben der Courtade liegen mitten im Naturpark der Insel und wachsen auf Schieferboden (findet man auf dem französischen Festland erst ab 500 m Höhe), Rote wie Weiße werden im Barrique ausgebaut.
Domaine de la Courtade, Ile de Porquerolles, 83400 Porquerolles, Tel.: 0033 4 94 58 31 44.

Domaine du Malherbe
Besonders malerisches Weingut an der Pointe du Diable (Teufelsspitze) ggü. Fort de Bregancon.
Domaine du Malherbe, 120, chemin du Bout du Monde, 83230 Bormes-les-Mimosas,
Tel.: 0033 4 94 64 80 11

Provence

Restaurants

Bistrot d'Eygalieres – Chez Bru
Eine der besten Adressen der Region: Der Belgier Wout Bru bietet tagesfrische Gerichte. Himmlisch: Ragout von La Ratte Kartoffeln mit Sommertrüffeln. Leider wird Brus Kochkunst mit zunehmendem Ruhm immer teurer.
Bistrot d'Eygalieres – Chez Bru, rue République, 13810 Eygalieres; Tel.: 0033 4 90 90 60 34

Le Bistrot du Paradou – Chez Jean Louis
Ein Menü für alle, das aber inklusive Wein zu günstigem Preis serviert. Ob Aioli, Lammkeule oder Gemüsesuppe, auf Jean-Louis kann man vertrauen. Sein Bistrot gilt als In-Adresse der Alpilles, gelegentlich sitzt hier viel prominentes Publikum.
Le Bistrot du Paradou – Chez Jean Louis, 13520 Le Paradou, Tel./Fax.:0033 4 90 54 32 70

L'Isle Sonnante
Hübsches Bistro mit acht Tischen und ambitionierter Landküche. Desserts nach Großmutterart, freundlicher Service.
L'Isle Sonnante, 7, rue Racine, 84000 Avignon, Tel.: 0033 4 90 82 56 01

L'Oustau de Baumanière
Eine lebende Legende unterhalb der Felsfestung von Les Baux. Jean-André Charial experimentiert mit exotischen Gewürzen, seine Karte ist frischer und ideenreicher als je zuvor. Himmlisch schmecken die Erbsen und Bohnen aus dem eigenen Garten. Hervorragender Weinkeller, formvollendeter Service.
L'Oustau de Baumanière, 13520 Les Baux, Tel.: 0033 4 90 54 33 07, Fax: 0033 4 90 54 40 46

La Petite France
Schmuckes »Klein-Frankreich« mit grünen Fensterläden und Terrasse. Erstklassige Küche aus besten Zutaten der Region.
La Petite France, 55, avenue de la Vallée des Baux, 13520 Maussane-les-Alpilles (im Ortsteil Le Paradou), Tel.: 0033 4 90 54 41 91

Le Prévôté
Versteckt zwischen den Kanälen des »provenzalischen Venedig« findet man hier ehrliche, gute Provence-Küche.
Le Prévôté, 4, rue Jean-Jacques Rousseau, 84800 L'Isle sur la Sorgue, Tel.: 0033 4 90 38 57 29

Produkte

André Boyer
Etwas Lavendelhonig, ein paar gegrillte Mandeln – das ist die Basis für den Nougat der Provence – keine Schokolade, sondern schwarze oder weiße Barren. Boyer ist »Nougatier« in fünfter Generation – und selbstverständlich würde er nie das Rezept seines Ururgroßvaters ändern.
André Boyer, Porte des Aires, 84390 Sault, Tel.: 0033 4 90 64 00 23

Honig

Castelas
Erstklassiges Olivenöl aus den für Les Baux typischen Sorten Salonenque, Aglandau, Grossane und Verdale. Das Öl von Castelas wird nicht gefiltert, die »Assemblage« der verschiedenen Sorten ähnlich einem guten Wein vorgenommen.
Catherine und Jean-Benoît Hugues, 11bis chemin gaulois, 13210 Saint Rémy de Provence, Tel.: 0033 4 90 54 50 86, Fax: 04 90 54 51 68, E-Mail:jhugues@earthlink.net

Château d'Estoublan
Sanftes Olivenöl, besonders schön verpackt. Estoublan ist dabei, sich zu einer kleinen Sehenswürdigkeit zu entwickeln. Die Schweizer Familie Schneider (bekannt durch die Breitlung-Uhren) möchte ihre Öle und Weine unter den besten Zutaten der Region etablieren.
Château d'Estoublan, route de Maussane, 13990 Fontvieille, Tel.: 0033 4 90 54 64 00

Joël Durand
Der Geschmack der Provence: handgemachte Pralinen mit Safran, Lavendel oder Thymian.
Joël Durand, 3, boulevard Victor Hugo, 13210 Saint Rémy de Provence, Tel.: 0033 4 90 92 38 25, Fax: 0033 4 32 60 00 68

La Farandole
Traditionelle Metzgerei mit Saucisson d'Arles.
La Farandole 11, rue des Porcelets, 13200 Arles, Tel.: 0033 4 90 96 01 12

Olivenöl

Milhau
Metzger-Institution. Berühmt für Saucisson d'Arles.
Milhau, 11, rue Réattu, 13200 Arles, Tel.: 0033 4 90 96 16 05

O&CO
Olivenölspezialist mit großem Angebot: Hier gibt es nicht nur Ware aus Frankreich, sondern auch Öle aus dem Libanon und Uruguay.
O&CO, 3, rue des Cordeliers, 04300 Forcalquier, Tel.: 0033 4 92 75 00 75, Fax: 0033 4 92 75 01 00, E-mail:forcalquier@oliviers-co.com

Trüffel

La Roumanière
In Robion werden die Früchte wirklich noch nach Großmutterart zu Marmeladen: 55 % Frucht sind Pflicht, Aroma- und Farbstoffe streng verpönt. Im Angebot: Sorten wie Melone mit Orange, Zuckermelone mit Zitrone und Vanille, grüne Tomaten.
La Roumanière, place de l'Eglise, 84440 Robion, Tel.: 0033 4 90 76 41 47, Fax: 04 90 76 41 41

Trüffel

Trüffelmärkte

Richerenches
Der wichtigste Markt der Provence.
Sa 9-13h auf der Hauptstraße des Dorfes.
Carpentras
Frühaufstehern winken hier die besten Geschäfte.
Fr 8-12h auf der Place Aristide Briand.

Trüffelmesse in Richerenches

Statt Münzen oder Knöpfe wandern schwarze Diamanten in den Klingelbeutel, die anschließend zum Wohle der Gemeinde versteigert werden. Bei vierstelligen Kilopreisen kommt so ein hübsches Sümmchen für die Kirche zusammen.
Jeweils am 3. Sonntag im Januar in der Kirche von 84600 Richerenches

Trüffelhändler

Géo Balme, La Truffe du Luberon, La Quinsone, 84170 Monteux, Tel.: 0033 4 90 66 20 38
André Ferraud, La Ferme des Eybrachats, 26130 Réuville, Tel.: 0033 4 75 98 52 82, Fax: 0033 4 90 30 34 09, versendet auch nach Deutschland

Pierre Ayme, Domaine de Bramarel, 26230 Grignan, Tel.: 0033 4 75 46 52 20, Fax: 0033 4 75 46 90 24, versendet auch nach Deutschland

Trüffelmakler

Valayer, route de Beaumes, 84600 Richerenches, Tel.: 0033 4 90 28 00 83. Der bekannteste Trüffelexperte von Richerenches.

Trüffelrestaurants

La Beaugravière
Trüffel im Rührei, mit Geflügelbouillon oder Jakobsmuscheln, zum Dessert gibt es Trüffeleis.
La Beaugravière, R.N.7, 84430 Mondragon, Tel.: 0033 4 90 40 82 54, Fax: 0033 4 90 40 91 01

Wein

Château Romanin
Wenn der Wein eine Religion ist, ist Romanin ihr Tempel. Eindrucksvolle Kathedralen-Architektur. Der Wein aus biodynamischem Anbau ist in den letzten Jahren kontinuierlich besser geworden.
Château Romanin, 13210 Saint Rémy de Provence, Tel.: 0033 4 90 92 45 87,
E-Mail: contact@romanin.com, www.romanin.com
Domaine Trevallon
Die Produktion ist mit ca. 5000 Flaschen so winzig, dass Eloi Dürrbach den Stammkunden seine Weine einzeln zuteilt. Selbst direkt vor Ort wird man eine Flasche Trevallon nur selten kaufen können, Besuche gibt es nur nach Voranmeldung.
Domaine Trevallon, 13103 Saint-Etienne-du-Grès, Tel.: 0033 4 90 49 06 00,
E-Mail: trevallon@wanadoo.fr, www.trevallon.com

Camargue

Restaurants

Hostellerie du Pont de Gau
Restaurant mit regionalen Gerichten, direkt neben einem Vogelreservat gelegen.
Hostellerie du Pont de Gau, route d'Arles, 13460 Les Saintes Maries de la Mer,
Tel.: 0033 4 90 97 81 53, Fax: 0033 4 90 97 98 54
Le Spinaker
Rechts gleiten die Segler an ihren Liegeplatz, vorn tummeln sich Urlauber im Pool oder lassen sich Drinks auf der Terrasse servieren. Jean-Pierre Cazals Restaurant liegt im größten Yachthafen Europas in Port-Camargue, etwas nördlich von Montpellier. Hier genießt man z. B. Seeteufelspieße mit Risotto von Camargue-Reis, Lammschulter mit Knoblauch oder die kleine Seezunge (Mindestgewicht: 550 g) Müllerin Art aus küstennahem Fang.
Le Spinaker – Carré des Gourmets, Pointe de la Presqu'île, 30240 Port-Camargue,
Tel.: 0033 4 66 53 36 37, Fax: 0033 4 66 53 17 47

Languedoc

Restaurants

Auberge du Vieux Puits
Der beste Koch der Region. Zu Gilles Goujon führt nur ein weiter, unbequemer Umweg, das Lokal ist eine unscheinbare Ex-Pizzeria. Aber mit kleinem Steinbutt »en demi-deuil« mit Gemüse-Gnocchi oder Taubenbrust gelingt Goujon genau die richtige Mischung aus Kreativität und Tradition. Eine wahre Amuse-Gueule-Orgie stimmt auf das Vergnügen ein. Vergleichsweise günstige Preise.
Auberge du Vieux Puits, avenue St-Victor, 11360 Fontjoncouse, Tel.: 0033 4 68 44 07 37,
Fax: 0033 4 68 44 08 31,
E-Mail: vieuxpuits@chateauxhotels.com

Banyols et Banyols
Didier Banyols kochte in renommierten Restaurants. Jetzt hat er der ganz großen Küche Adieu gesagt und in der Altstadt von Perpignan ein simples, grundehrliches Bistro eröffnet. Aus der offenen Küche kommt Schmackhaftes wie Lotteschwänze mit Kartoffelpüree, manchmal gibt es Tagesgerichte wie Rinderkoteletts für zwei oder Trüffelsalat.
Banyols et Banyols, 7, rue des Carduers,
66000 Perpignan, Tel.: 0033 4 68 34 48 40

Château de la Pomarède
Malerische Katharerburg inmitten grüner Natur. Gérald Garcia ist ein junger Koch auf dem Weg nach oben: Regionale Einflüsse, mediterrane Aromen und eine große Prise Moderne werden von ihm gekonnt gemischt. Bei Rotbarben mit Bohnen und Schweinsfuß oder Langustino-Frikassee mit Kalbsbries schmeckt man das nahe Katalanien.
Château de la Pomarède, 11400 La Pomarède,
Tel.: 0033 4 68 60 49 69, Fax: 04 68 60 49 71,
E-Mail: hostellerie-lapomarede@wanadoo.fr

Chez Philippe
Moderne Küche mit traditionellen Wurzeln, angenehmes Ambiente, guter Service und ein sehr gutes Preis-Leistungs-Verhältnis.
Chez Philippe, 20, rue de Suffren,
34340 Marseillan, Tel/Fax: 0033 4 67 01 70 62

Chez Saskia
Die Brasserie des noblen Hotel de la Cité: Cassoulet, Wurstsalat oder Steak mit Fritten und Sauce Béarnaise – hier isst man simpel, halbwegs günstig und gar nicht schlecht.
Chez Saskia, place de l'Eglise, 11000 Carcassonne,
Tel.: 00334 68 71 98 71, Fax: 04 68 71 50 15,
E-Mail: reservations@hoteldelacite.com

La Barbacane im Hotel de la Cité
Das »grand restaurant« der Region: Pianist, fünf Sorten Brot, Blick auf die Festungsmauern – hier hält man auf Prestige. Trotz aller Qualität: Manche Gerichte (und fast alle Desserts) suchen den schnellen Effekt. Freundlicher Service, herausragende Weinkarte.
La Barbacane im Hotel de la Cité, place de l'Eglise, 11000 Carcassonne, Tel.: 0033 4 68 71 98 71,
Fax: 0033 4 68 71 50 15,
E-Mail: reservations@hoteldelacite.com

La Table St-Crescent
Die Dorade Royale im Bratenjus mit Endivien und Orangen ist ein schon jetzt ein Klassiker, auf jedem der proper gedeckten Tische steht ein kleines Wörterbuch der Kochkunst des Languedoc. Und wie es sich für ein Palais des Vins gehört, gibt es gute Weine hier auch glasweise.
La Table St-Crescent, Palais du Vin, boulevard Géneral Leclerc, 11100 Narbonne,
Tel.: 0033 4 68 41 37 37, Fax: 0033 4 68 41 01 22,
E-Mail: saint-crescent@wanadoo.fr

L'Almandin
Feines Seafood mit Meerblick. Fische und Krustentiere lassen nichts zu wünschen übrig, beim Déjeuner blickt man auf kleine Motoryachten. Feiner Hummersalat, freundlicher Service.
L'Almandin, Hotel Ile de la Lagune, boulevard de l'Almandin, Les Capellans, 66750 Saint Cyprien,
Tel.: 0033 4 68 21 01 02, Fax: 0033 4 68 21 06 28,
E-Mail: hotelilelagune@wanadoo.fr

L'Ecurie
Simple bis klassische Gerichte wie Kaninchenterrine, Tunfisch mit Piperade oder Tournedos Rossini in originellem Ambiente: Das Restaurant diente einst als Stall, man speist in Boxen. Hübsche Terrasse in einem verschwiegenen Innenhof.
L'Ecurie, 43, boulevard Barbès, 11000 Carcassonne,
Tel.: 0033 4 68 72 04 04, Fax: 0033 4 68 25 55 89

Anchovis

Produkte

Anchois Roque
Einer der letzten traditionellen Anchovis-Verkäufer von Collioure: Ob in Salzlake oder Natur, hier werden die kleinen Fische zum Hochgenuss. Der Einkauf erfolgt in Port-Vendres, filetiert und eingelegt wird ausschließlich von Hand. Gute Anchovis-Rezepte gibt es kostenlos.
Anchois Roque, 40, rue de la Démocratie oder,
17, route d'Argeles, 66190 Collioure,
Tel.: 0033 4 68 82 22 30

Anchois Desclaux
Auch hier lohnt sich ein Besuch.
Anchois Desclaux, 3, route Nationale, 66190 Collioure, Tel.: 04 68 82 05 25, Fax: 04 68 82 13 24, E-Mail: anchois.desclaux@wanadoo.fr

Benoît Serres
Destillerie seit 1841. Für den aromatischen Nusslikör werden grüne, unreife Perigord-Walnüsse jedes Jahr im Juli in Eau de Vie eingelegt – ganze vier Jahre dauert es, bis der Schnaps den Nussgeschmack angenommen hat.
Benoît Serres, Z.I. Nord, 31290 Villefranche de Laurageais, Tel.: 0033 5 61 27 20 97, Fax: 0033 5 61 81 97 77, E-Mail:contact@benoit-serres.com, www.benoit-serres.com

Noilly Prat

Noilly Prat
Hier kann man Noilly Part nicht nur kaufen, sondern auch eine Führung mitmachen und neben dem klassischen hellen Wermut auch den Ambré probieren.
Noilly Prat, 1, rue Noilly, 34340 Marseillan Port, Tel.: 0033 4 67 77 20 15, Fax: 0033 4 67 77 32 22, www.noillyprat.com

Wein

Bernard Delmas
Traditioneller Blanquette de Limoux aus biologischem Anbau. Nach offizieller Lesart war der Blanquette de Limoux der erste Schaumwein der Welt.
Bernard Delmas, 11, route Couiza, 11190 Antugnac, Tel.: 0033 4 68 74 21 02, Fax: 0033 4 68 74 19 90

Domaine Cazes
Erstklassig ist der Muscat de Rivesaltes.
Domaine Cazes, 4, rue Francisco Ferrer, 66602 Rivesaltes, Tel.: 0033 4 68 64 08 26, Fax: 0033 4 68 64 69 79

Domaine de la Grange des Pères
Die Rebsorten Syrah und Mourvèdre bestimmen diesen Kultwein aus dem Languedoc.
34150 Aniane, Tel.: 0033 4 67 57 70 55

Mas Amiel
Erstklassige Süßweine, die hervorragend zu Schokodesserts passen. Die Weine von Mas Amiel reifen in Glasballons und sind dabei Temperaturschwankungen und direkter Sonneneinstrahlung ausgesetzt.
Mas Amiel, 66460 Maury, Tel.: 0033 4 68 29 01 02, Fax: 0033 4 68 29 17 82, E-Mail: mas.amiel.domaine1@libertysurf.fr

Weinhandlungen

Caves Notre Dames
Repräsentative Auswahl der Weine des Languedoc mit kompetenter Beratung des Inhabers Philippe Cesare.
Caves Notre Dames, Le Languedoc des Grands Vins, 41, rue de l'Aiguillerie, 34000 Montpellier, Tel./Fax: 0033 4 67 60 56 76, E-Mail: philippe.cesare@cavesnotredames.com

Caves du Roussillon
Beeindruckendes Angebot an Weinen des Roussillon, auch an den begehrten Süßweinen Banyuls.
Caves du Roussillon, 18, Rue Jules Pams, 66660 Port-Vendres

Museum
Musée de l'Art culinaire
Auguste Escoffier
3 rue Escoffier
06270 Villeneuve-Loubet village
Tel.: 0033 04 93 20 80 51
Fax: 0033 04 93 73 93 79
E-Mail:contact@fondation-escoffier.org
täglich außer Mo 14 h – 18 h (im Sommer 19 h)

Bezugsadressen für südfranzösische Weine in Deutschland

Bernd Kreis
Weinhandlung Bernd Kreis
Laustraße 38
70597 Stuttgart
Tel.: 0711/ 762839
Fax: 0711/ 762837
b.kreis@wein-kreis.de
www.wein-kreis.de

»Die Weinhalle«
Riesige Auswahl an südfranzösischen Weinen mit Beschreibung im Katalog wie im Internet.
K & U Kössler & Ulbricht
»Die Weinhalle«
Nordostpark 78/ Halle 78
90411 Nürnberg
Tel.: 0911/ 52 51 53
Fax: 0911/ 529 8874
E-Mail: info@weinhalle.de
Internet: www.weinhalle.de
www.chateauonline.de

Register

Damit Sie Rezepte mit bestimmten Zutaten wie Oliven, Tomaten oder Zucchini noch schneller finden können, stehen diese Zutaten im Register zusätzlich auch über den entsprechenden Rezepten – ebenfalls alphabetisch geordnet und **halbfett** *gedruckt.*

Reise- und Sprachführer

Ein paar Tipps für Südfrankreich-Reisende

Reiseführer

Gisela Buddée: Côte d'Azur.
Merian live 2003
Gisela Buddée: Languedoc-Roussillon.
Merian live 2003
Gisela Buddée: Provence.
Merian live 2003
Drei fachkundige Führer im handlichen Format. Mit vielen persönlichen Empfehlungen der Autorin und kleinem Essdolmetscher.

André Dominé: Roussillon, Côte Vermeille und Pyrenäenvorland.
Oase Verlag
Ein Reiseführer, der Sehenswürdigkeiten zeigt und außerdem viel Wert auf die Beschreibung und Empfehlung von Essen und Trinken legt.

Ralf Nestmeyer: Südfrankreich.
Michael Müller Verlag 2003
Kompetenter Überblick über die gesamte Region.

Birgit Vanderbeke: Gebrauchsanweisung für Südfrankreich,
Piper Verlag 2003
Eine amüsante Beschreibung der Südfranzosen, ihrer Eigenarten, ihrer Küche und auch von uns Touristen, die in der Schönheit der Landschaft ihr Glück suchen.

Jörg Zipprick: Merian XL Provence,
Gräfe & Unzer Verlag 1996
Reiseführer, der sich umfassend und unterhaltsam mit Kunst, Kultur und Küche der Provence beschäftigt.

Sprachführer
Susanne Bodensteiner: Kulinarischer Sprachführer Frankreich, Merian 2000.
Klein und hilfreich im Restaurant und beim Einkauf auf dem Markt, im Supermarkt oder beim Winzer. Mit den wichtigsten Redewendungen.

Cédric Dumont: Französisch für Gourmets, Hallwag Verlag 1990
Ausführliches Wörterbuch durch Frankreichs Küche, Keller, Speisen und Märkte.

Von Entrée bis Dessert *Ein einfaches Menü besteht in Frankreich häufig aus drei bis vier Gängen: kleine Vorspeise (Hors-d´Œuvre) oder Salat, Fleisch- oder Fischgericht, Gemüse und Käse oder süßes Dessert, das Gemüse wird dabei als Beilage oder eigener Gang gereicht. Zu einem ausgiebigen Mahl gehören Suppe und/oder warme Vorspeise (Entrée), Fisch u n d Fleisch, Salat, Käse u n d Dessert. Zu jedem Menü reichlich Baguette oder auch selbst gebackenes Pain de courgettes (Seite 168) reichen.*

ORIENT
Küche & Kultur
GU

SÜDITALIEN
Küche & Kultur
GU

Einfach gut kochen
mit Bio-Produkten
Landküche
GU

SUSANNA BINGEMER | HANS GERLACH
ALPENKÜCHE
Genuss & Kultur
GU

VIETNAM
Küche & Kultur
GU

INDIEN
Küche & Kultur
GU

TOSKANA
UMBRIEN UND DIE MARKEN
Küche & Kultur
GU

MARGIT KUNZKE
ANDALUSIEN
Küche & Kultur
GU

Text und Fotografie

Cornelia Schinharl hat sich ganz ihrer Leidenschaft, den kulinarischen Genüssen, gewidmet und ist mit über 30 Titeln eine der erfolgreichsten GU-Autorinnen. Ihre besondere Liebe gilt der Mittelmeerküche. Für dieses Buch hat sie in Südfrankreich die schönsten Rezepte gesammelt und dabei spannende kulinarische Trends entdeckt.

Jörg Zipprick arbeitet seit 1990 als Journalist und Restaurantkritiker für Monatsmagazine, wie DER FEINSCHMECKER und Buchverlage. Er lebt in Paris, doch seine kulinarischen Reisen führten ihn durch ganz Europa, nach Asien und in die USA. Die Reportagen in diesem Buch sind sein persönliches Fazit aus vielen Exkursionen zwischen Collioure und Menton.

Joerg Lehmann lebt als Fotograf seit 1991 in Paris. Wenn er nicht gerade mit seiner Kamera zwischen Casserollen und Schokotörtchen jongliert, trifft man ihn mit Sicherheit beim Antikhändler auf der Suche nach Requisiten. Er fotografiert Genuss für japanische und deutsche Magazine, wie DER FEINSCHMECKER. Leben möchte er nicht mehr ohne Wein, Olivenöl, Knoblauch und »le petit café sur la terrasse«.

Frauke Koops hat ihre Leidenschaft für Farben, Formen und Kulinarisches zur Berufung gemacht. Sie arbeitet international erfolgreich als Foodstylistin, u. a. für DER FEINSCHMEKKER, Produzentin und Rezeptautorin mit ganz eigener, unverkennbarer Handschrift. Bei der Produktion dieses Buches in Aix en Provence hat sie stilsicher und mit leichter Hand die Atmosphäre Südfrankreichs eingefangen.

Programmleitung: Doris Birk
Redaktion: Birgit Rademacker
Lektorat: Susanne Bodensteiner
Korrektorat: Mischa Gallé
Requisite: Frauke Koops, Joerg Lehmann
Produktion und Styling: Frauke Koops
Assistenz: Ute Ritter, Rosi Oltersdorf
Herstellung: Petra Roth
Gestaltung: Independent Mediendesign, München
Umschlaggestaltung: Independent Mediendesign, München.
Petra Schmidt
Satz: Bernd Walser Buchproduktion, München
Reproduktion: Fotolito Longo, Bozen
Druck: Appl, Wemding
Bindung: m.Appl GmbH, Monheim

ISBN 978-3-7742-6311-6

4. Auflage 2007

GRÄFE UND UNZER

Ein Unternehmen der
GANSKE VERLAGSGRUPPE

100 JAHRE GANSKE VERLAGSGRUPPE

DAS ORIGINAL GU MIT GARANTIE

Unsere Garantie

Alle Informationen in diesem Ratgeber sind sorgfältig und gewissenhaft geprüft. Sollte dennoch einmal ein Fehler enthalten sein, schicken Sie uns das Buch mit dem entsprechenden Hinweis an unseren Leserservice zurück. Wir tauschen Ihnen den GU-Ratgeber gegen einen anderen zum gleichen oder ähnlichen Thema um.

Liebe Leserin und lieber Leser,

wir freuen uns, dass Sie sich für ein GU-Buch entschieden haben. Mit Ihrem Kauf setzen Sie auf die Qualität, Kompetenz und Aktualität unserer Ratgeber. Dafür sagen wir Danke! Wir wollen als führender Ratgeberverlag noch besser werden. Daher ist uns Ihre Meinung wichtig. Bitte senden Sie uns Ihre Anregungen, Ihre Kritik oder Ihr Lob zu unseren Büchern. Haben Sie Fragen oder benötigen Sie weiteren Rat zum Thema? Wir freuen uns auf Ihre Nachricht!

Wir sind für Sie da!
Montag – Donnerstag:
8.00 – 18.00 Uhr;
Freitag: 8.00 – 16.00 Uhr
Tel.: 0180-5 00 50 54*
Fax: 0180-5 01 20 54*
E-Mail: leserservice@graefe-und-unzer.de

P.S.: Wollen Sie noch mehr Aktuelles von GU wissen, dann abonnieren Sie doch unseren kostenlosen GU-Online-Newsletter und/oder unsere kostenlosen Kundenmagazine.

GRÄFE UND UNZER VERLAG
Leserservice
Postfach 86 03 13
81630 München
*(0,14 €/Min. aus dem dt. Festnetz)